ORIGAMI AIRSHOW

最新型 世界一よく飛ぶ折り紙ヒコーキ

世界チャンピオンの新作モデル22機

〈ゼロファイター〉

2009 年 4 月、広島県福山市で室内滞空時間のギネス世界記録に挑戦。それまでアメリカのギネスホルダーが持つ記録（27.6 秒）を破り、27.9 秒の世界記録を樹立。しかし、わずか 0.3 秒差では納得がいかず、翌年、札幌ドームの大会でこの新型機〈ゼロファイター〉で再挑戦。29.2 秒の世界記録を更新した。ゼロファイターとは「零戦」のこと。枯葉ような究極の薄さと、最大の翼面積を求めて開発した。（p46 収録）

札幌ドームの紙ヒコーキ大会で、滞空時間ギネス世界記録を達成した瞬間。ドームの天井めがけて〈ゼロファイター〉を真上に投げ上げる著者（2010 年 12 月 19 日）

はじめに

私が折り紙ヒコーキと巡りあって40年になります。そもそもは学生時代、病気療養中にヒマつぶしに手に取った折り紙ヒコーキの本がきっかけです。折り方によっていろんな形のヒコーキが指先から生まれ、ただの「紙」が生きているように空を舞う姿に目からウロコの驚きを覚えたものです。やがて既製の機種に飽き足りなくなり、「これは自分でも作れるかも……」と指を動かしているうちに、新型のオリジナル機が次から次に面白いほど生まれました。そして〈スペースシャトル〉をかたどった立体型の折り紙ヒコーキが誕生したときから、私の夢は宇宙へと広がりました。

以来、これまでに500機以上の創作機をつくったでしょうか。しかし、折ったあとに「飛ばす」というもう一つの楽しみがなかったら、こんなに長く折り続けてはいなかったでしょう。折る楽しみが半分、飛ばす楽しみが半分なのです。

折り紙ヒコーキの面白さを伝えたくて、国内・海外で教室や大会を催していますが、子供も大人も夢中になって飛ばす姿を見るにつけ、紙ヒコーキには何か特別なものが秘められているようです。私もその魅力に取り憑《つ》かれた一人ですが、無心で折っているうちに滞空時間・ギネス世界記録が生まれ、〈スペースシャトル型〉紙ヒコーキを宇宙から飛ばして地球に帰還させるという企画も生まれました。すべては、面白いからやってみよう！ という遊び心から始まったように思います。人間は遊びに興じることができる動物。遊びが知恵を生み、ものづくりの心を育みます。私はそれを紙ヒコーキに託し、大きな夢を乗せて飛ばし続けたいと思います。

本書には、バラエティに富んだ22機を収録しました。未公開の秘蔵の機種、改良を加えたオリジナル機、新たに開発したニューモデルなど、いずれも自慢のヒコーキたちです。いわば「戸田式・折り紙ヒコーキ」の集大成ですが、まだまだ、これからも紙のヒコーキは進化していくでしょう。

紙ヒコーキ館

ORIGAMIは世界に誇れる日本の伝統文化。折り紙ヒコーキの面白さを国内だけでなく世界じゅうに広めるため、2001年、地元の広島県福山市に「紙ヒコーキ博物館」をつくった。以来、この博物館を拠点に紙ヒコーキ教室やさまざまなイベント、競技会などを開催している。

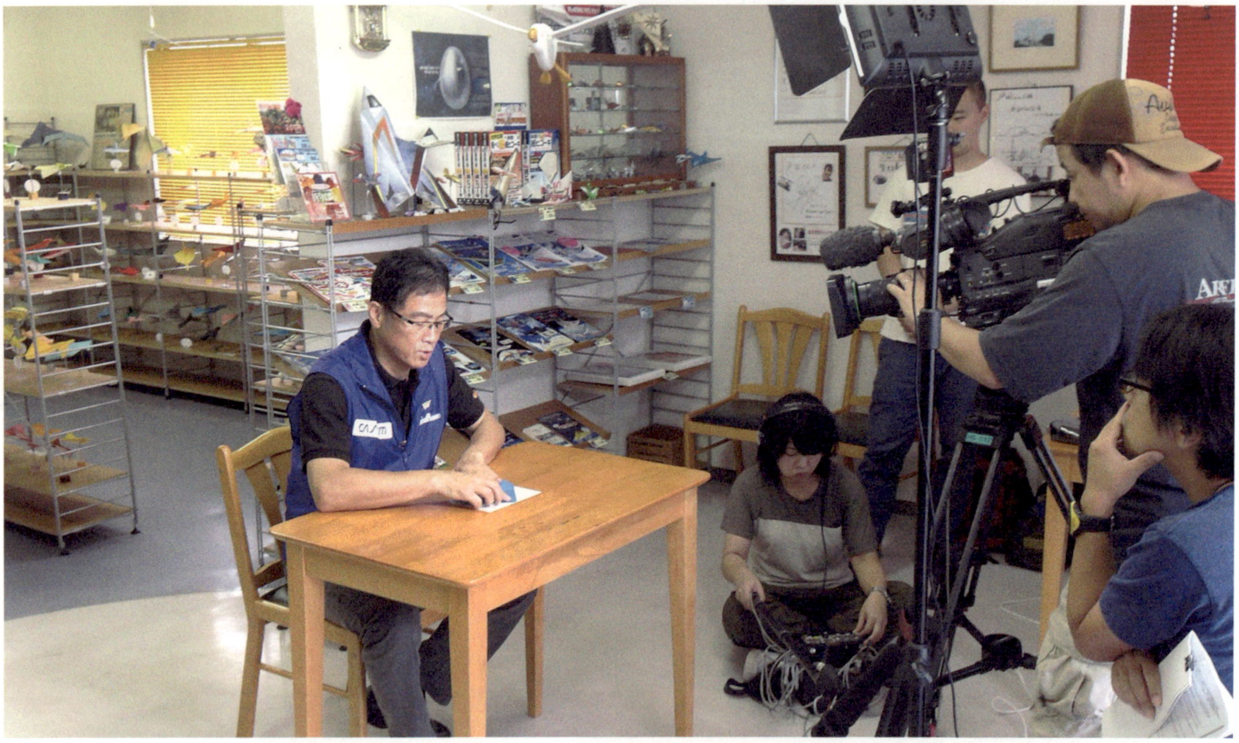

NHK「ためしてガッテン」の番組収録(2014年9月)。紙ヒコーキ博物館で、世界記録をもつ滞空競技用機〈ゼロファイター〉の折り方を解説中

紙ヒコーキ博物館2F。日本と海外の紙ヒコーキ約300機が展示されている。この館で紙ヒコーキを折って飛ばして遊ぶこともできる

私の折り紙ヒコーキへの思いを歌にしてくれたシンガーソングライター・伊吹唯さんと大型の立体機〈スペースシャトル〉を折って、とよまつ紙ヒコーキ・タワーから飛ばす(右ページ)

中国山地の真ん中、広島県神石高原町にそびえる米見山（標高663m）に世界で1つの紙ヒコーキを飛ばすタワーが建設された（2003年）。その名も「とよまつ紙ヒコーキ・タワー」。山頂に建てられたロケット発射台のような高さ26mの塔。その展望室からは360度の大パノラマが望め、北方には遠く鳥取県の大山も見渡せる

紙ヒコーキ・タワーでは年に数回イベントを開催している。1Fフロアでは紙ヒコーキの折り方教室が開かれ、2F展望室では滞空時間の記録会を行っている。ときにはアトラクションとして、最上階から巨大紙ヒコーキを飛ばすこともある

世界の空を飛べ

折り紙ヒコーキの面白さを海外にも伝えるため、ネパールやタイ、中国などアジアの国々から布教活動を始め、今ではヨーロッパや南米の国々にも足をのばしている。折り紙は日本のマジックだ。文字どおり紙ヒコーキは国境を飛び越えてくれる。

2007年、ネパールの山中で警備兵の立ち合いのもと、ヒマラヤに向けて紙ヒコーキを飛ばす。もし飛ばなかったら連行されるかも？ という緊張感のなかで、うまく気流をとらえて、はるか彼方まで飛んでくれた

毎年、タイ王国で夏の科学週間に折り紙ヒコーキ大会を開催。このときはシリーントーン王女も参加された。例年２～３万人の参加者があり、優勝者は２年に１度日本で開催している「全日本折り紙ヒコーキ大会」に招待される。今やタイ王国の国民的なイベントになっている（2007年８月）

ベルギー、ブルージュのマルクト広場で紙ヒコーキを飛ばしていたら、「わたしも飛ばしたい！」と少女が駆け寄ってきた。突然、紙ヒコーキ教室が始まり、大いに盛り上がった（2014年5月）

中国・上海の西方、蘇州《そしゅう》の北寺塔のてっぺんから紙ヒコーキを飛ばしてみた。9階建ての北寺塔は高さ 76 m。上昇気流に乗ったヒコーキは3分近く蘇州の街の上空を飛びつづけた。それを鳩の群れが鳥と思ったらしく、紙ヒコーキを取り巻いてどこまでも追いかけていく……。そばで見物していた中国人の一人が、にこやかに話しかけてきた。「紙ヒコーキのギネス世界記録 29 秒を持っている日本人がいるんだよね」と。その人物が私だと知ると驚いて目を輝かせ、写真を一緒に撮らせてくれ、握手してくれとご機嫌だった（2014 年 12 月）

2014 年夏、安倍首相に同行して中南米の各国を訪問し、銀色の立体機とケースに収めた「進化する折り紙ヒコーキ」を贈呈。どこの国でも折り紙ヒコーキは大ウケだった。2015 年 5 月にはコロンビア政府の全面協力により、メデジンで折り紙ヒコーキ大会を開催（p16 参照）

巨大機に挑戦

「世界最大の紙ヒコーキを飛ばしたい！」――小学生のそんな夢を乗せた企画が2006年から始まった（NHK「夢配達人プロジェクト」）。小学生だけで立体型のでっかい紙ヒコーキを折って飛ばす。大人はいっさい手伝ってはいけない！

第１回は広島県府中市の小学校で行われた。まずは折り方を覚えることから始め、３か月後の夏休みにチャレンジした。このときは全長２ｍ４cm・重量４kgの〈スペースシャトル〉がみごとに滑空！

2013年４月、埼玉県所沢の小学生が全長２ｍ12ｃｍの巨大機を競技場で飛ばして記録更新

北陸中日新聞（2013年7月31日）より

巨大折り紙飛行機を作る小学生女子チーム＝30日、富山県黒部市吉田科学館で

黒部の紙飛行機 世界記録の空へ

小学生きょう挑戦

富山県黒部市の小学生たちによる全長二・二〇㍍の世界一大きい折り紙飛行機作りが三十日、同市吉田の市吉田科学館であった。三十一日に科学館の前庭で飛行機を飛ばし、見事に飛んで成功すれば「世界一」となる。

折り紙ヒコーキ協会は現在、今年四月に埼玉県所沢市で飛行に成功した全長二・一二㍍の機体を世界記録として認定している。

この日は、黒部市内の小学生三チーム十人が、縦二・三㍍、横三・二㍍、厚さ一㍉で重さ四・五㌔ある厚紙を使って挑戦。協会の戸田拓夫会長（広島県福山市）の指導で複雑な折り方に取り組んだ。

村椿小五年女子チームは約一時間かけて一機を完成させ、窓などを描き込んだ。すべて同じ形で一チーム二機ずつ作り、世界記録の機体を上回っている。

伊藤遥香さん（一〇）は「思ったより大きくて、翼を何重にも折るのが大変だった。明日の飛行は大丈夫だと思う」と成功を願った。戸田会長は「夢に挑戦してほしい。飛ぶまで何度でもやらせたい」と期待を込めた。

（高橋恒夫）

2013年7月、富山県黒部市の女子小学生が全長2m17cm・重量4.5kgを折り上げ、高所作業クレーン車の上から飛ばして小学生の部で最大記録を達成！（男子チームも挑戦したが滑空せず）

「欽ちゃんのビックリ王」（NHK-BS 2014年6月）で、私も負けじと巨大機に挑戦！ 汗だくで全長3m 18cm・重量12kgを折ったが、目下、大人の部では最大……大人げないって？

海を越えて

沖縄：知念半島→コマカ島、津堅島

「空高くから、本物の飛行機みたいに巨大紙ヒコーキを飛ばしたい」という沖縄の少年がいた。その願いが2014年お正月のテレビ番組「さんま玉緒のあんたの夢かなえたろか」（TBS系）で実現した。舞台は沖縄……。

沖縄の少年・僚太くんは私の本の愛読者だから、よき相棒となった。
海越えの実験機も一緒に折り、本番では船でヒコーキを追いかけた

実験飛行の舞台に選んだのは沖縄本島南部の知念《ちねん》岬――。

人家の多い街なかを避け、海の上を飛ばして、人けのない島に降下させることにした。目標は、南城市の沖合い3kmに浮かぶ周囲800mの小さな無人島・コマカ島だ。

全長1.2mのでかい紙ヒコーキとはいえ、1,000m上空では点にしか見えない。そこで、もう1機のパラグライダーで追いかけて、ヘルメットに装着したカメラで撮影することにした。そして高度500mまで降下したところで、海上の船で待機している少年にカメラをバトンタッチし、島に舞い降りるシーンを撮ってもらうという段取りに……。

まずは紙ヒコーキの形や材料となる紙の選定から始まり、実験飛行にふさわしい場所はどこか？　どうやって巨大な紙ヒコーキを空高く持ち上げるか？　もし風に流されたらどうコントロールするか？……などなど、すべてが世界初の試みだった。

試行錯誤の末、機種は安定した飛行を見せてくれる立体型のスペースシャトル〈ジュピター〉を選んだ。研磨原紙という硬めの紙を使い、全長1.2mの機体に折りあげる。

風まかせではどこへ飛んで行くか分からない。そこで、垂直尾翼だけは無線で動かし、方向操作ができるようにした。

この大きな機体を、モーター・パラグライダーの後部に装着した格納ケースにおさめる。そして高度1,000mまで持ち上げたところで、目標のランディング（着陸）ポイントをめざして切り放すことにした。

ジュピターを後部に搭載して飛び立つパラグライダーを見送る

知念半島の沖、コマカ島の
上空で、紙ヒコーキを待ち
受けるパラグライダーから

快晴だったが、海上では風が微妙に舞っていた。対岸のあざまサンサンビーチでパラグライダーの後部に〈ジュピター〉を搭載。ビーチを飛び立ったパラグライダーは旋回しながら高度1,000mまで舞い上がった。そして少年の掛け声で発射！　上空の風は渦《うず》を巻いていた。切り放された紙ヒコーキがぐるぐると旋回する。５、６回旋回した後、コマカ島めざして順調な飛行に入った。

ところが、島を眼下にしながら予想外の強い追い風に乗り、島を飛び越えてしまった！　ここで急旋回させたら墜落する。垂直尾翼の方向舵を操作して島の方へゆっくりとＵターンさせる。「あともう少しだ！ ガンバレー！」とみんなで声援を送ったが、残念ながら、島まであと50mというところで海面に不時着！

飛行時間は約５分、最高時速は53km/hだった。スタッフ一同「あと50mかァ」と悔しがりながらも、少年の夢を乗せた世界初の紙ヒコーキの冒険に満足げだった。半年後、ふたたび沖縄で津堅《つけん》島めざして挑戦したが、またしても島の50m手前で着水した。しかしこの２つの実験は、「紙ヒコーキを宇宙から飛ばす」という私の夢の第一歩となった。

テレビ企画ではなく独自で沖縄本島の
東方4kmに浮かぶ津堅島をめざした。
パラグライダーとボートで追ったが、
眼下に迫った港の前に不時着した

夢を乗せて

伊豆：熱海→初島

左下の長浜ビーチの上空から
沖に浮かぶ初島へ（右上）

沖縄での実験に感動したカンニング竹山さんが、「芸能人紙ヒコーキ部」を発足し、「さんまのからくりTVスペシャル」（2014年2月TBS系）でふたたび海越え飛行に挑戦！こんどの舞台は伊豆、熱海の沖6km浮かぶ初島をめざして……。

紙ヒコーキの機体には、明石家さんま、関根勤、浅田美代子さんらのサインと応援メッセージが記されている

パラグライダーの後部に装着したケースの中へ

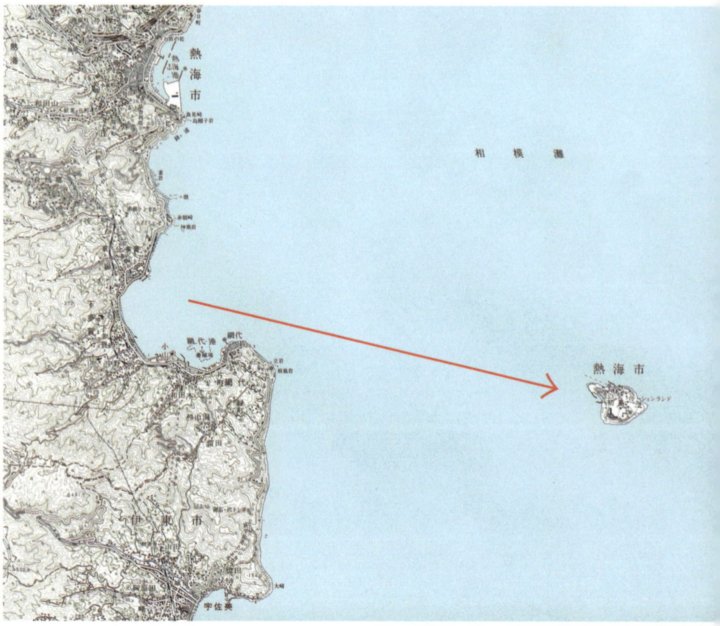

長浜海水浴場の浜で、パラグライダーのパイロットが
紙ヒコーキを背負って離陸体勢。沖に見えるのが初島

沖縄の時より目標の島までの距離が1.5倍も延びたので、モーター・パラグライダーからの発射高度も1,500mまで引き上げることにした。しかし、そのぶん風の影響も強くなるにちがいない。

実験日は冬晴れだったが、２月だから気温は4℃。熱海の海水浴場から飛び立ったパラグライダーは、風をとらえながら苦労して発射地点の1,500m上空へ。そこは気温－7℃、凍《こご》えるほどの強風が吹いていた。

発射された紙ヒコーキは相模湾を横切って、初島をめざした。洋上を吹き渡る風は気まぐれで、しょっちゅう風向きが変わる。紙ヒコーキは乱気流にもまれて蛇行しながら初島に向かっていたが、ふいに強い向かい風にあおられて失速――。初島の海岸は目と鼻の先、陸まであと200mというところまで接近しながら、海面に不時着した。

またしても残念な結果に終ったが、渡り鳥のように海を渡ろうとする紙ヒコーキの姿には、胸を打たれた。スペースシャトル型に折った立体機、元はといえば一枚の大きな紙にすぎない。それが翼を広げ、立体ゆえに胴体にも揚力をもち、ゆったりと滑空する。あたかも命ある美しい生き物が、悠々と大空を舞っているかのようだった。

またいつか、次は海外で挑戦してみたい。できることなら、地球上でもっとも高いエベレストの山頂から……などと夢はふくらむ。

紙ヒコーキを抱えて飛び立ったパラグライダーは 1500m の上空へ

宇宙から…

大人が本気で遊んだら……というテレビ番組「オトナアソビ」（2014年6月 フジTV系）で、紙ヒコーキを宇宙から飛ばす！という初の試みに挑戦した。

足摺岬の近くにある公園のゲートボール場で気球をふくらませ、打ち上げ準備に取りかかる

いかにして宇宙から飛ばすか？　名古屋文理大学・佐原 理助教授に助っ人になっていただきプランを練った。

それは気象観測用の気球に、紙ヒコーキ10機を搭載したタイマー式発射装置をぶら下げて飛ばし、高度2万5000 m付近で宇宙に放つ。その様子を2つのカメラ（GPS搭載）で撮影するというもの。1つはオレンジ色の紙ヒコーキの後部に設置し、もう1つはタイマー式発射装置をとらえて10機の紙ヒコーキが成層圏に放たれる瞬間を撮影する。2つのカメラは気球が膨張して破裂したあと、気球内に仕込んであるパラシュートで海に落下――それを船で回収するという計画である。

しかし、GPSは波で電波が途絶えることもあるから、広い海でのカメラの回収確率は30％以下だろう。あとは人間の目で捜索するしかない。

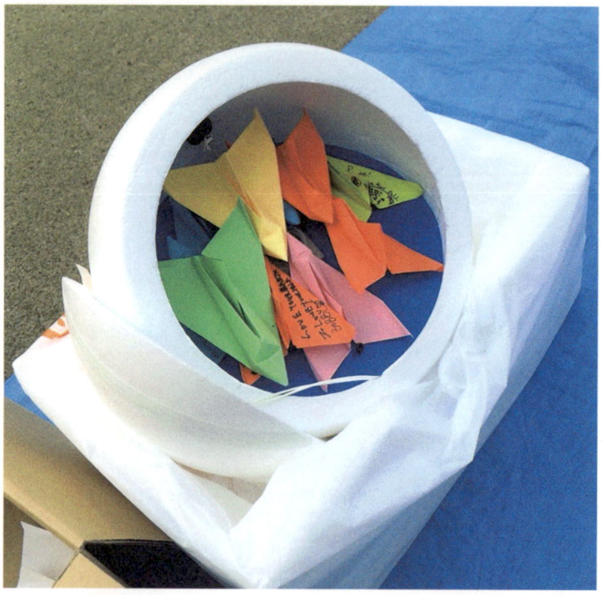

発泡スチロールの箱に10機の紙ヒコーキを搭載。その機体には拾った人へのメッセージを記した

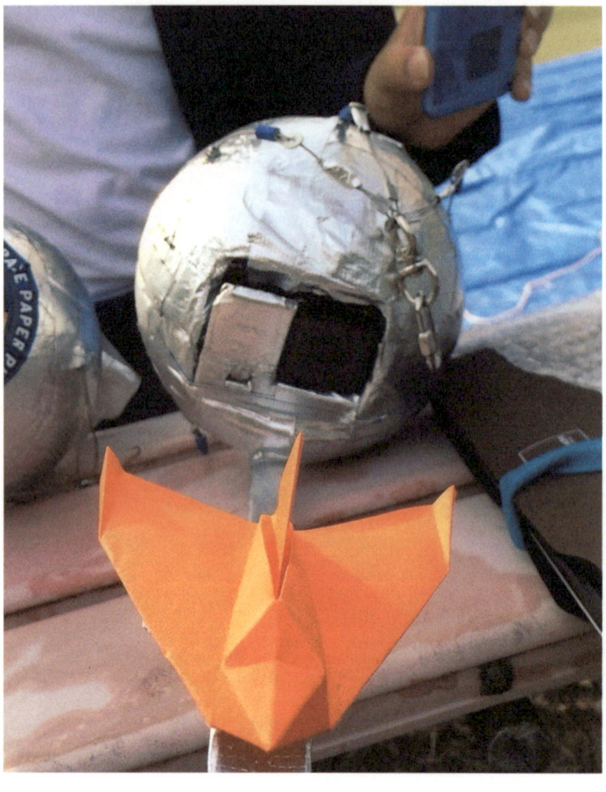

アームの先に付けた紙ヒコーキ。後方の丸い箱に観察用カメラを収め、宇宙での様子を撮影

実験場所は四国、高知県沖――。パラシュートで降下するカメラ装置は、人家のある地上は避けて、海に落下させなければならない。

実験日の気象状況によると、足摺岬あたりで放球すれば、風で約100km東へ流され、室戸岬沖の海上へ落ちるという。

いっぽう、宇宙から放った10機の紙ヒコーキはどこまで飛んで行くか予測がつかず、回収は不可能に近いだろう。しかし、ひょっとして誰かが拾うかもしれない。私とボビー・オロゴンと佐原助教授は紙ヒコーキの機体に、「これは宇宙から飛ばしたもの。拾った方はお知らせください」とメッセージを書き記した。

そして放球班（私と佐原助教授）と回収班（ボビー・オロゴン）に分かれ、各々の任務地点に移動して、打ち上げ準備完了！

いよいよ発射のカウントダウン！　……３・２・１－放球！　大空へ放たれた気球は、紙ヒコーキを吊り下げて一直線に青空へ吸い込まれていった。数分後には小さな点となって視界から消え、あとは気球のカメラ映像で観察するしかない。そのころ、船に乗り込んだ回収班のボビーは太平洋の海原に出て待機していた。

ところが、不測の事態が発生！　放球後43分20秒、頼りのGPS電波がふいに途絶えた。落下地点にかなりの誤差が生じるかも？ という状況に、一同、言葉を失った。

いっぽう、ボビーは室戸岬沖の予想落下地点の洋上にいた。同船していたスタッフたちと海面に目をこらすが、小さなカメラ装置がそう簡単に見つかるはずもない。すると、５分くらい経ったときボビーが、「あったよ～！　ほら、あれ見てよ！」と叫んだ。スタッフはみんなウソだろう？と耳を疑ったが、ボビーの指差す方に船を近づけると、波間にプカプカと白い箱が見え隠れしている。「ウソつかないよ～！　ほんとにあるって！」。さすが視力6.0のボビー・オロゴン、奇跡の発見だった。

スタッフ全員が集まり、「ボビーを回収班にしといてよかった」といいながらカメラのデータを確認してみると……。

オレンジの紙ヒコーキの背後にセットしたカメラが、放球後どんどん上昇するさまをとらえ、やがて素晴らしい映像を映し出した。画面の下には雲におおわれた白っぽい地球、その上に紙ヒコーキが浮かび、天空には青黒い宇宙の広がり、左上には太陽の輝きが……。

そして発射装置を撮っていたもう１つのカメラも、驚くべきシーンをとらえていた。10機の紙ヒコーキが次々と宇宙に放たれ、強風に舞いながら地球に向かって飛び立つさまがみごとに映し出されていた。映像を見ていたボビーが目をまん丸にして、「これって、夢の一瞬だよ！」と歓声を上げた。そのとおり、私もその映像が現実のものとは思えず、「ちょっと、今は、信じられない……」と黙って見つめていた。

放たれた10機の紙ヒコーキが、どこへ飛んで行ったかは分からない。だれかが拾ってメッセージを読んでくれただろうか？

連絡はいまだ無し。おそらく、ほとんど太平洋に舞い降りて、ぷかぷかと漂流していただろう。一見、お遊びに見えるかもしれないが、この実験は大まじめな「オトナアソビ」だった。

下のボールに10機の紙ヒコーキを搭載。上のボールに観察用カメラをセット。気球は紙ヒコーキを放出後、高度３万ｍに達すると気圧の影響で膨張・破裂し、気球の中に収めたパラシュートで地上に降下してくる

奇跡的に回収されたカメラの映像。アームの先端にセットされた紙ヒコーキ。その下に雲におおわれた地球。濃紺の宇宙の広がりの中に太陽が浮かんで輝いている

南米の「天空の城」で

2015年5月、コロンビア政府主宰により第2の都市メデジンで紙ヒコーキの大会を開催した。メインイベントの舞台は郊外のグアタペ湖畔にそそり立つ高さ200mの「ペニョル岩」。そのてっぺんから巨大紙ヒコーキを飛ばすことになった。

この実験のために20人以上の警官が警備にあたり、コロンビア政府関係者、テレビ局や新聞社など大勢の取材陣が詰めかけた。ペニョル岩の下には、いったい何が始まるんだ？ と奇妙なイベントに興味津々の住民や観光客が続々と集まってきて、まるでスターのような注目を浴びた。

展望台のテラスから巨大機を発射！ 5機すべてがうまく飛んで大歓声が上がり、1機が湖に着水した。機体の下部に装着したビデオカメラには、大自然のなかを悠々と滑空していくシーンが写されていた。

ペニョル岩は「悪魔の塔」と呼ばれる観光スポット。岩肌にはジッパーのような階段がのびている。この麓で講演会をしたあと、日本とコロンビアの国旗を入れた紙で5機を折った。それをかついで頂上をめざす。ジグザグの階段を汗だくで30分かけて登ると、そこは天空の城だった……。

Japonés Takuo Toda alzó vuelos en colegio de Bello

En el colegio Mano Amiga, el Récord Guinnes de los aviones de origami compartió juego con los chicos. Hoy está en Guatapé

"Me dedique a esto porque me parece mágico que a partir de las manos se pueda hacer volar una figura de papel".

TAKUO TODA

GUSTAVO OSPINA ZAPATA

En su primera escala en cielo paisa, el japonés Takuo Toda puso a volar la imaginación de más de un centenar de chicos del colegio Mano Amiga, de Bello, a quienes les enseñó la técnica de fabricar avioncitos de papel y luego los instruyó en la manera de lanzarlos para que permanecieran el mayor tiempo posible en el aire.

La sonrisa del japonés experto en la técnica del origami afloró con los alumnos de la I.E. Mano Amiga. FOTO JULIO CÉSAR HERRERA

A sus 58 años, Takuo Toda (que actuó con traductor, pues no habla español) es un empresario del Japón, pero que ostenta un Récord Gui-

¿QUÉ SIGUE?

AVIÓN SE LANZA DESDE LA PIEDRA EL PEÑOL

En su segunda escala en Antioquia, por así decirlo, Takuo

En el Poli piden el retorno a clases

GUSTAVO OSPINA ZAPATA

メデジンの小・中・高一環校で紙ヒコーキ教室。中学生と高校生の参加者90名は、初の折り紙ヒコーキ体験にマジックのような感激を。教室の窓の外から小学生がうらやましそうに覗いていた

最新型・折り紙ヒコーキ22機の航空ショー

長方形と正方形の用紙で折って飛ばそう！

「折り図」は折り方のやさしいヒコーキから順に並べてあります。
次ページの折り方の基本を読んで、練習してから折り始めましょう。
ていねいに折って、飛ばし方のコツをつかめば、きれいに飛びます。

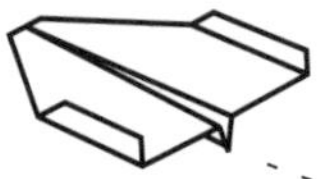

用紙・折り方・仕上げ

機種によって「長方形」と「正方形」の用紙を使い分けます。15 機を長方形で折り、7 機を正方形で折ります。正方形の用紙を使うときは、点線ラインで切ってください。

【用紙】 別冊に収録

正方形の用紙で折る機種は、点線ラインをカッターかハサミでまっすぐに切る

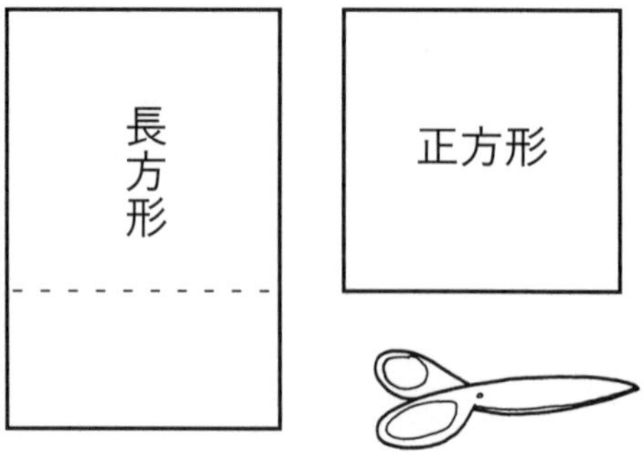

折り図では、用紙の表（模様の面）をグレーで、裏を白で表示している

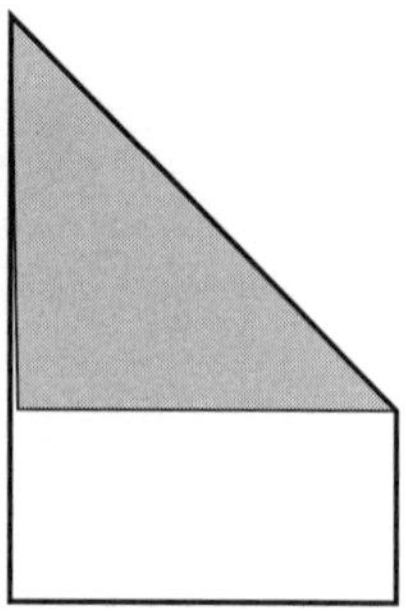

【折り方の基本】

折り図に出てくる表示。点線を基準に矢印の方向にていねいに折る。「折って戻す」はいったん折って元に戻すこと。長い折り目は定規を使うときれいに折れる

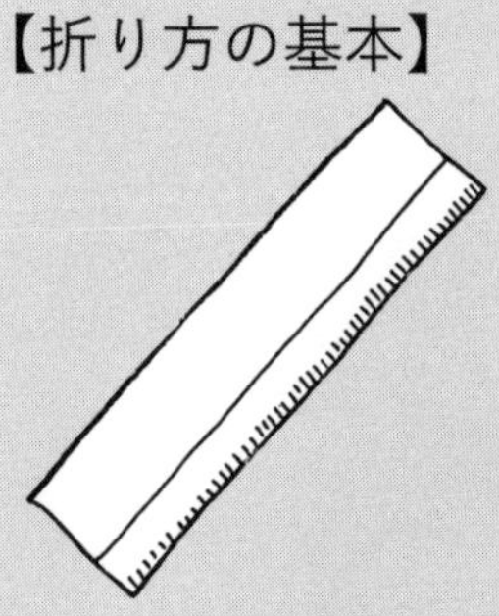

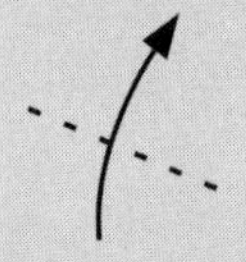

谷折りする

折って戻す

山折りする

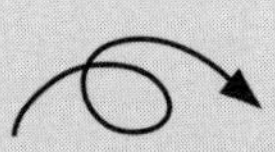

用紙を裏返す

【折りの目印】

点線の丸は折るときの目印になる。角（かど）やふちを目印に合わせて折る

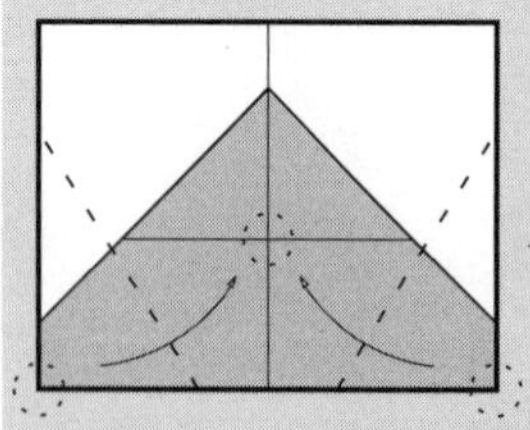

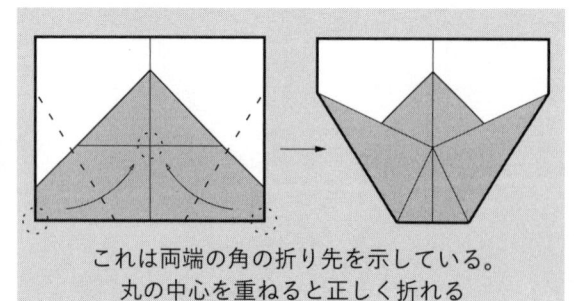

これは両端の角の折り先を示している。丸の中心を重ねると正しく折れる

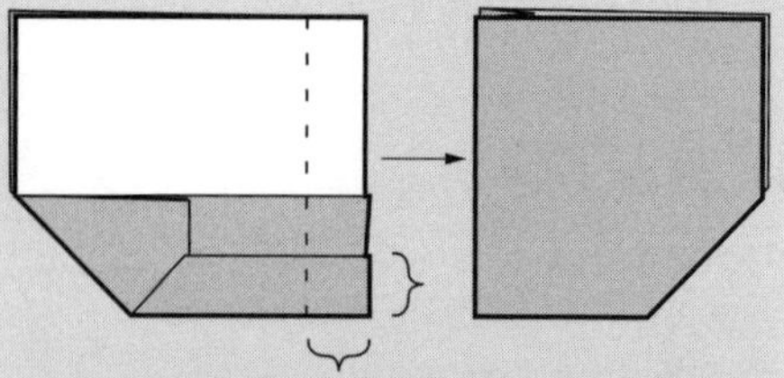

カッコは等しい長さを示している。半分などの場所を示すこともある

【中割り折り】

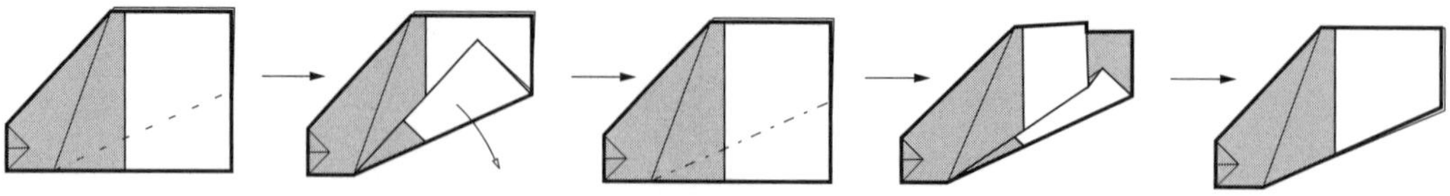

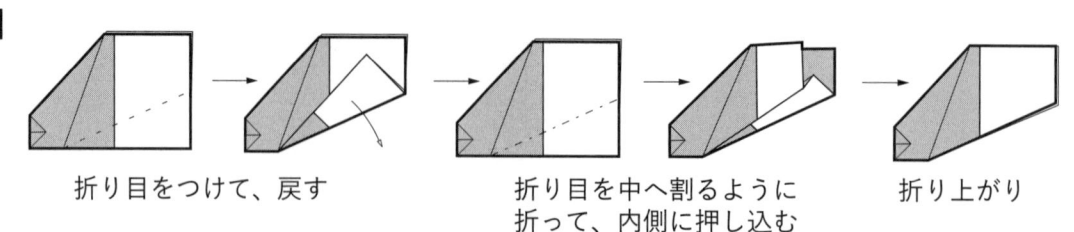

折り目をつけて、戻す

折り目を中へ割るように折って、内側に押し込む

折り上がり

【仕上げ】

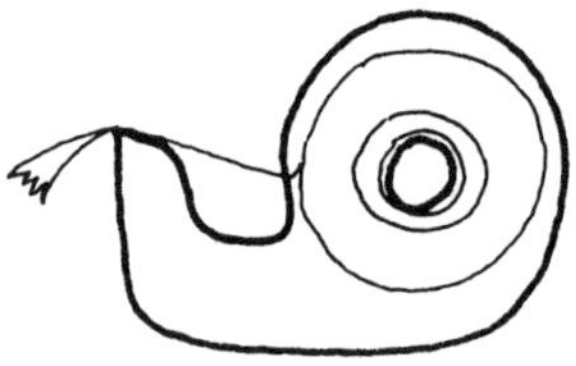

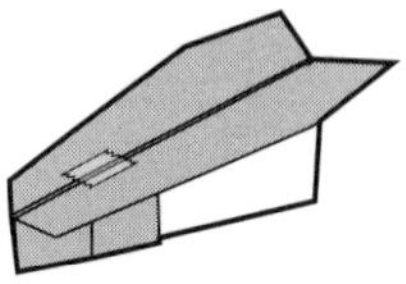

胴体が開かないようにテープを貼ってもいい

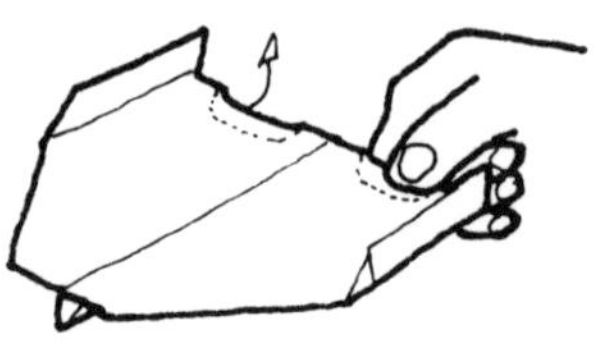

翼の後部をわずかに上にひねれば、よく飛ぶ（昇降舵になる）

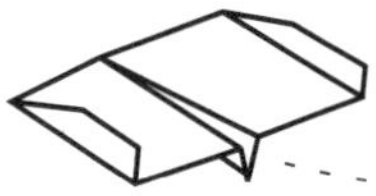

調整と飛ばし方のコツ

ヒコーキを折り上げたら、三面図とくらべて機体を調整しよう。翼がゆがんでいたり、胴体や尾翼が曲がっていたら飛んでくれない。調整をしてテスト飛行をしてみよう。

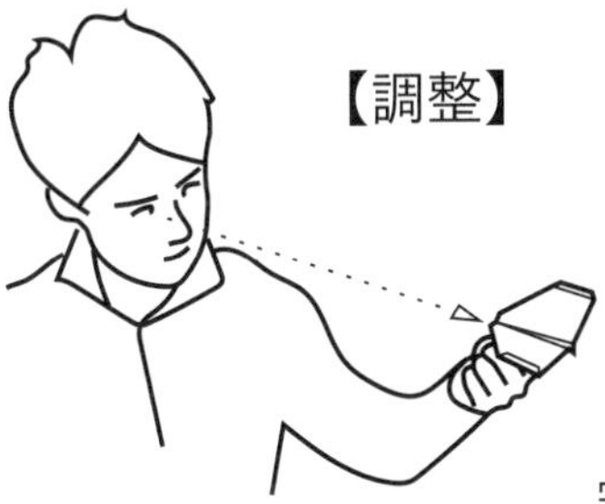

【調整】

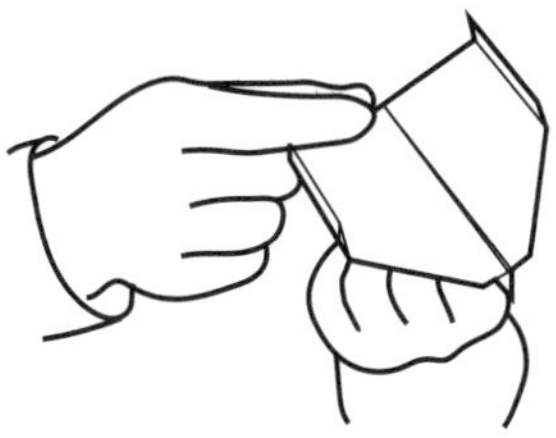

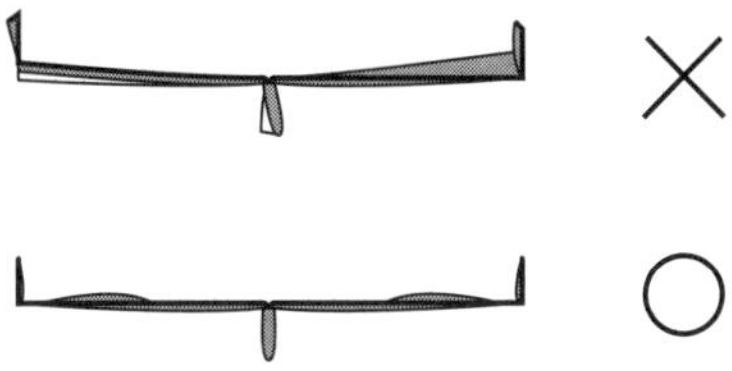

完成したヒコーキを飛ばす前に正面からよく見る。機体がねじれていると飛ばない！ 主翼と尾翼がまっすぐになるように指でひねって直す。

【テスト飛行】

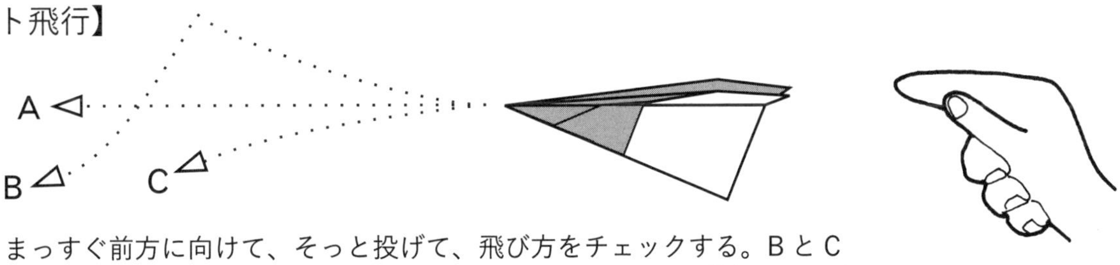

まっすぐ前方に向けて、そっと投げて、飛び方をチェックする。BとCの場合、下のように直して、Aのように飛ぶまでテストと調整をくり返す。

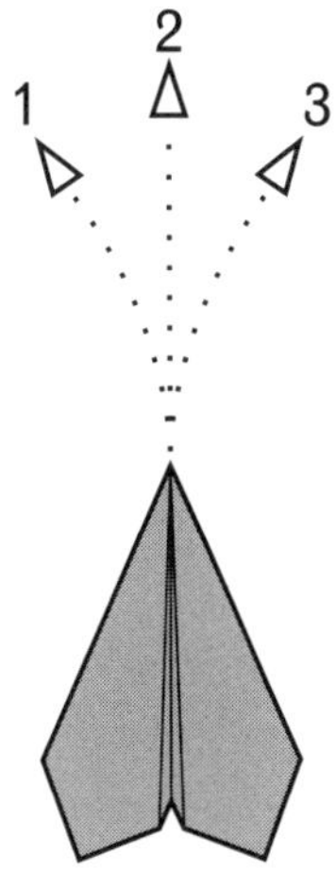

左右に曲がるときも、テストと調整をする

A

OK

B

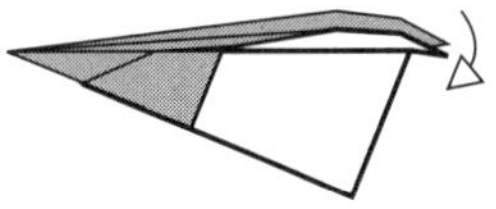

失速しないよう昇降舵を少しずつ下へ曲げてみる

C

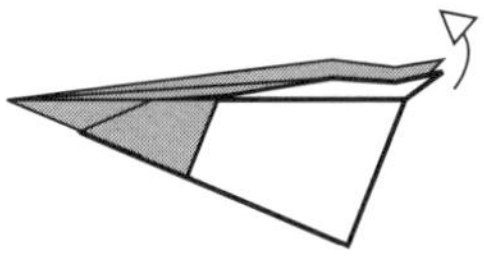

急降下しないよう昇降舵を少しずつ上へ曲げてみる

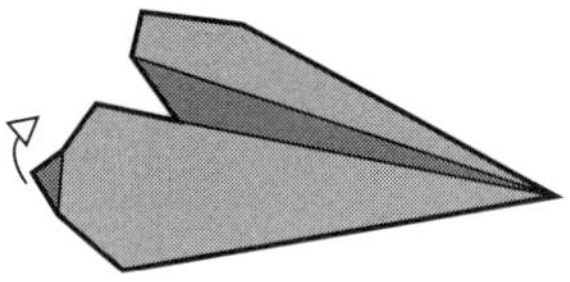

1　左旋回を直すには、右側の昇降舵をわずかに上へ曲げる

2
OK

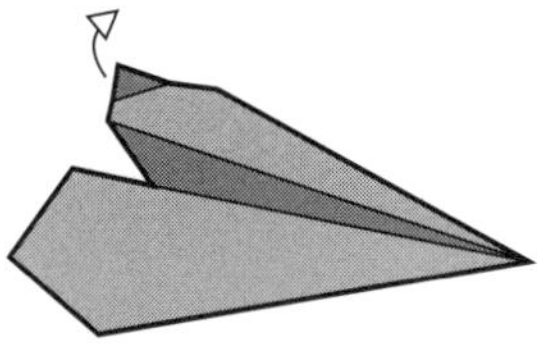

3　右旋回を直すには、左側の昇降舵をわずかに上へ曲げる

【タイプ別の飛ばし方】　機種によって投げ方を変えよう

「距離タイプ」……水平よりやや高く投げて、遠くへ飛ばす

「滑空タイプ」……高い所から旋回させるので、高く投げ上げる

「デザイン・タイプ」……自由に投げて飛び方を楽しもう

「立体タイプ」……まっすぐ水平に投げる

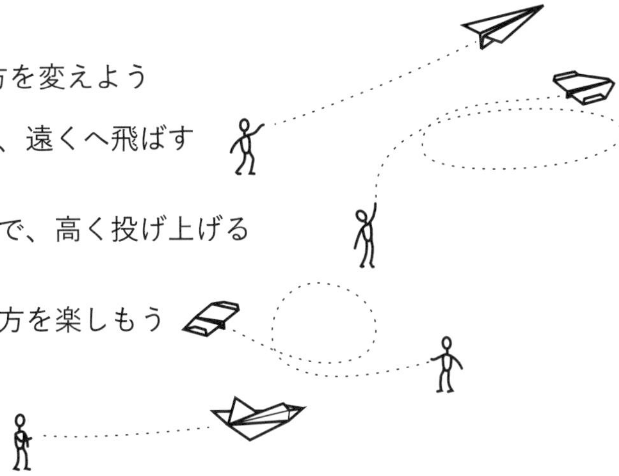

スペースライナー

飛行機のおかげで、いつでも遠くまで旅ができるようになった。たった１日で世界の五大陸へ飛んで行ける。それでも遅いと、コンコルドのような超音速エアライナーが登場した。さらに今では、ニューヨークまで２時間で飛ぶというスペースプレーンも開発されている。この紙ヒコーキは、そんな高速機みたいに速く一直線に飛ぶデザインにした。

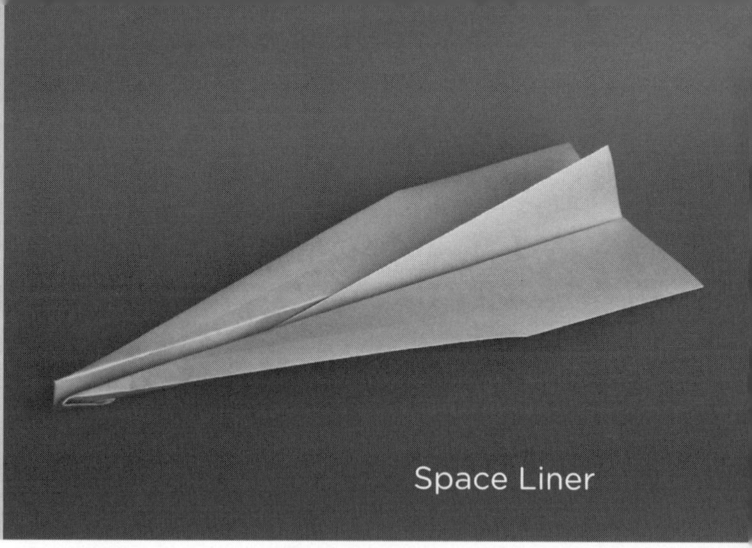

1

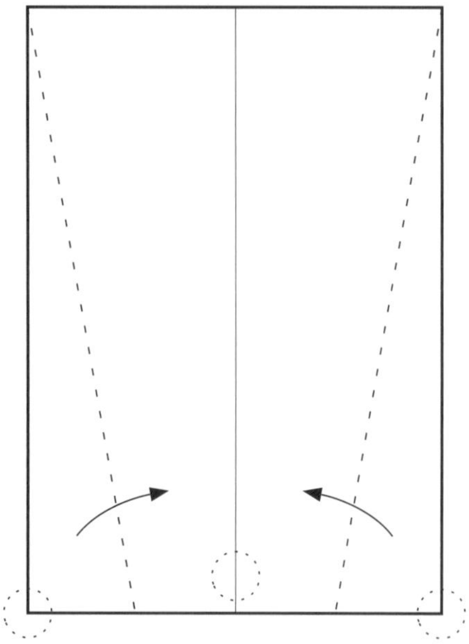

用紙を裏にして、両角を中心線に合わせて折る

2

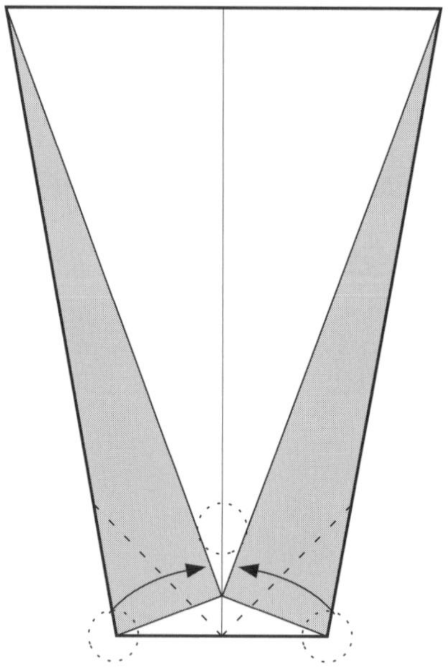

新しい角を中心線に合わせて折る

3

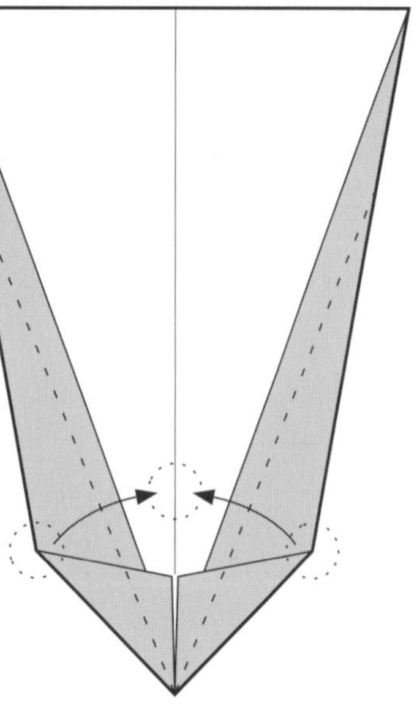

さらに中心線へ折る

4

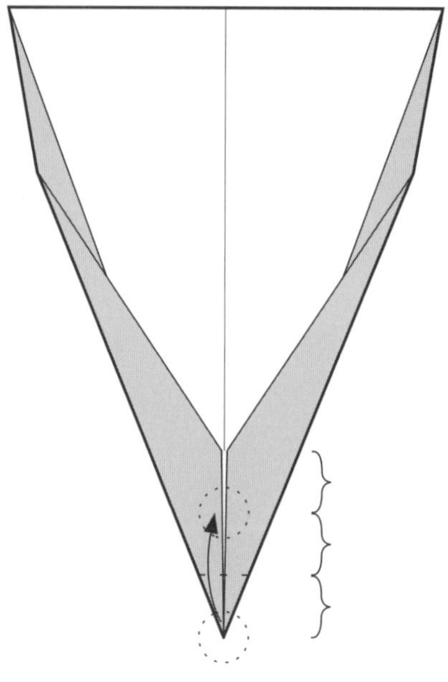

先端を点線のライン（1/3）で折る

長方形の用紙

【距離タイプ】

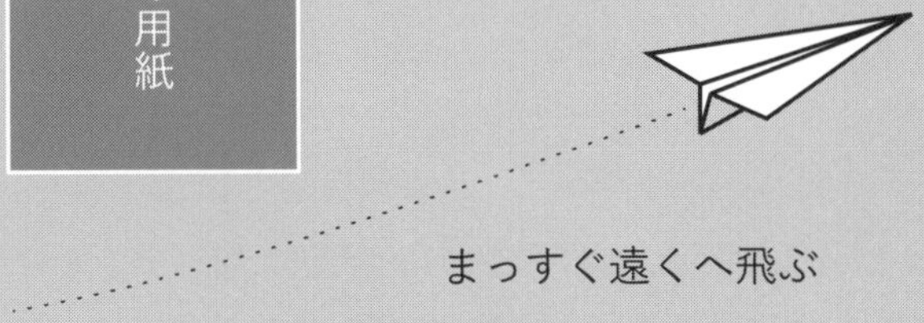

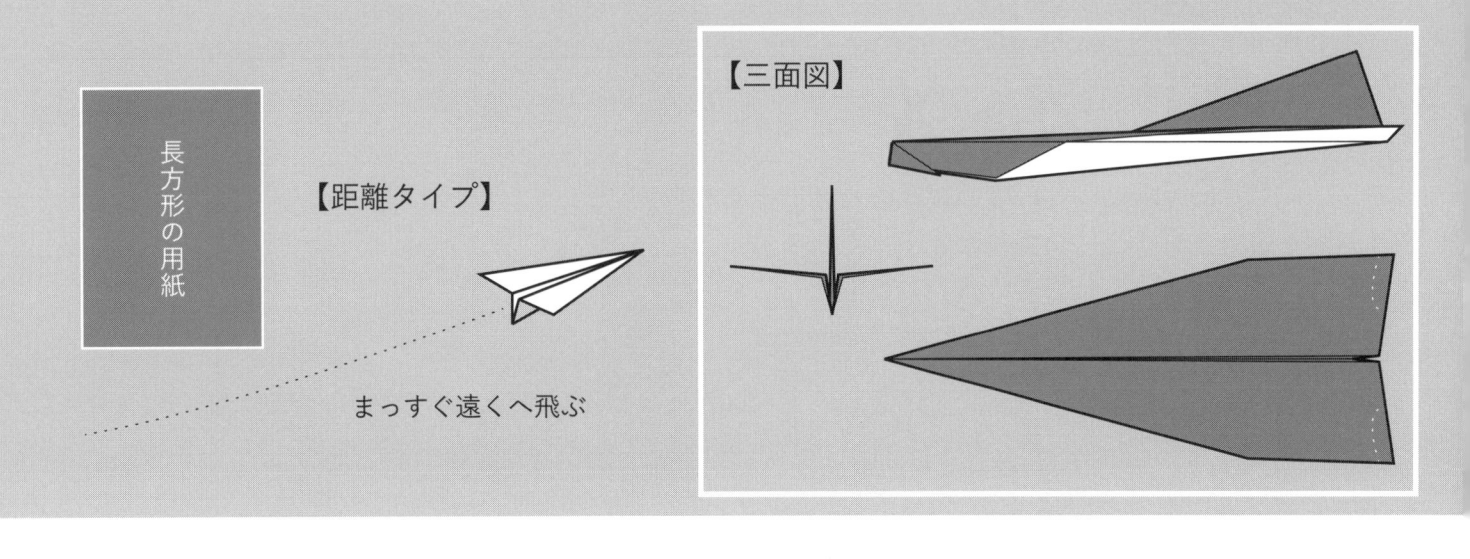

まっすぐ遠くへ飛ぶ

【三面図】

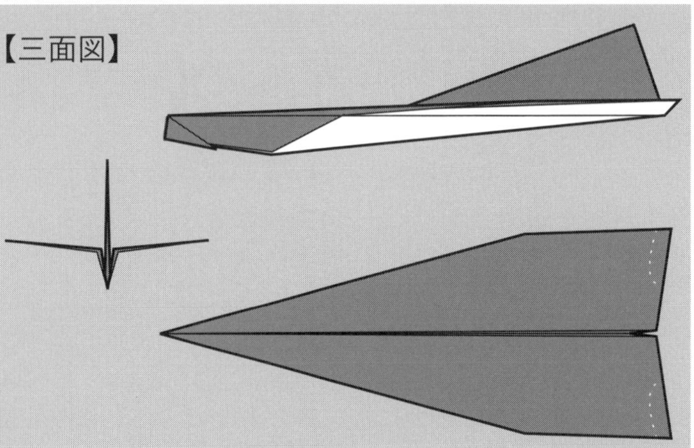

5

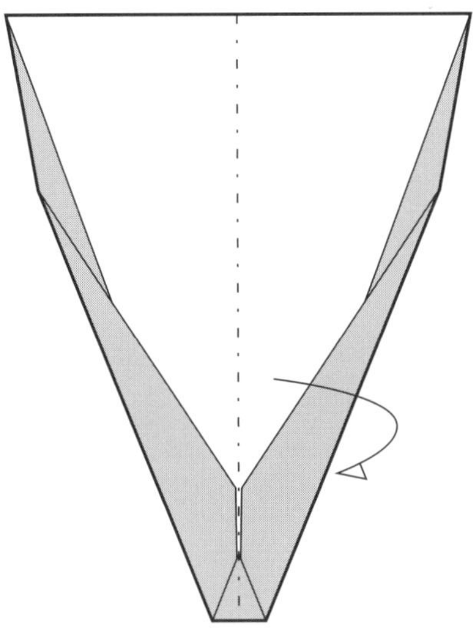

機体を半分に折る

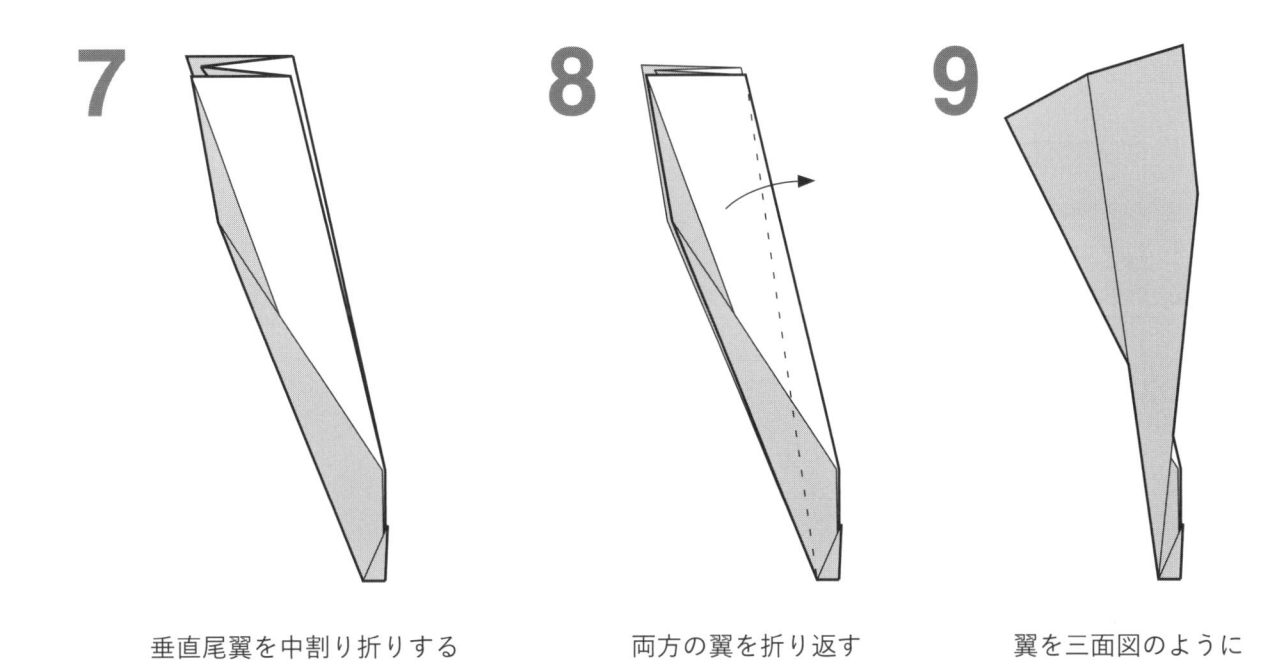

6

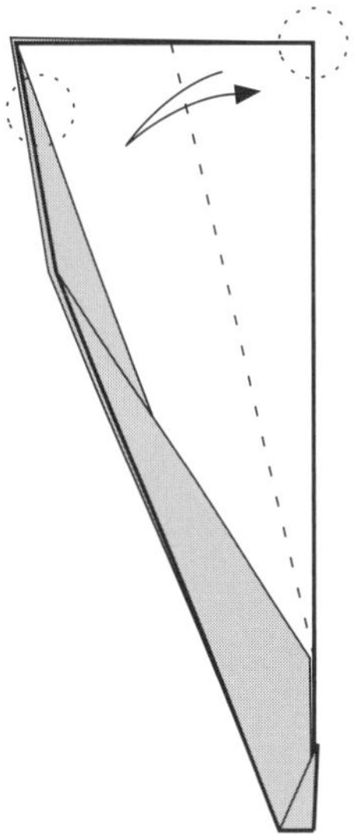

垂直尾翼を点線ラインで折って戻す
（折り目をつける）

7

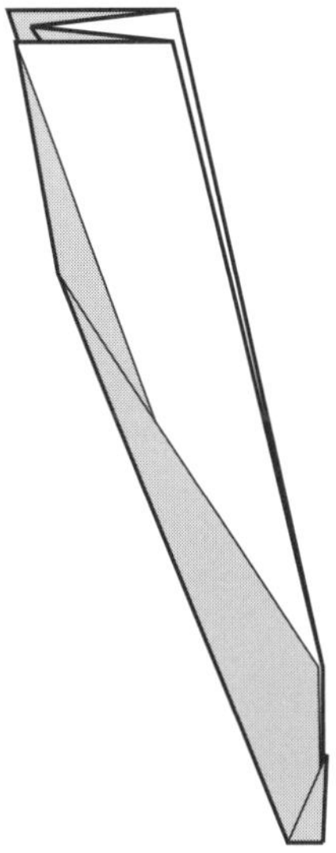

垂直尾翼を中割り折りする

8

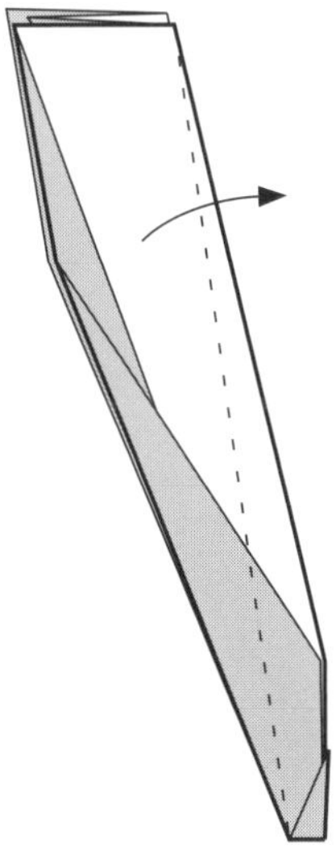

両方の翼を折り返す

9

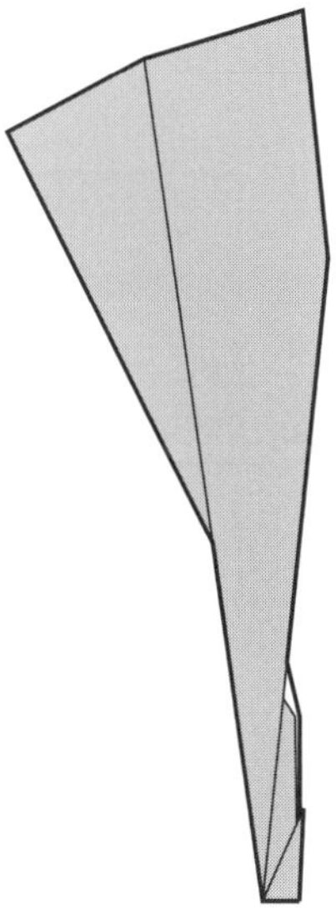

翼を三面図のように
広げて、完成！

ステルス・X

　レーダーに映らない飛行機や遠隔操縦する無人機を最近よくニュースで見かける。それらは最も進んだ技術と形状をもつ飛行機たちだ。この紙ヒコーキは無人ステルス機〈X-47A〉に似たおもしろい形をしている。翼を調整しながら、いろんな飛行スタイルが楽しめるだろう。

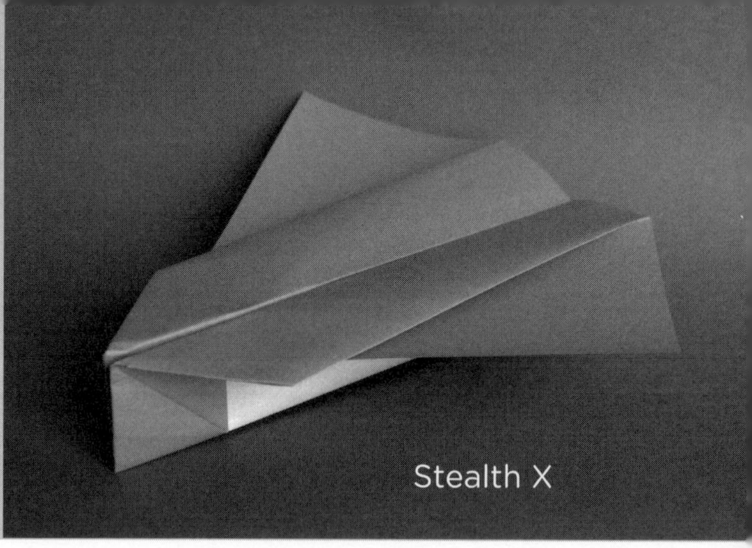

1

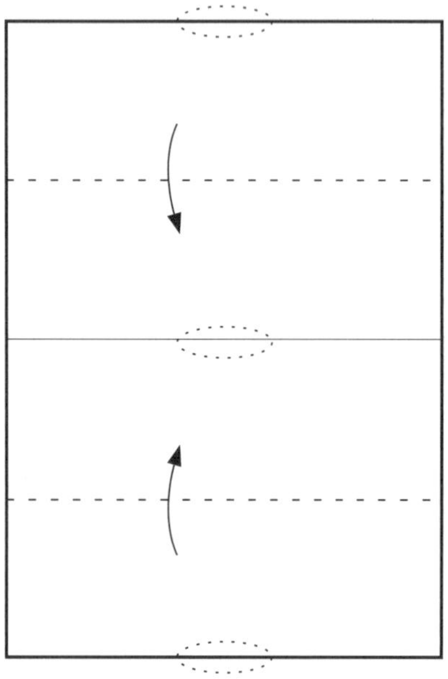

上下のふちを点線ラインで折り、さらに
中心線に合わせて折る

2

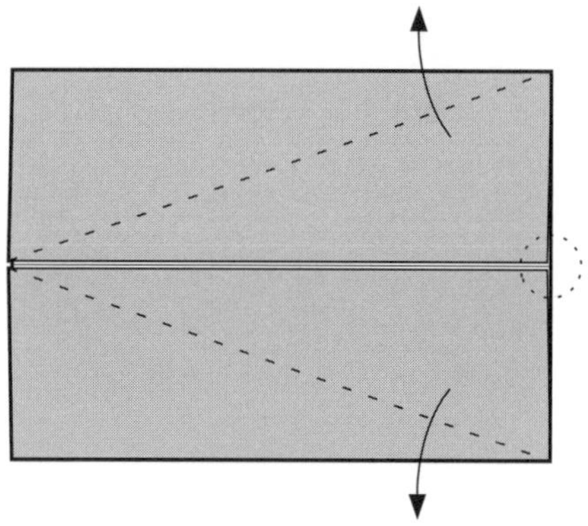

2つの角を対角線で外へ折る

3

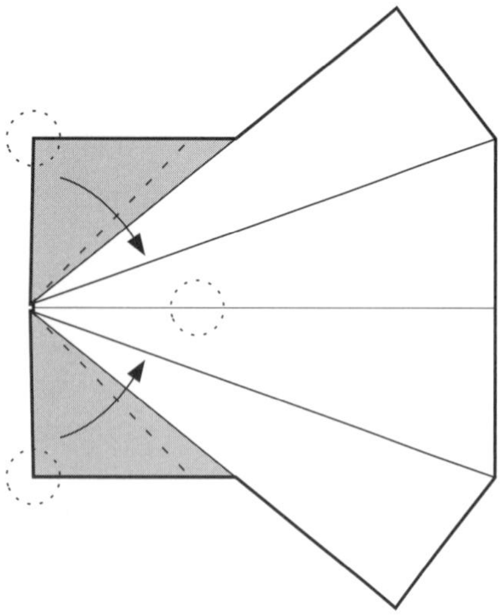

角を中心線へ折る

4

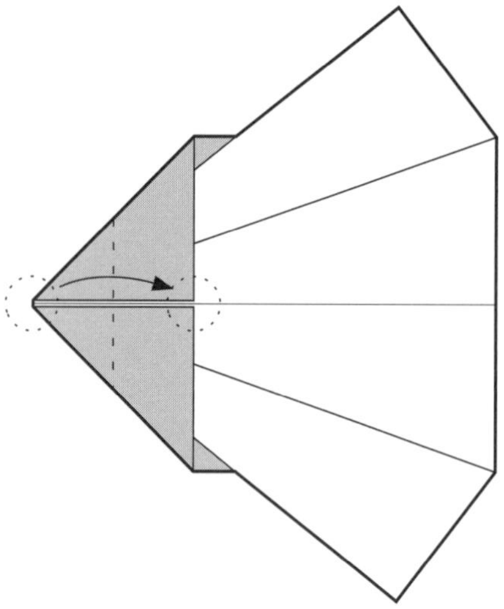

先端を点線ラインで折る

長方形の用紙

【デザイン・タイプ】

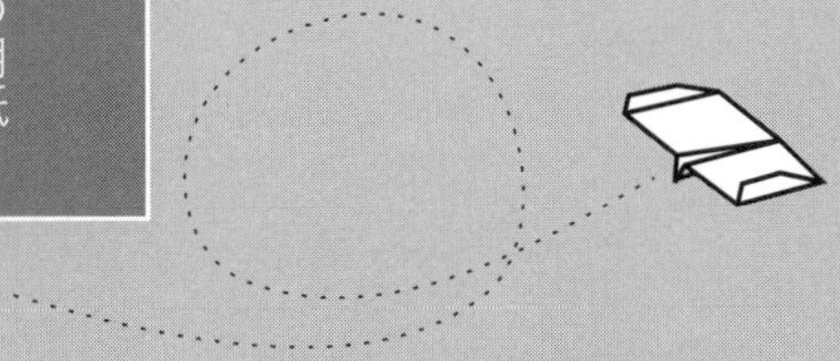

形と飛び方がおもしろい

【三面図】

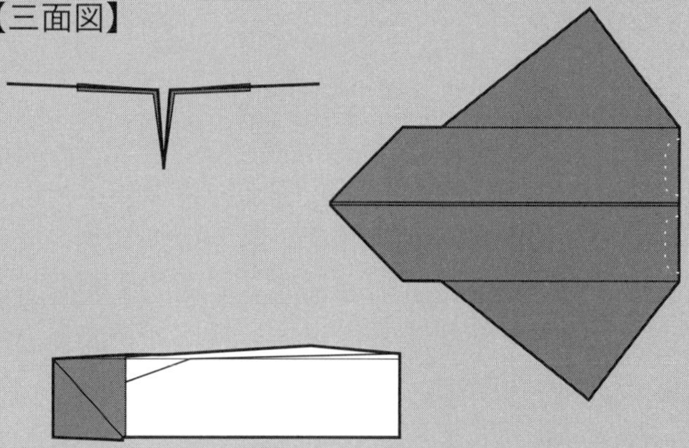

5

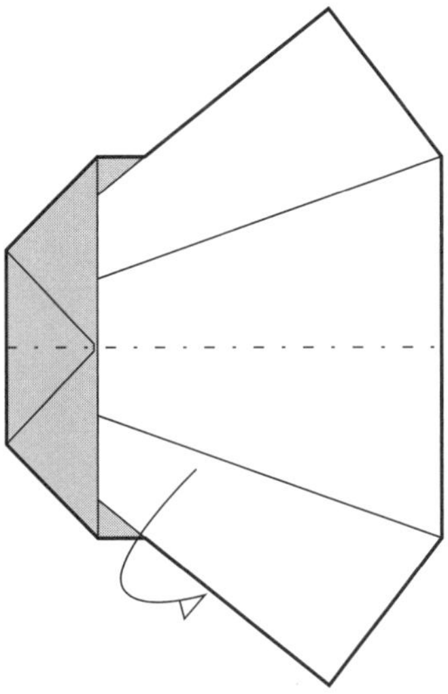

機体を山折りで半分に折る

6

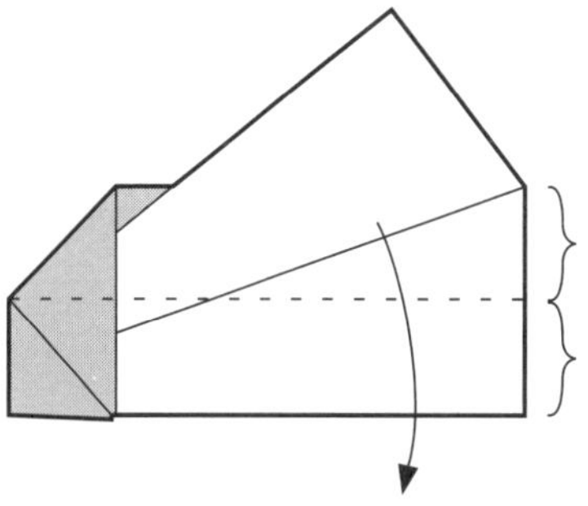

両方の翼を点線ラインで折る

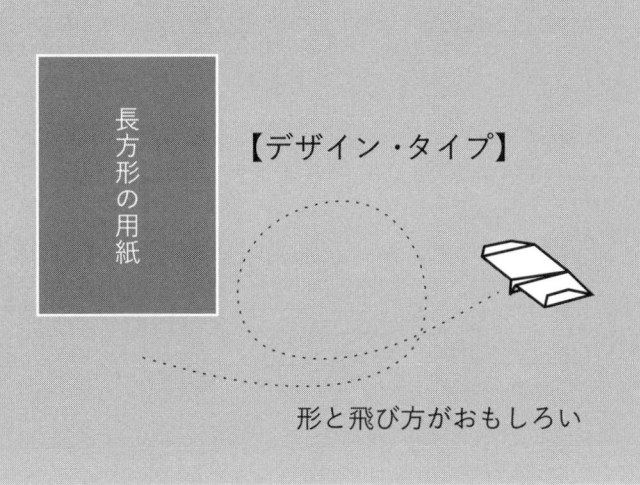

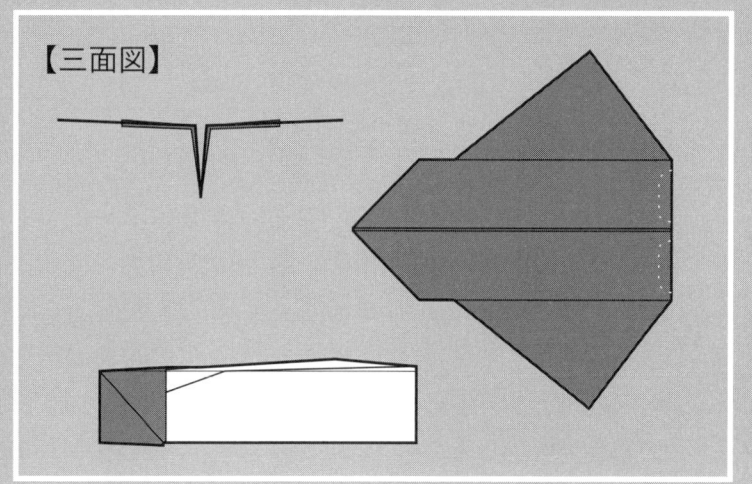

7

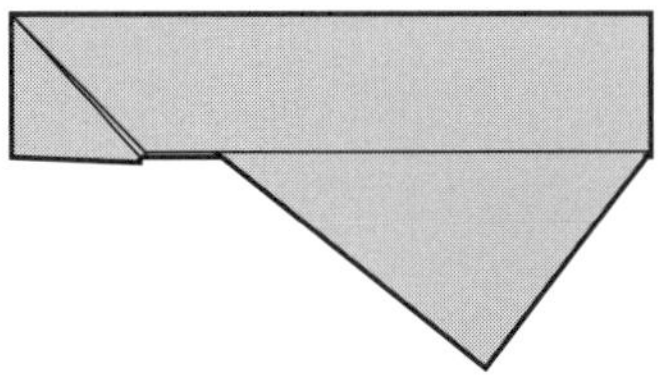

翼を三面図のように広げて、完成！

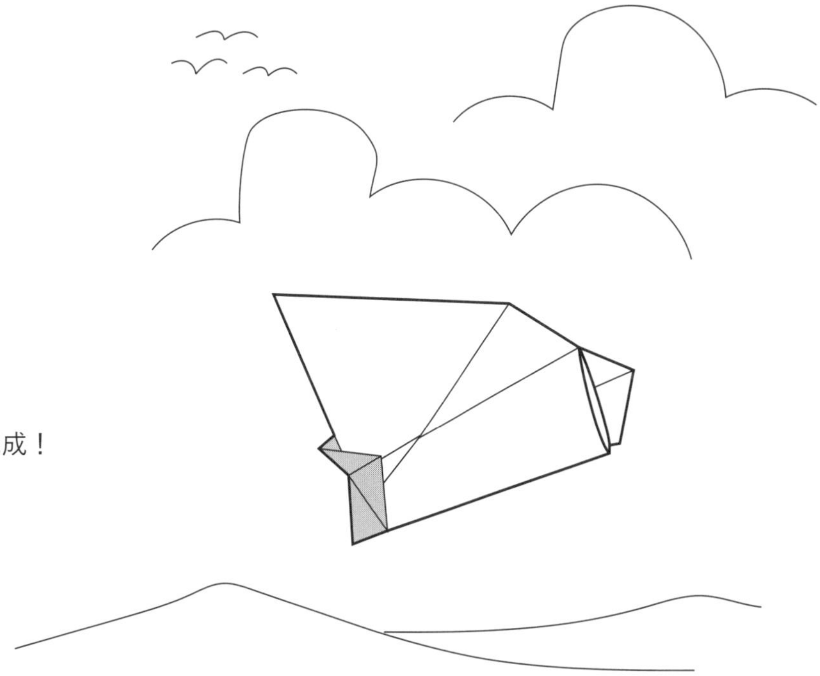

ブルースカイ

紙ヒコーキが本物の飛行機らしく見えないのは、パイロットが乗り込むコックピットがないからだろう。このヒコーキには、機首にコックピットを付けてみた。パイロットがいてくれるから、ゆったりと、まっすぐに飛ぶはずだ。青空を眺めながら操縦するパイロット気分で、悠々と飛ばしてみよう。

1

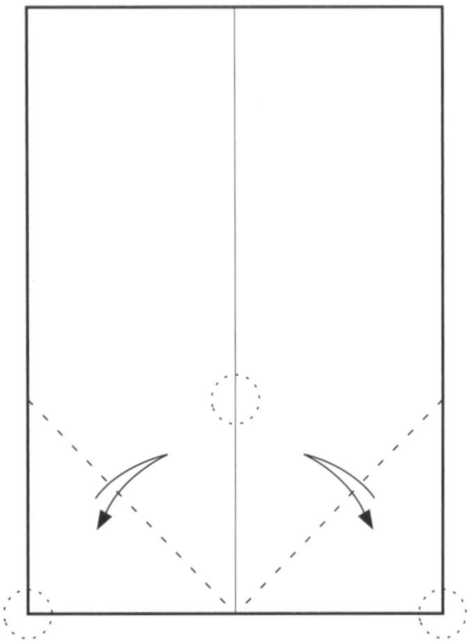

角を中心線に合わせて折って戻す
（折り目をつける）

2

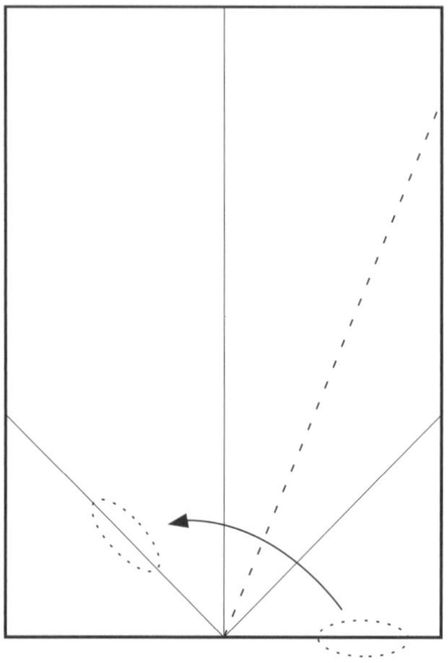

下辺を１の折り目に合わせて折る

3

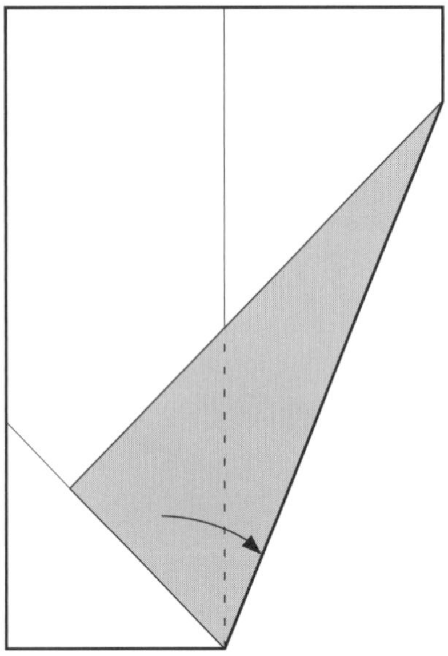

１の折り目で折り返す。
（反対側も同様に）

4

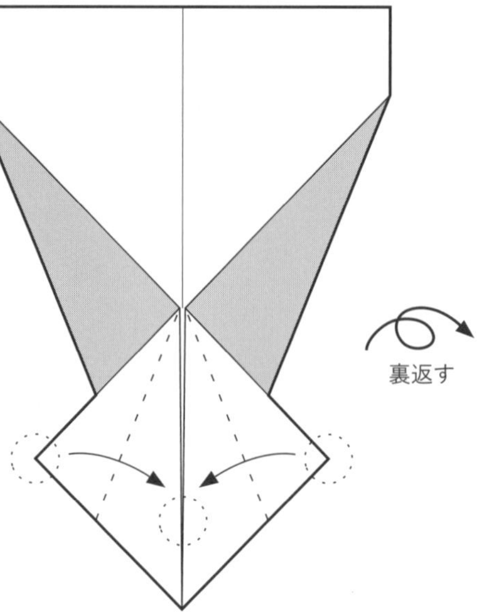

新しい角を中心線へ折る

長方形の用紙

【距離タイプ】

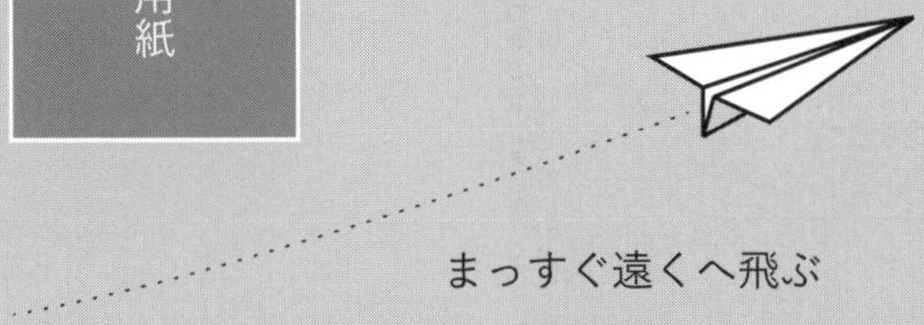

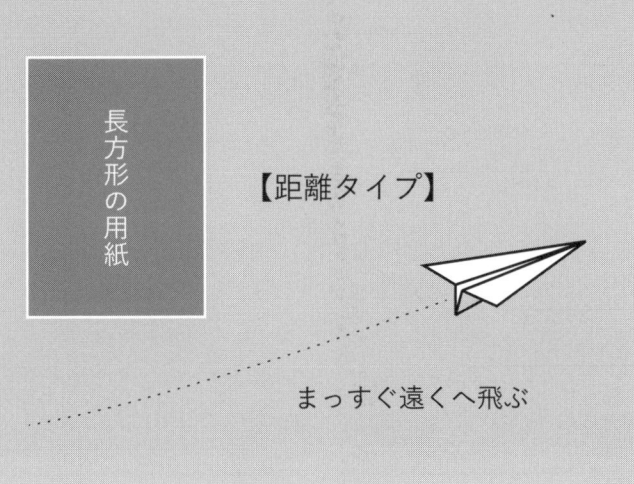

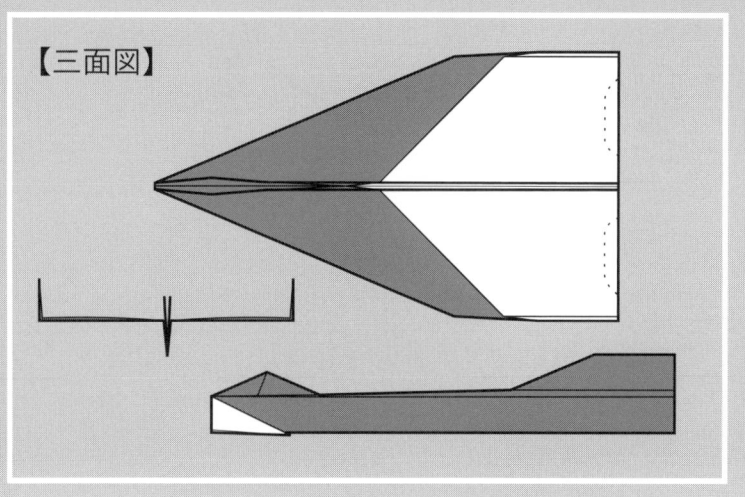

まっすぐ遠くへ飛ぶ

【三面図】

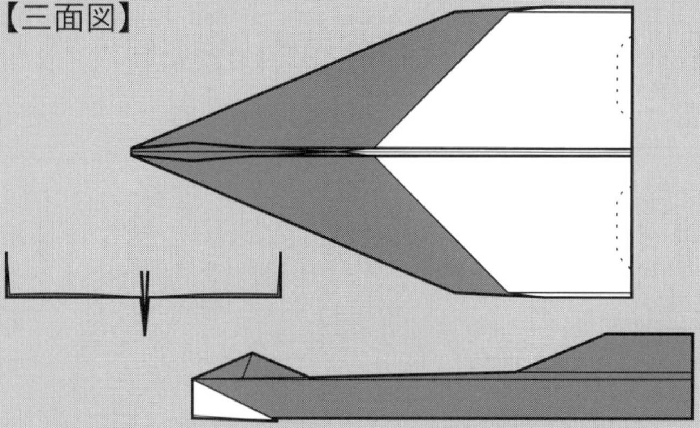

5

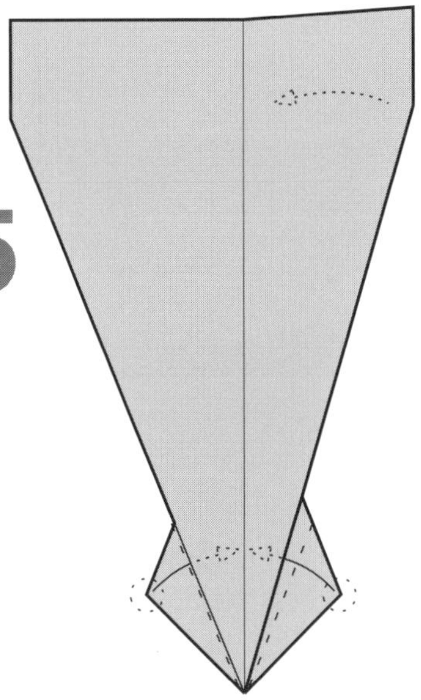

角を翼の下に入れながら中心線へ折る。翼を持ち上げると折りやすい

6

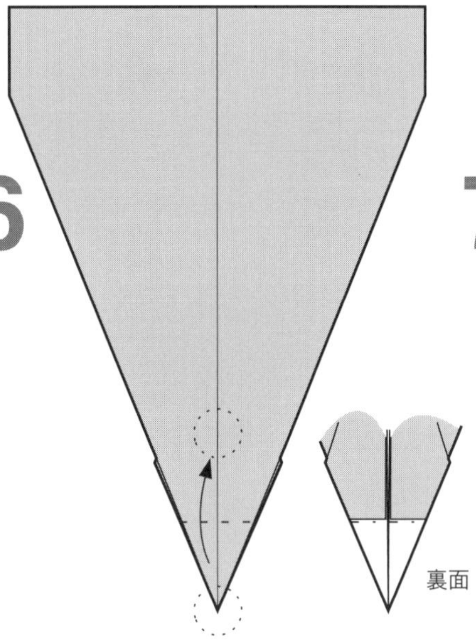

先端を裏面の紙のふち（点線ライン）で上へ折る

7

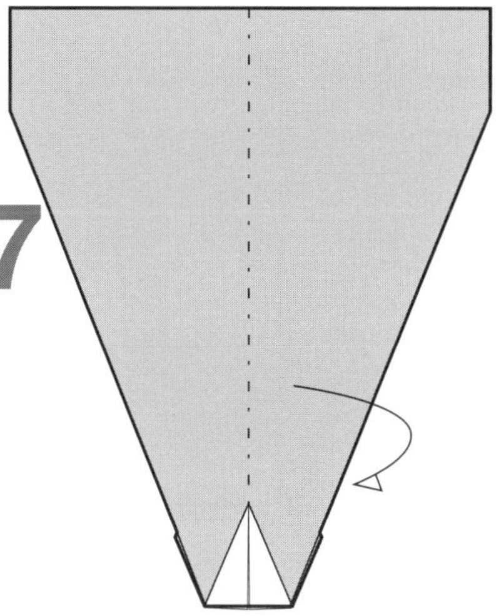

機体を山折りで半分に折る

8

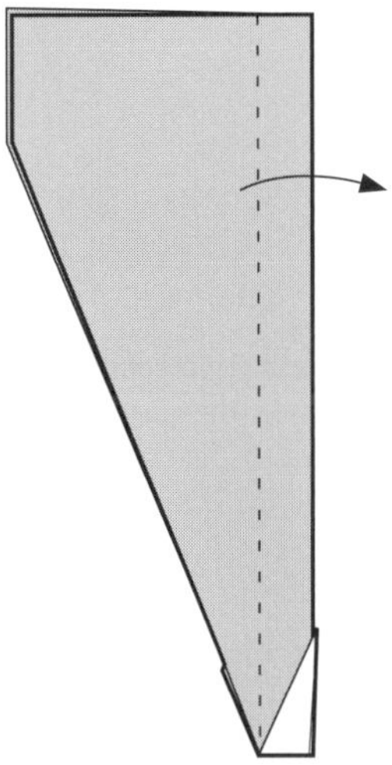

両方の翼を点線ラインで折る

9

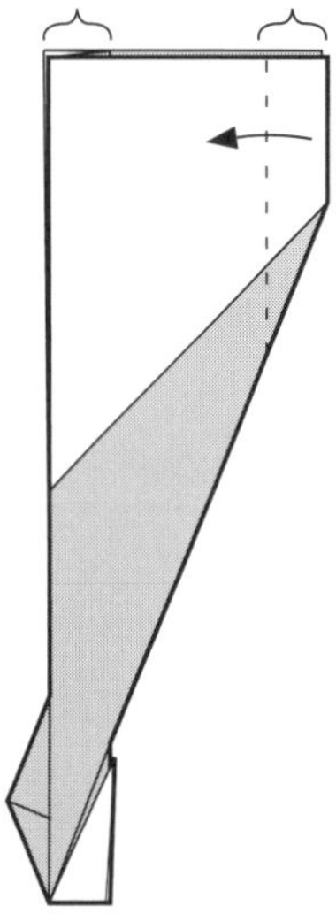

翼端を点線ラインで折って尾翼を作る（尾翼と胴体の幅を同じに）

10

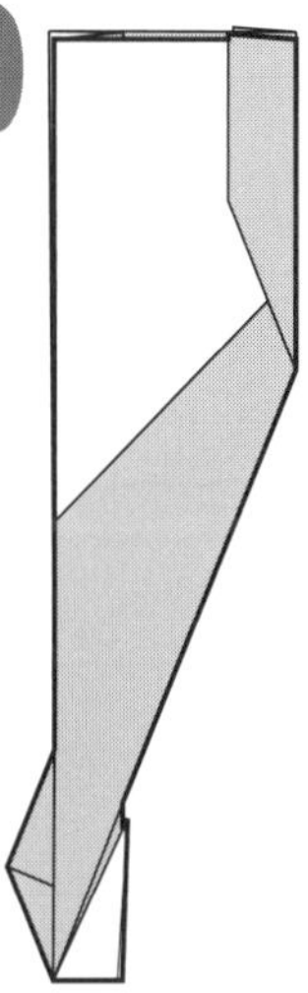

翼と尾翼を三面図のように広げて、完成！

ムーンライト

かんたんに折れるヒコーキこそ、よく飛ぶヒコーキである。折れば折るほど機体は小さくなり、ゆがみも生じ、空気抵抗が増すからだ。最低限の折りでも、バランスさえとれていたら、スーっときれいに飛行する。翼を調整すると、ゆっくり周回してくれたから、月にちなんだ愛称をつけてみた。

1

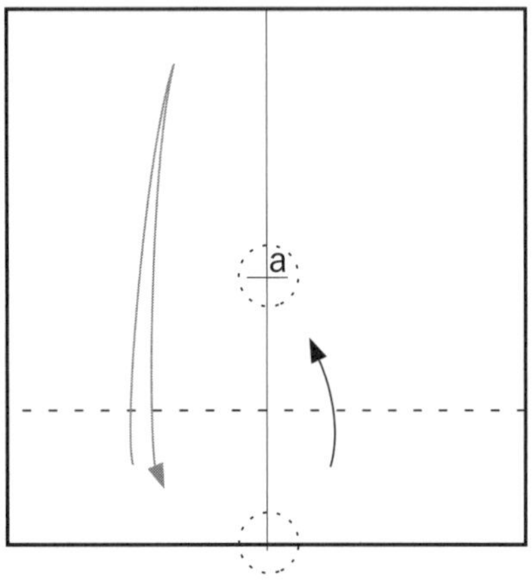

用紙を裏にして、下辺を点線ラインで真ん中のａまで折る

2

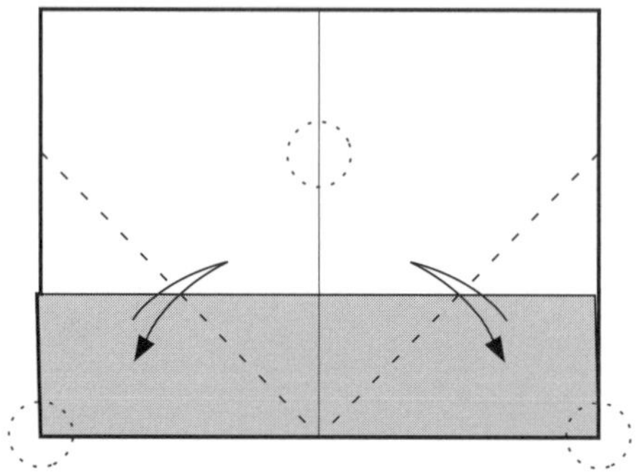

角を点線ラインで中心線へ折って戻す（折り目をつける）

3

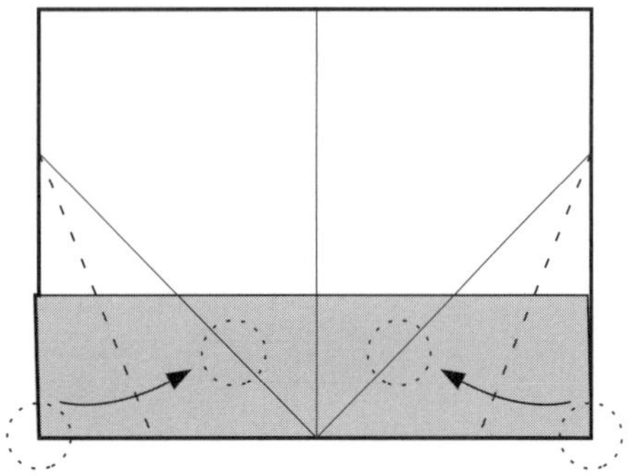

角を点線ラインで折り目に合わせて折る

4

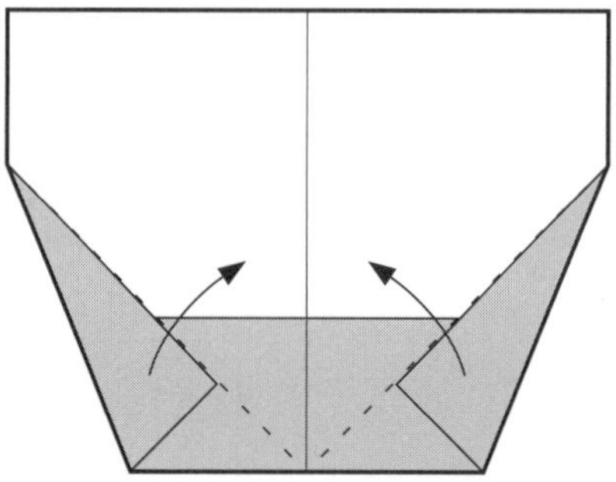

２の折り目で折り直す

5

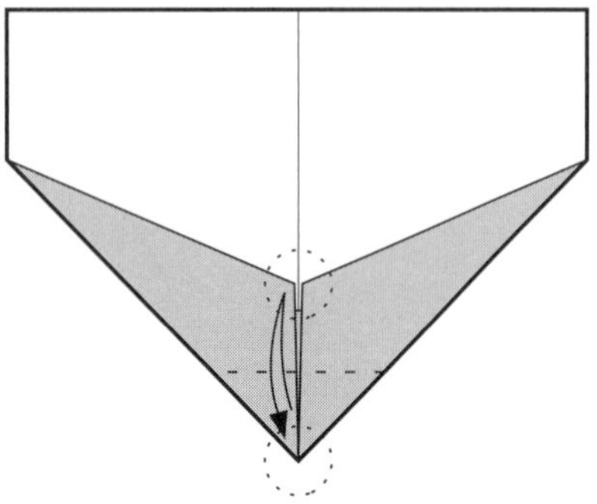

丸の中心を合わせて機首を折って戻す

6

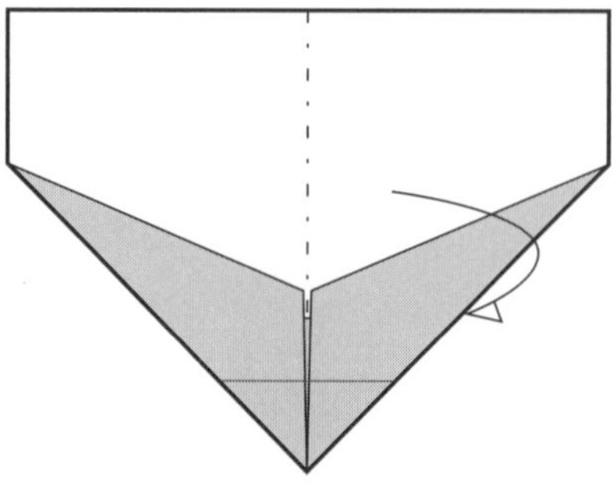

機体を半分に山折りする

【滑空タイプ】

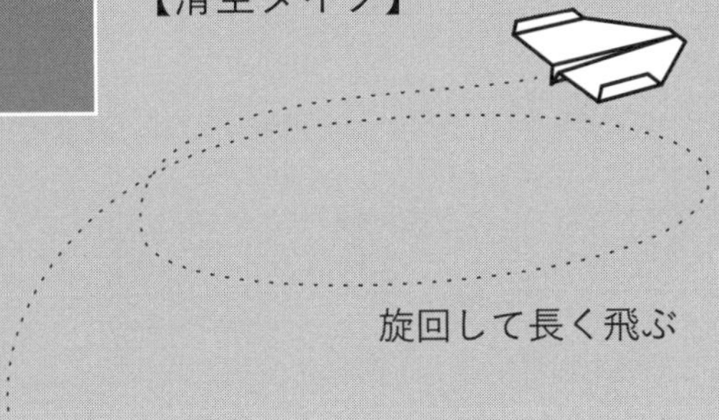

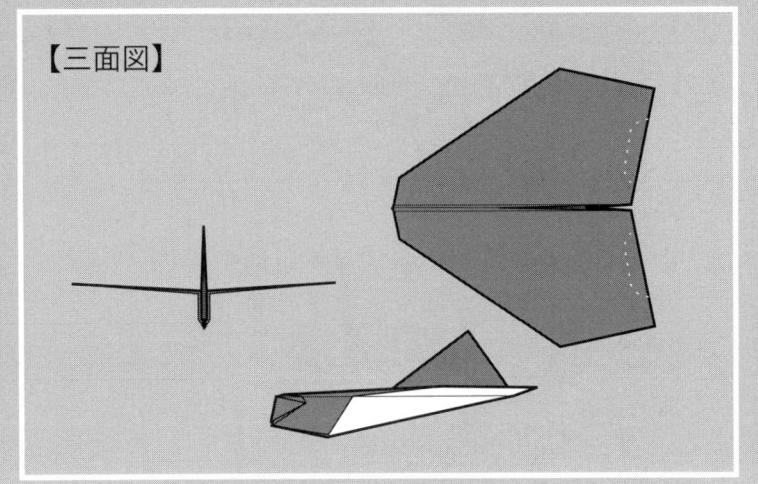

【三面図】

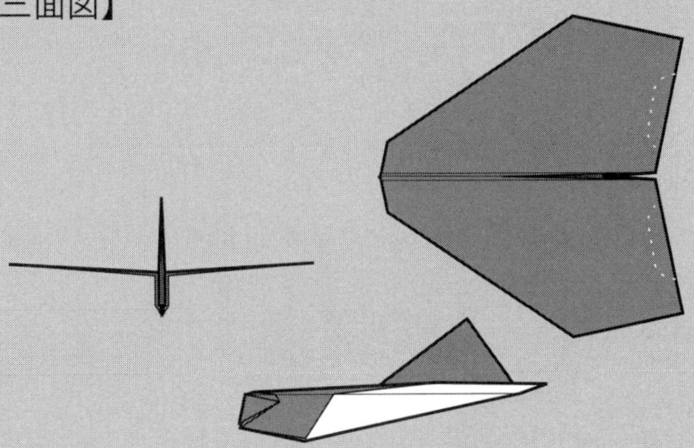

7

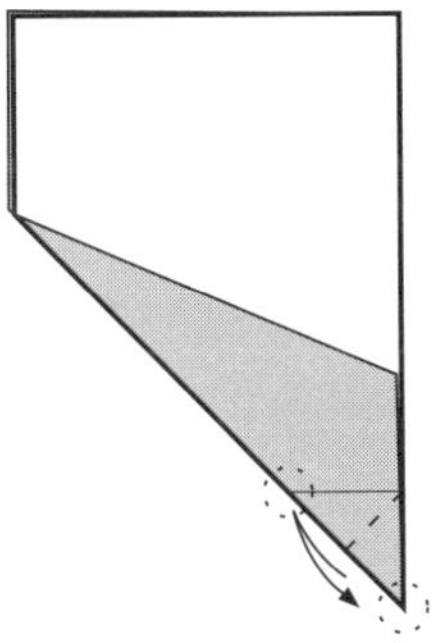

先端を折って戻す
（折り目をつける）

8

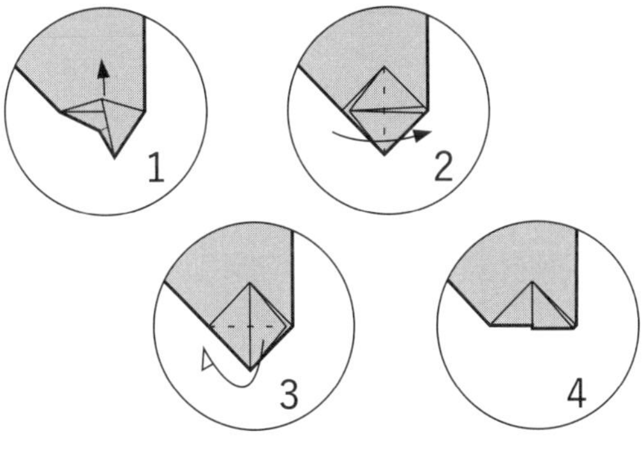

1〜4 の順に先端を折りたたみ、機首を
〜固定する

9

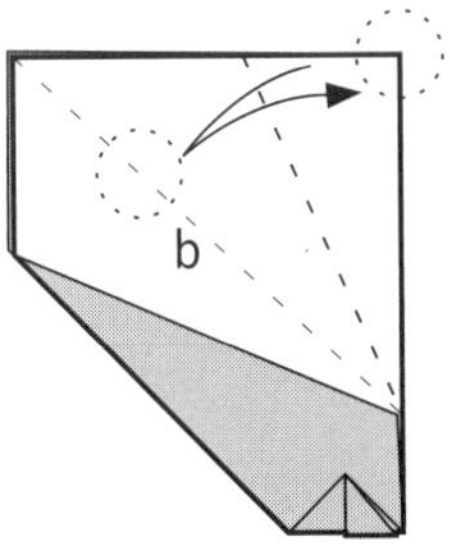

翼の対角線 b に合わせて垂直尾
翼を折って戻す

10

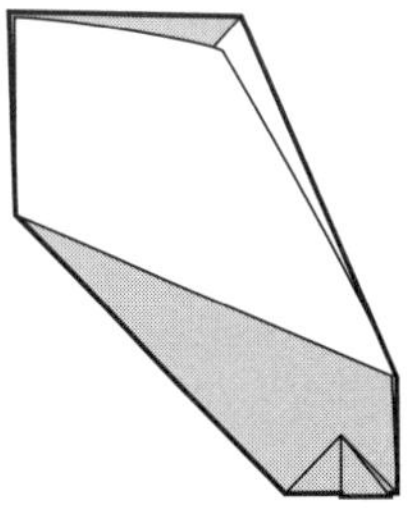

垂直尾翼を中割り折りする

11

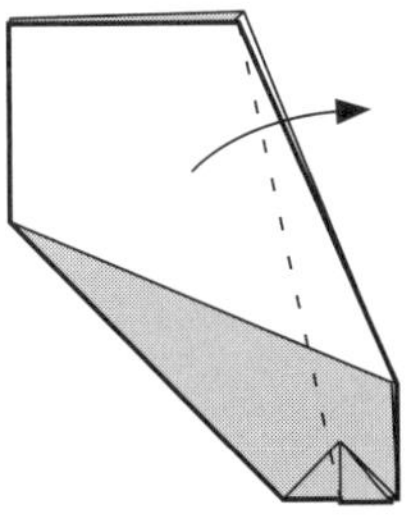

翼を点線ラインで折り返す

12

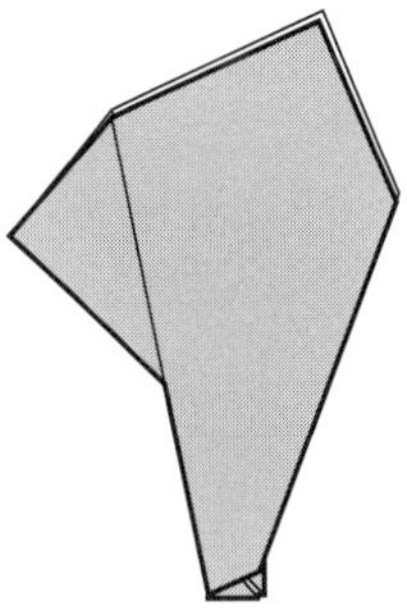

翼を三面図のように広げて、完成！

くわがた号

三面図のように、上から見るとツノを生やした「くわがた虫」のようだ。これはイカ型ヒコーキをベースにし、先尾翼をさらに折ってみると、こんなおもしろい新型機ができた。横から見たボディラインもきれいで、ツノを立てて飛ぶ姿は勇ましい。まっすぐに飛ぶ「距離タイプ」のヒコーキだ。

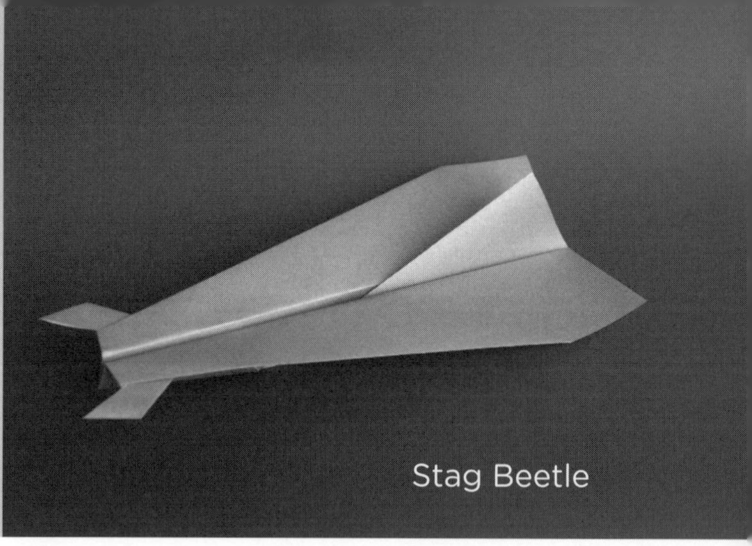

1

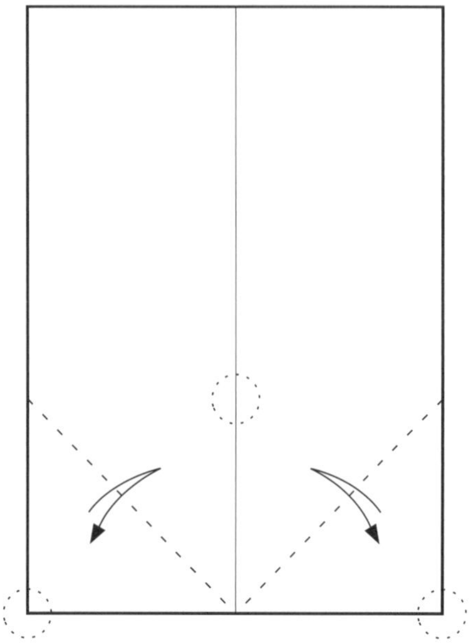

角を点線ラインで中心線へ折って戻す
（折り目をつける）

2

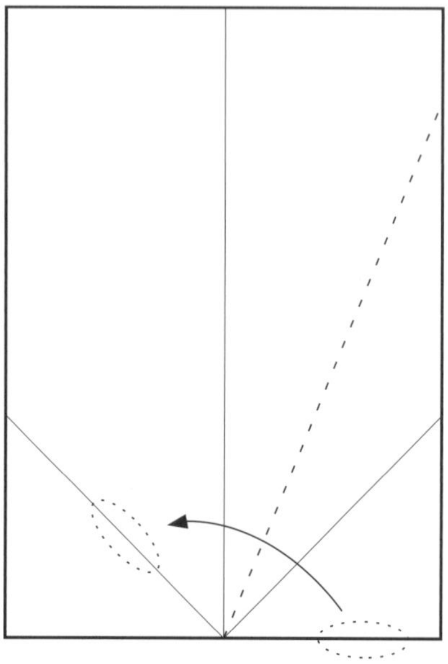

下辺を１の折り目に合わせて折る

3

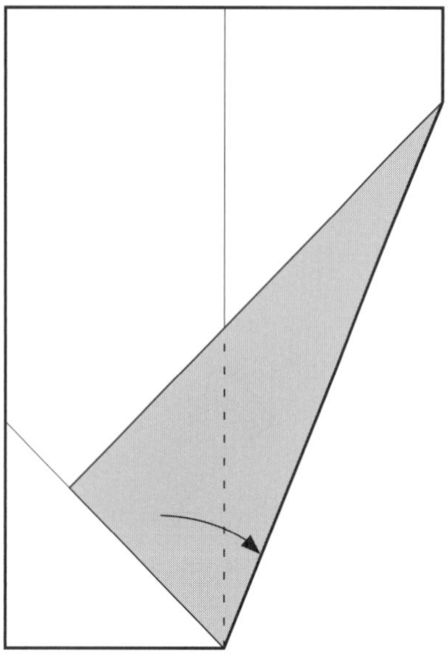

１の折り目で折り返す。
（反対側も同様に）

4

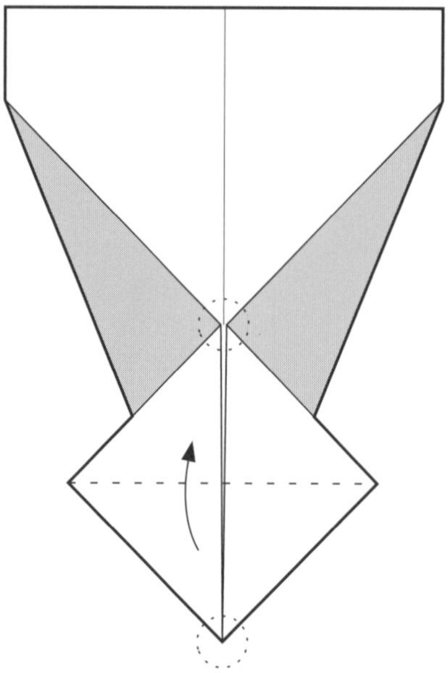

先端を点線ラインで上へ折る

長方形の用紙

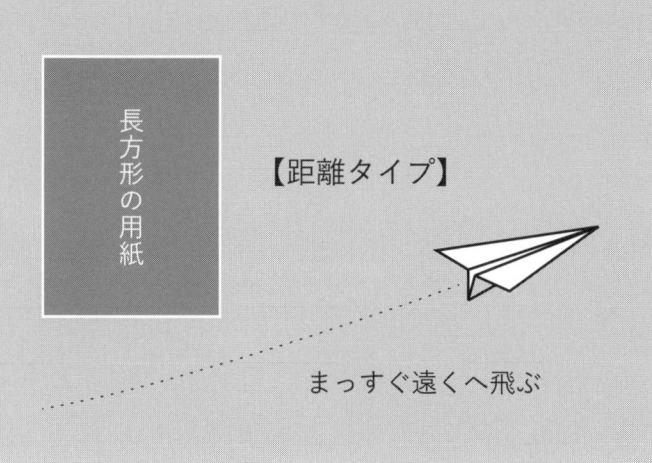

【距離タイプ】

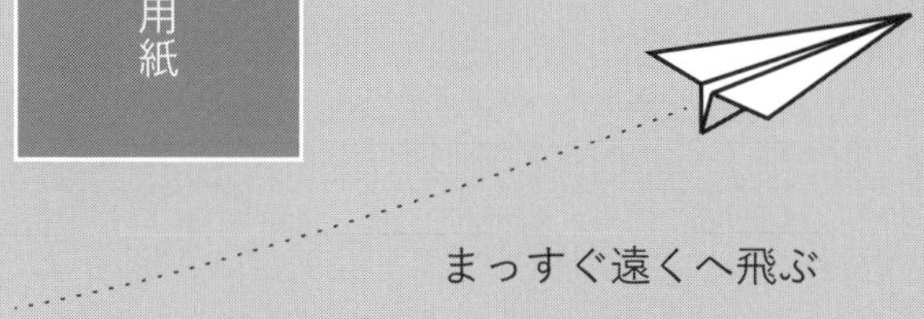

まっすぐ遠くへ飛ぶ

【三面図】

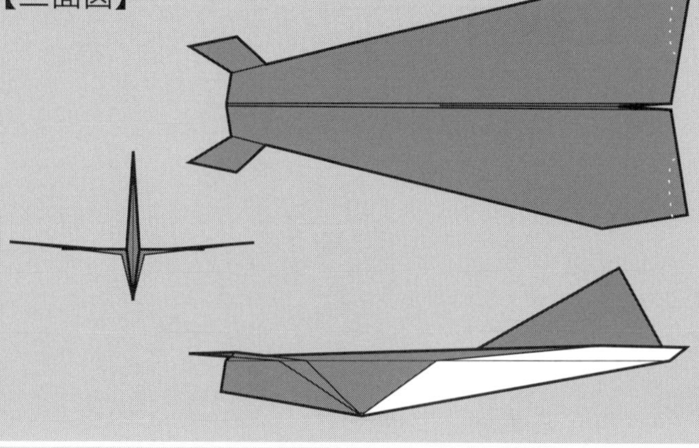

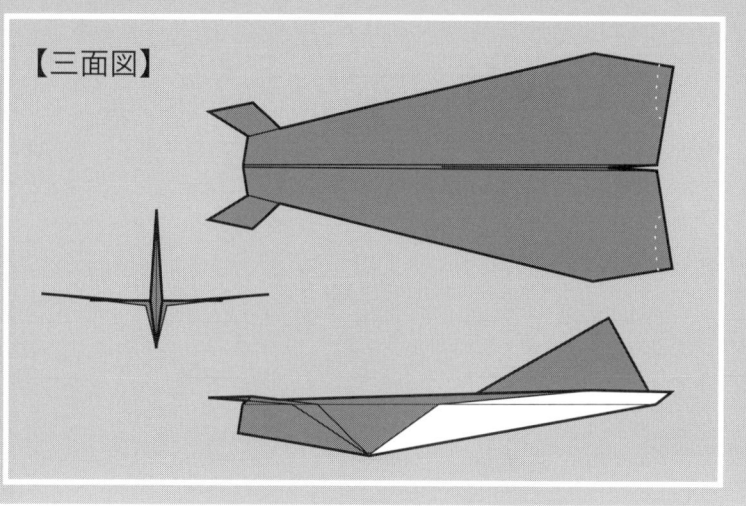

5

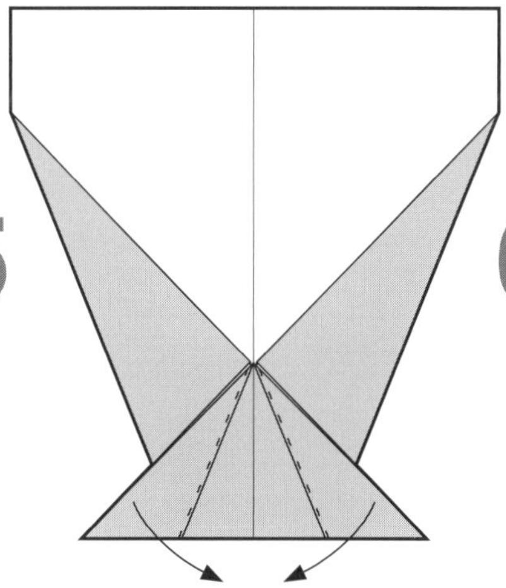

両端を中心線に合わせて折る

6

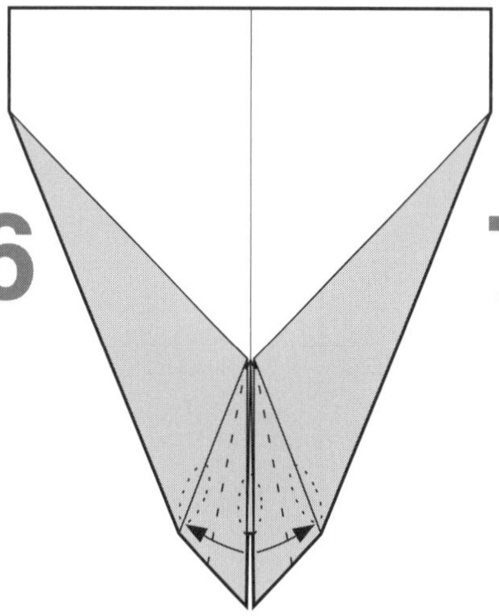

角を点線ラインで外へ折る

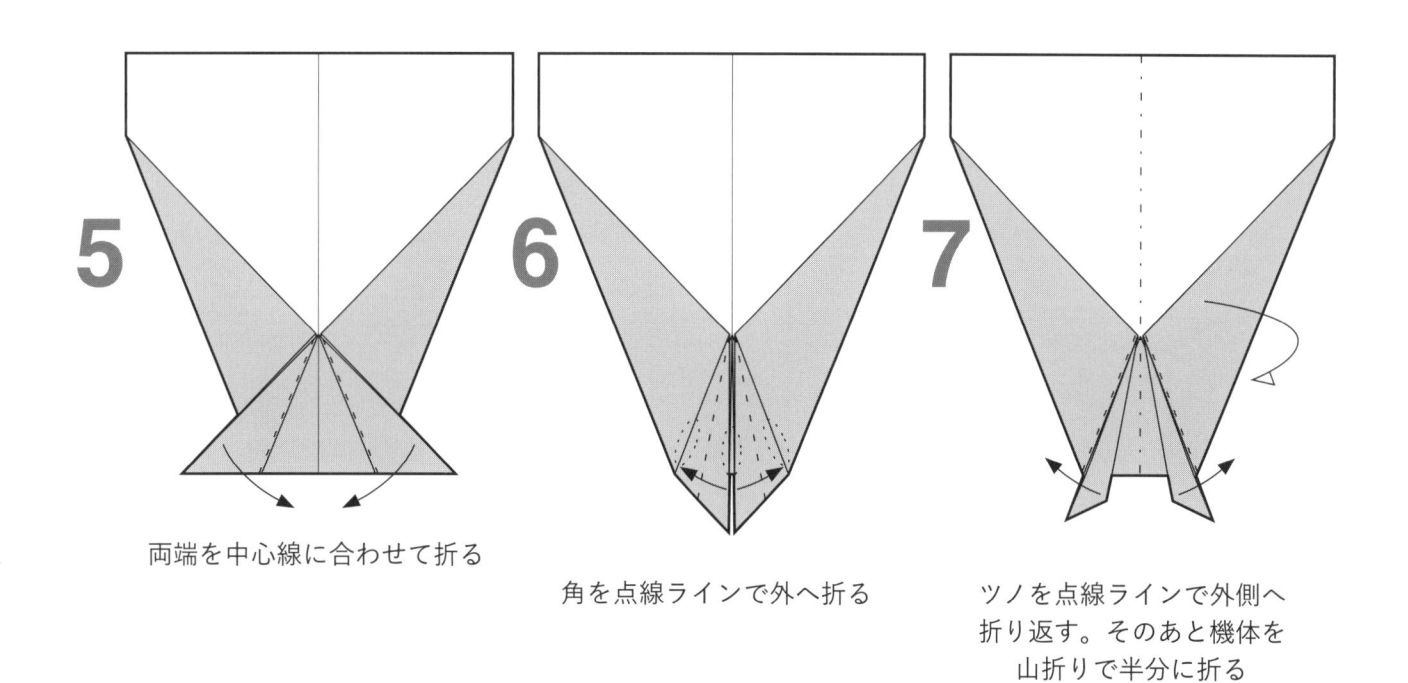

7

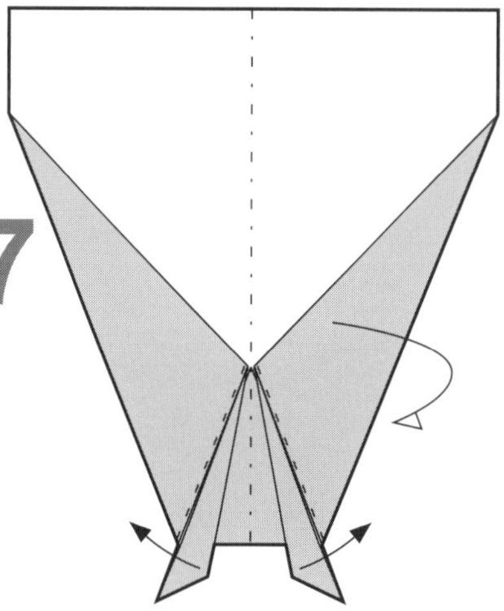

ツノを点線ラインで外側へ
折り返す。そのあと機体を
山折りで半分に折る

8

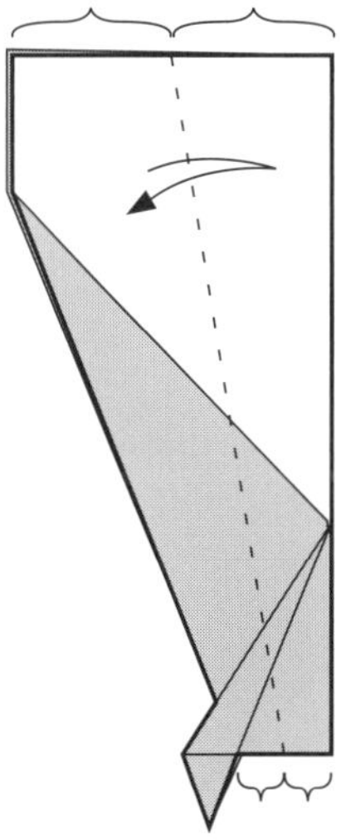

翼を点線ラインの幅で
折って戻す

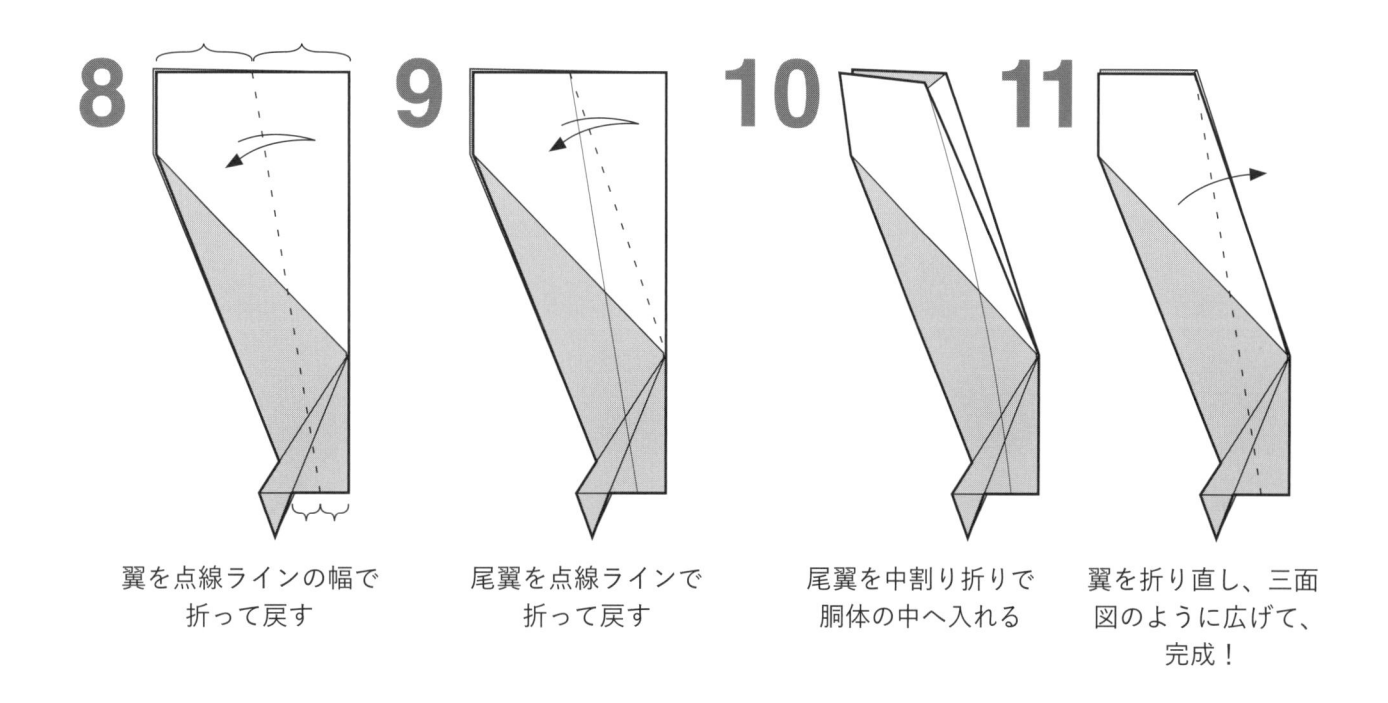

9

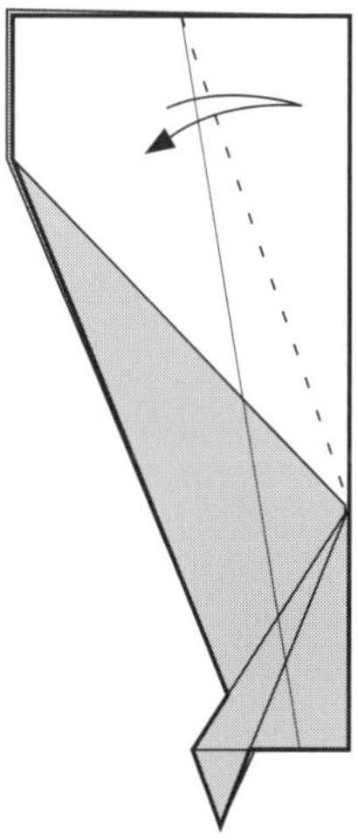

尾翼を点線ラインで
折って戻す

10

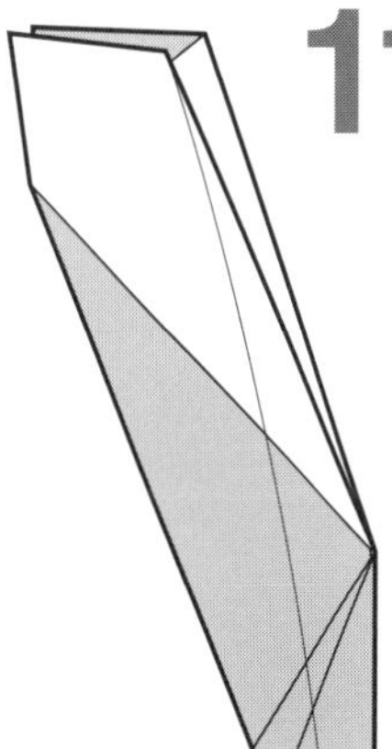

尾翼を中割り折りで
胴体の中へ入れる

11

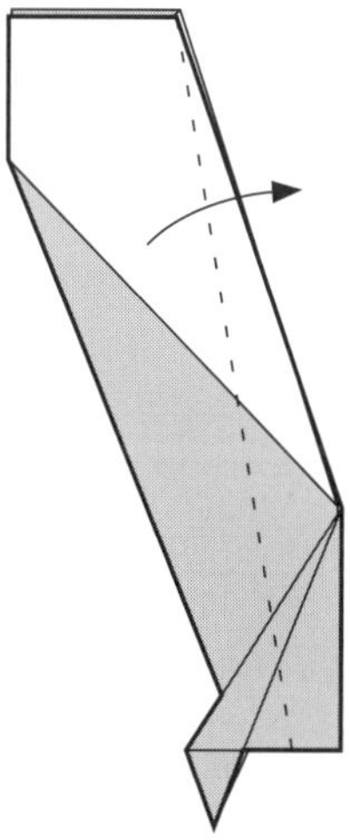

翼を折り直し、三面
図のように広げて、
完成！

ファルコン

俊敏に飛び、すばやく獲物をとらえるファルコン（はやぶさ）のイメージをもつヒコーキだ。4の折り図でハート型になるが、しだいに鋭いジェット型になっていく。翼が後退したスタイルはスピード感があり、はやぶさが急降下してネズミを捕まえる姿を思わせる。でも、紙ヒコーキだから、急降下は禁物！

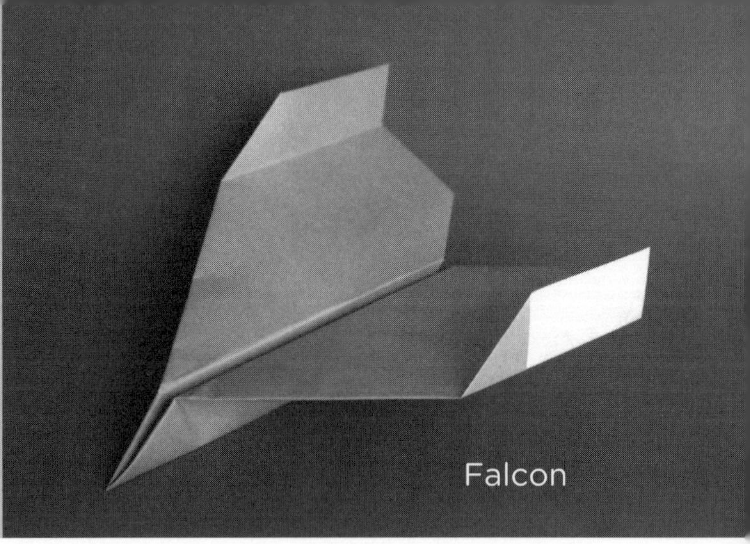

1

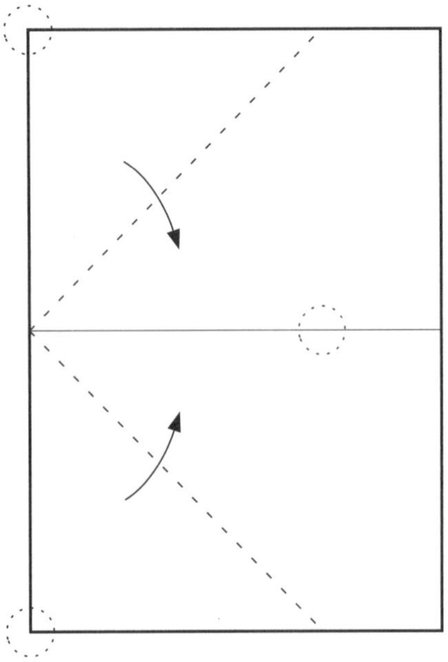

上下の角を中心線に合わせてへ折って戻す

2

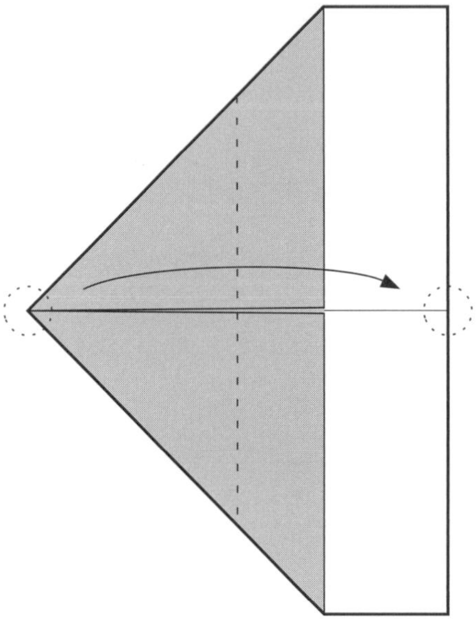

先端を後ろのふちに合わせて、
点線ラインで折る

3

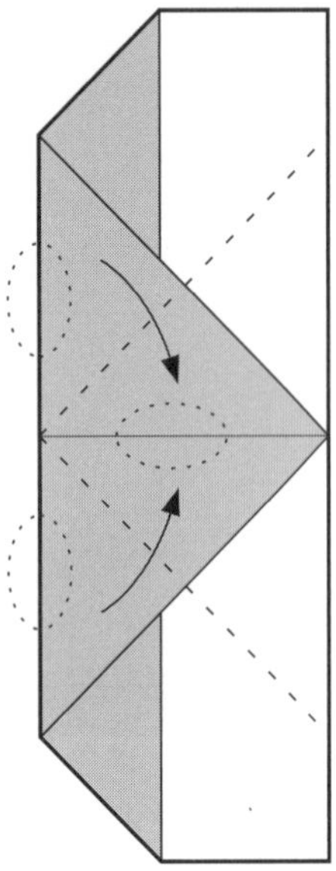

新しい角を点線ラインで中心線へ折る

4

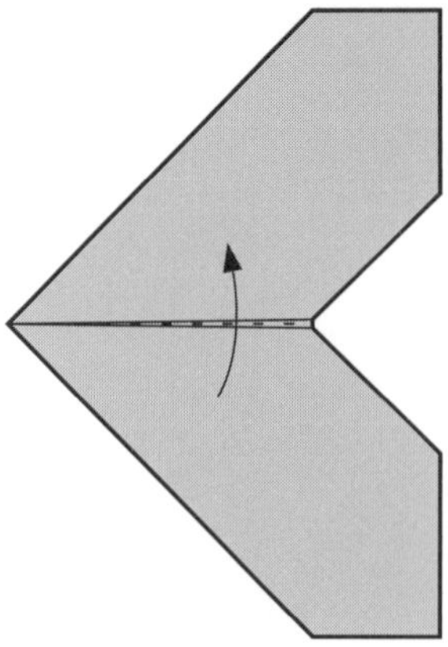

ハート形になった機体を、
谷折りで半分に折る

長方形の用紙

【デザイン・タイプ】

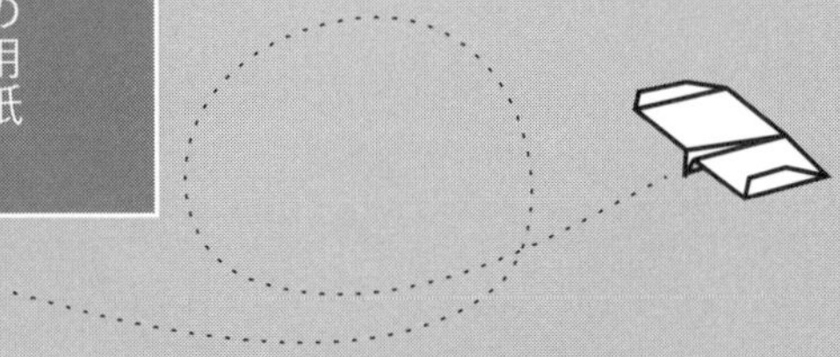

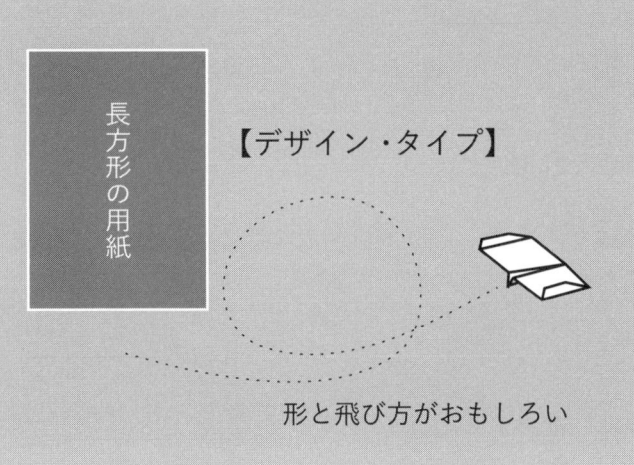

形と飛び方がおもしろい

【三面図】

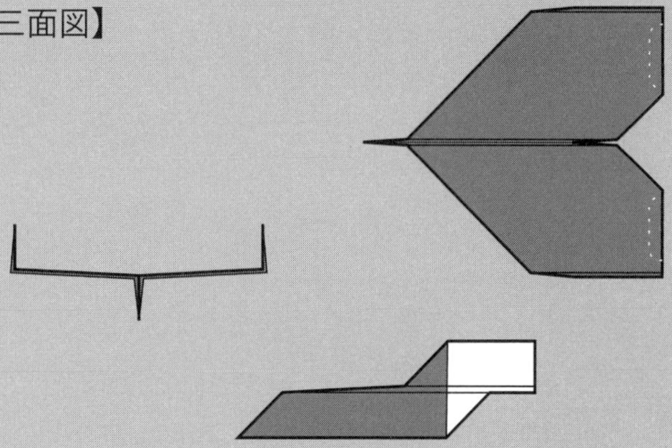

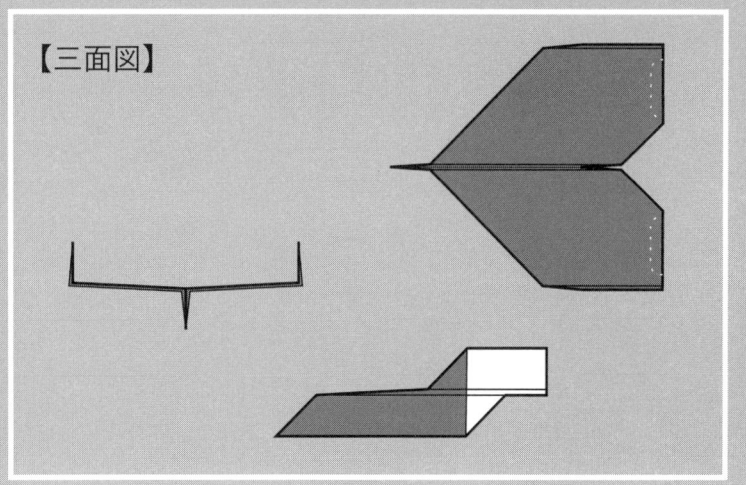

5

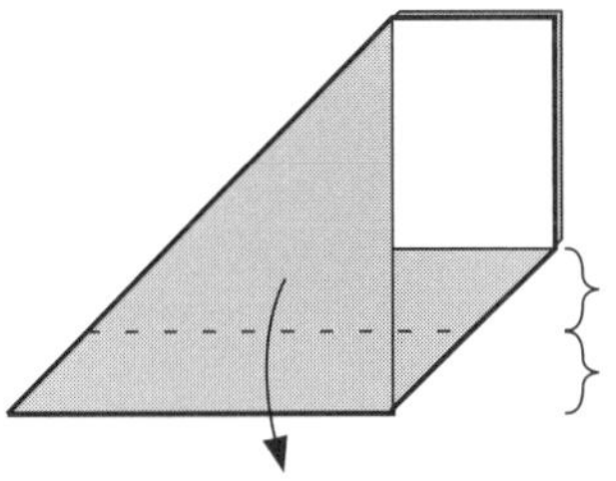

両方の翼を点線ラインで折る

6

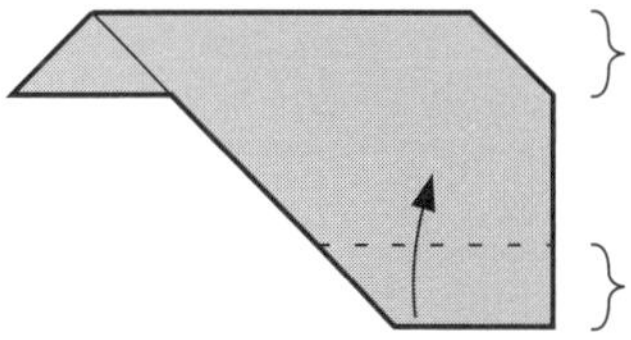

翼端を胴体と同じ幅で折り、
尾翼を作る

7

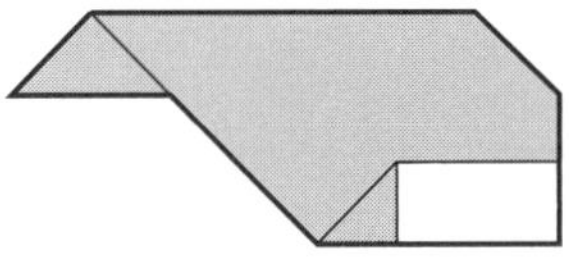

翼と尾翼を三面図のように
広げて、完成！

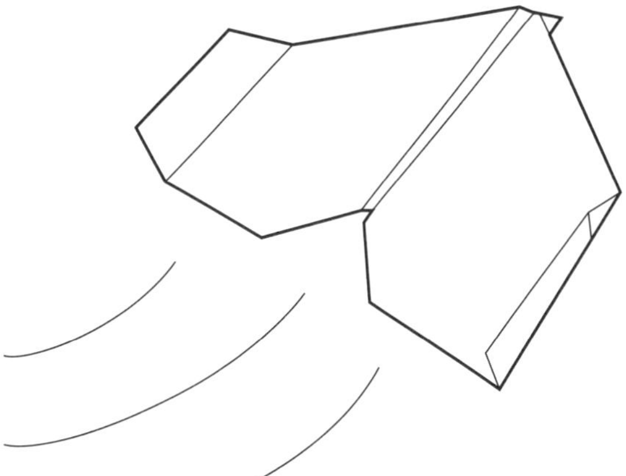

魔法の絨毯《じゅうたん》

もしも魔法の絨毯があったなら、どんなに楽しいだろう！　子どものころからの夢は、今も変わらない。休日にマジック・カーペットに乗って出かける空のドライブは、さぞかし快適だろう。ほぼ長方形をしたこのヒコーキは、空飛ぶ絨毯みたいだ。さて、夢を乗せて舞い飛んでくれるかな？

1

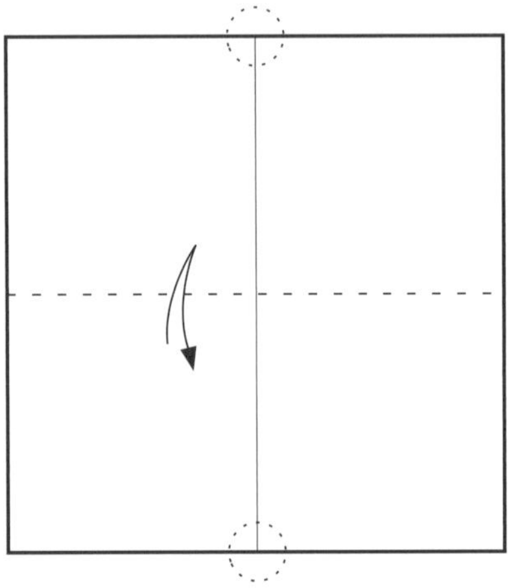

正方形の用紙を、半分に折って戻す

2

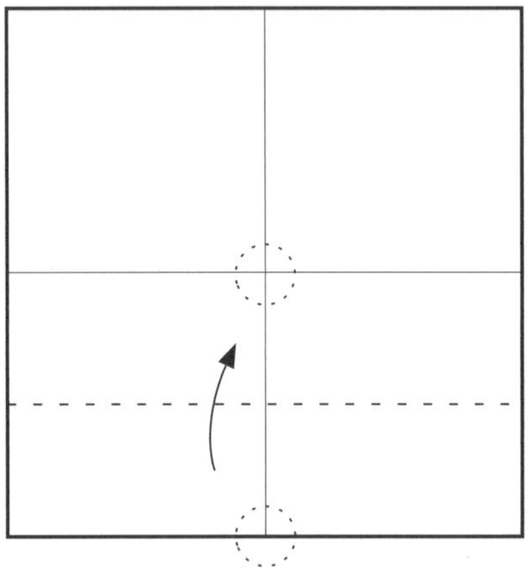

下のふちを点線ラインで折り、中心線に
合わせて折る

3

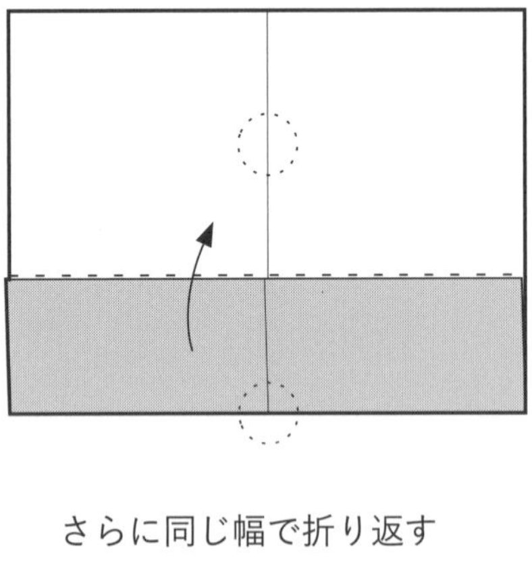

さらに同じ幅で折り返す

4

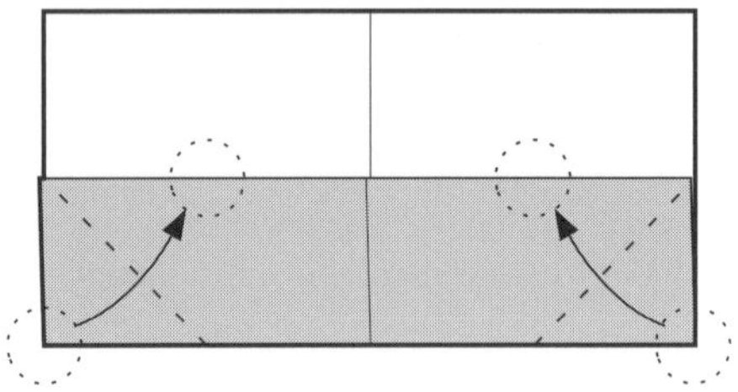

角を点線ラインで折って、
ふちを合わせる

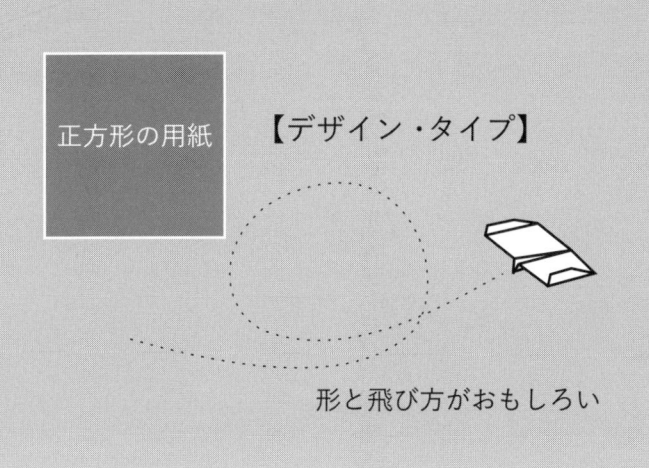

【デザイン・タイプ】

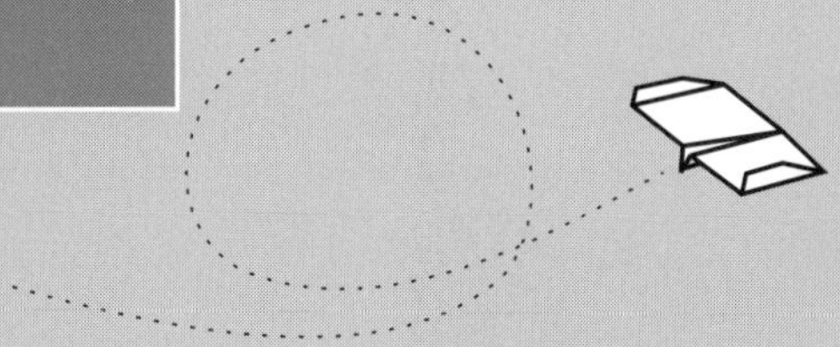

形と飛び方がおもしろい

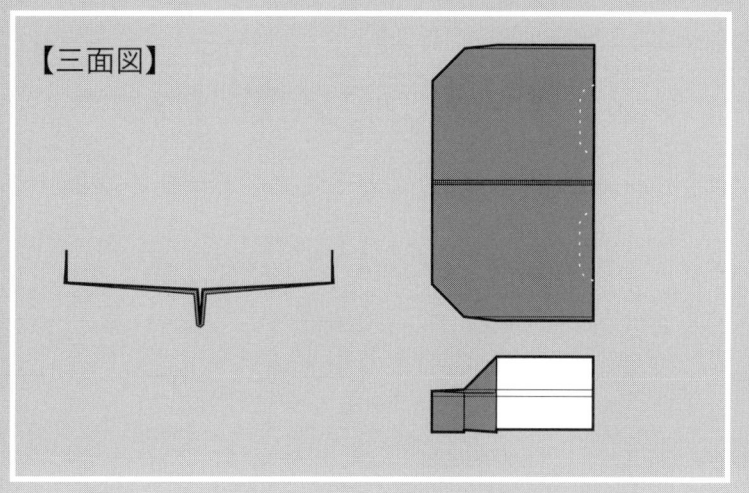

【三面図】

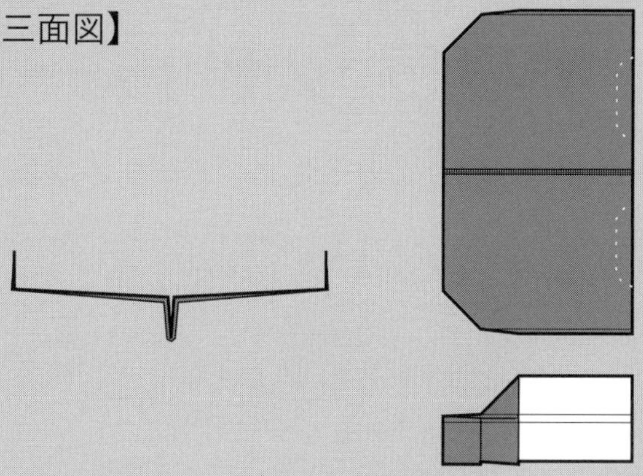

5

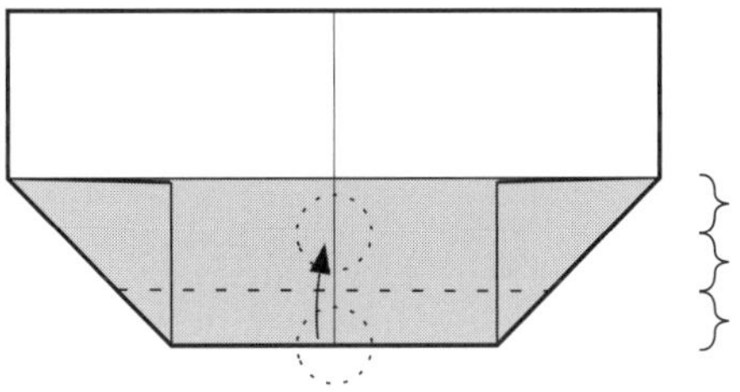

機首を下辺から３分の１の点線ラインで
上へ折る

6

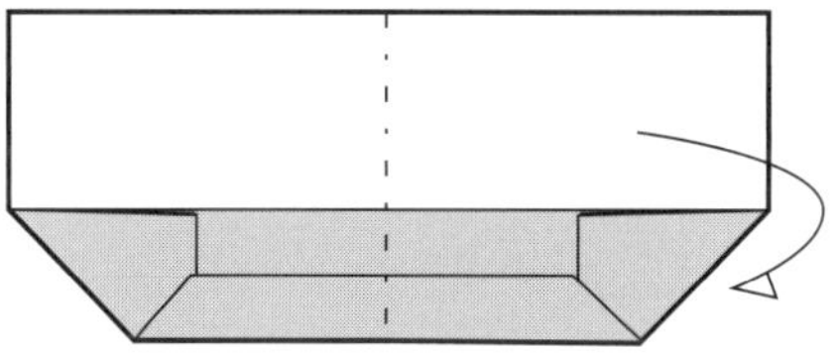

機体を山折りで半分に折る

7

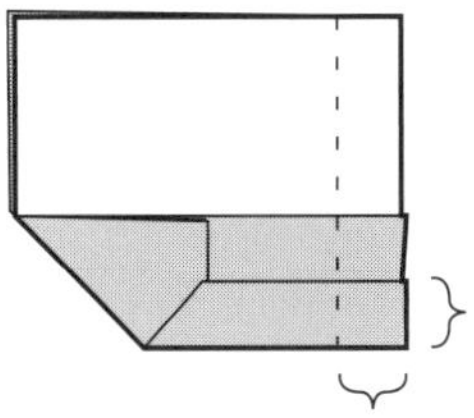

両方の翼を点線ラインで折る。胴体の幅
は機首の先の幅と同じに

8

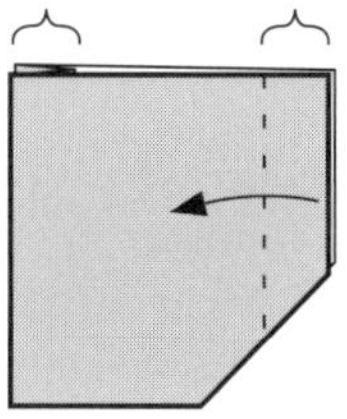

両方の翼端を折って尾翼を作る。
尾翼の幅は胴体の幅と同じに

9

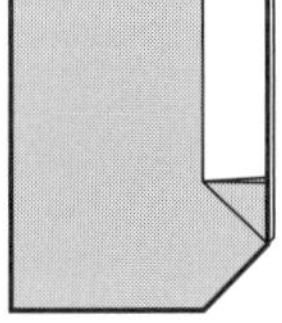

翼と尾翼を三面図のように広げて、
完成！

ブラックシャドー

　ジェット音が聞こえたとたん、黒い影が地面をかすめ、一瞬で飛び去る。ほとんど目にとまらない速さだから、そのジェット影に気づく人は少ないだろう。美しい機能美をもつこのヒコーキは、翼面積もほどよく大きいので、きれいな飛行を見せてくれる「距離タイプ」だ。

1

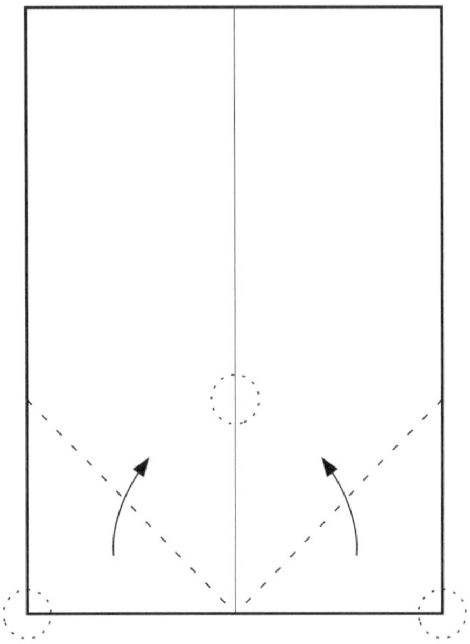

両角を点線ラインで中心線へ折る

2

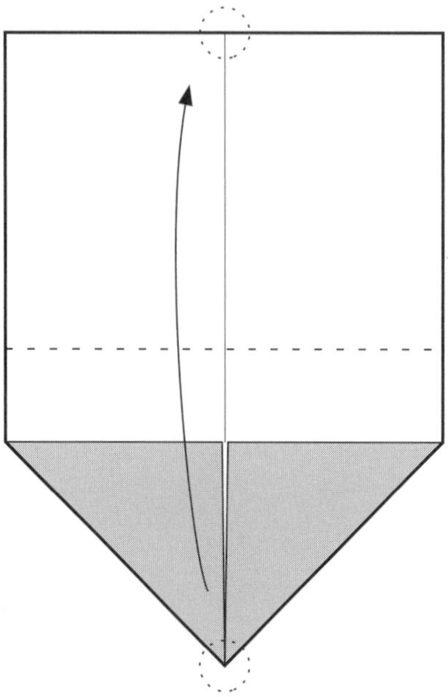

機体を点線ラインで半分に折る

3

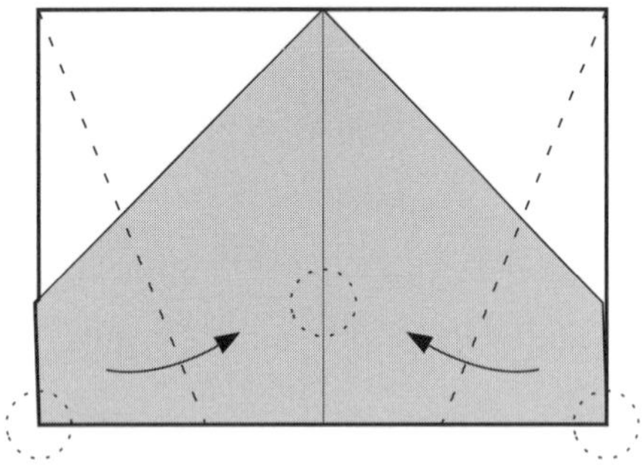

両端の角を、点線ラインで中心線へ折る

4

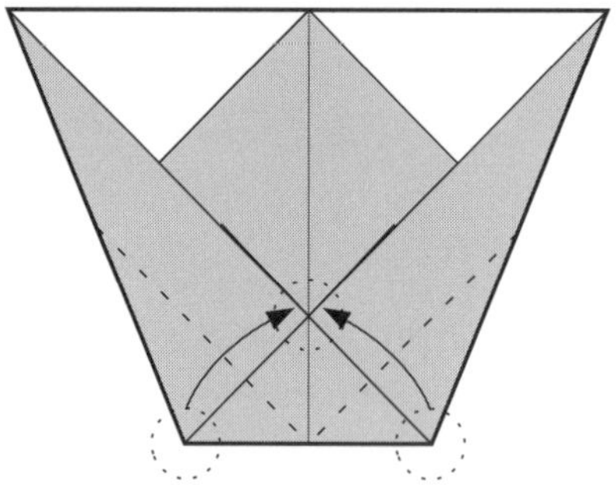

さらに両角を、点線ラインで中心線へ折る

長方形の用紙

【距離タイプ】

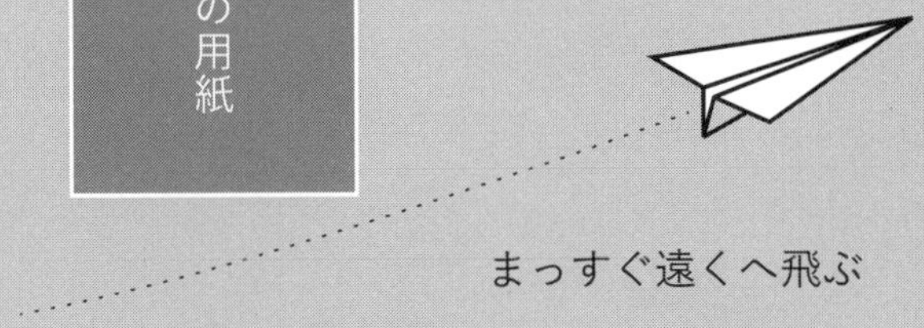

まっすぐ遠くへ飛ぶ

【三面図】

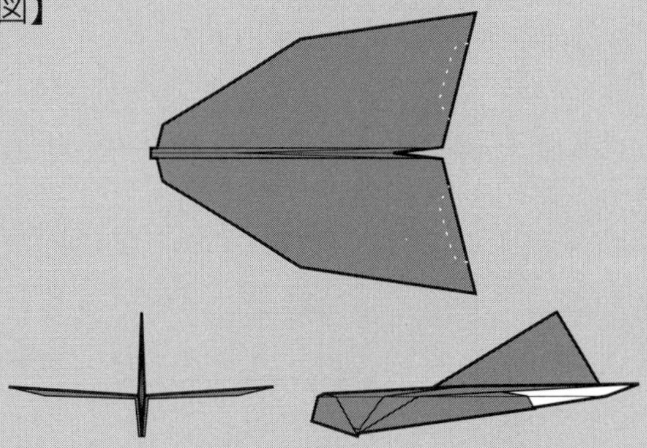

5

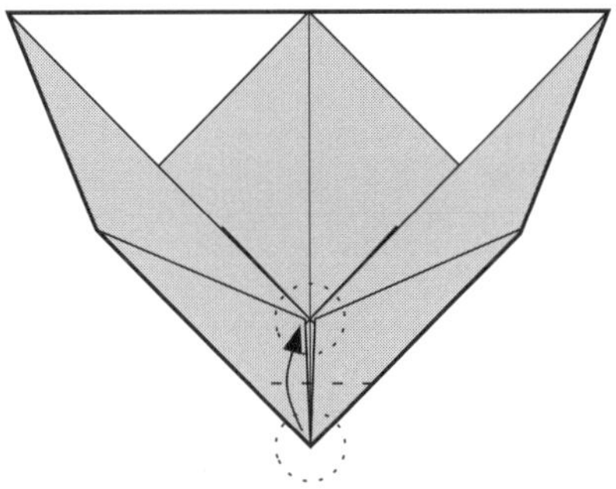

先端を点線ラインで折る

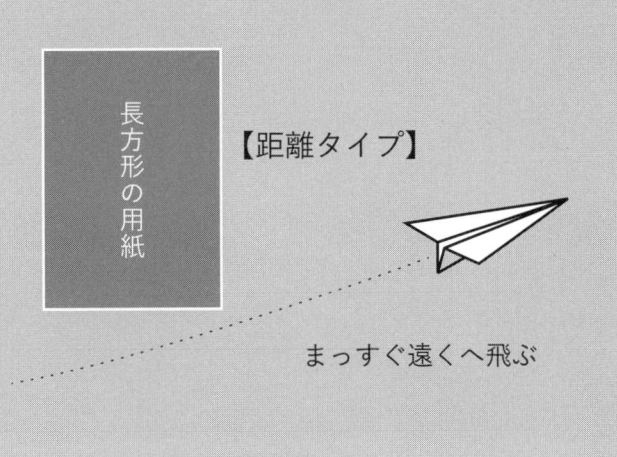

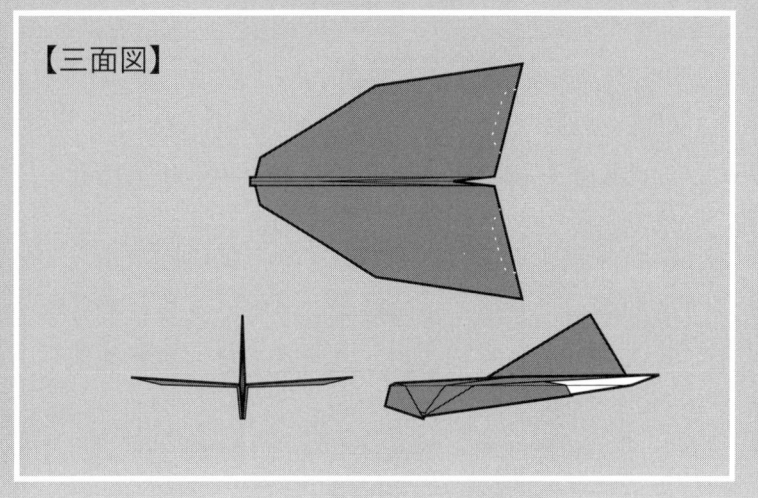

6

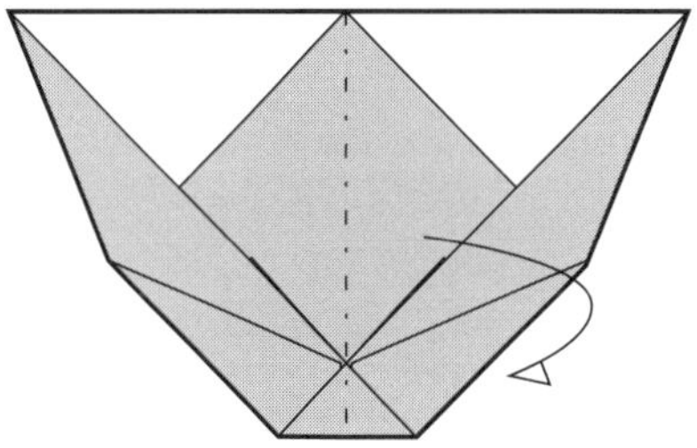

機体を山折りで半分に折る

7

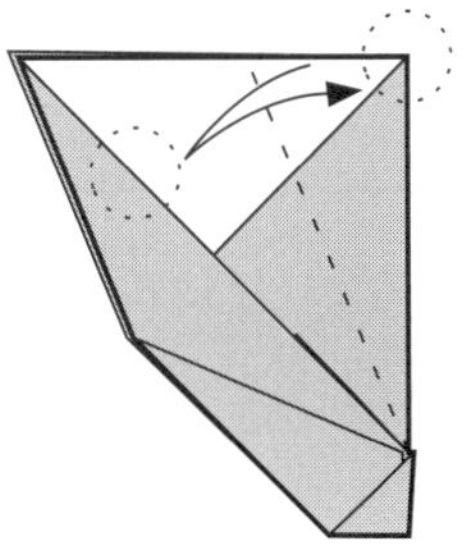

尾翼を折って戻す

8

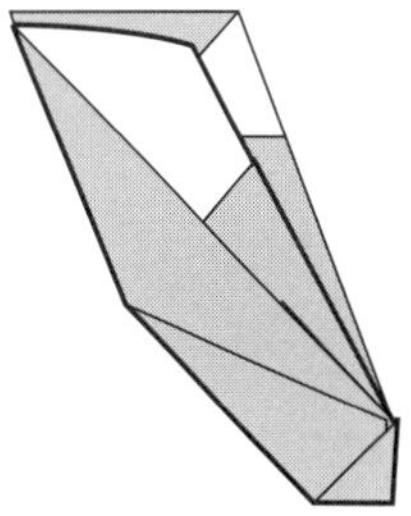

中割り折りで尾翼を胴体の中へ入れる

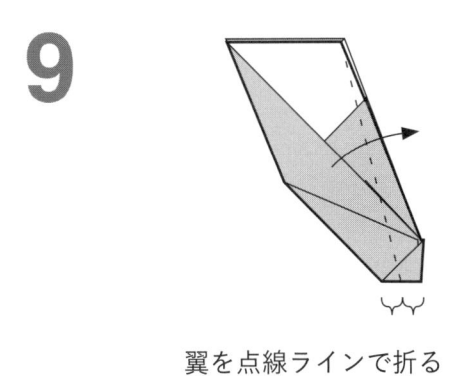

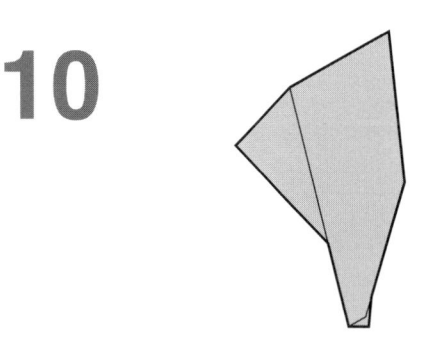

9

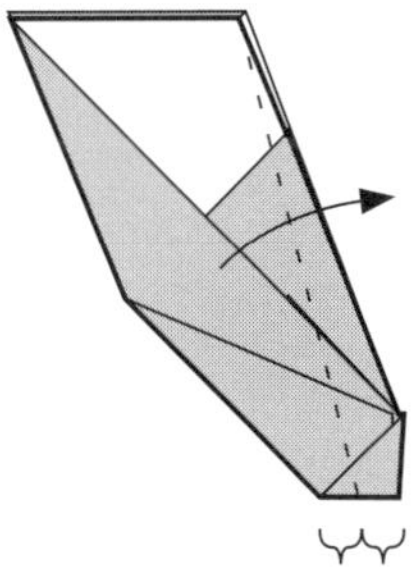

翼を点線ラインで折る

10

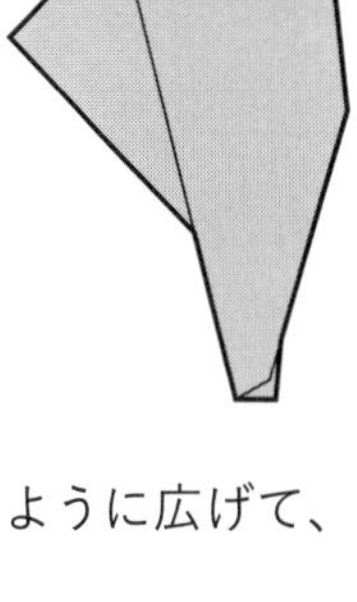

翼を三面図のように広げて、完成！

キャデラック

1960年代のアメリカの車には、ボディの後部にジェット戦闘機をイメージしたフィンがついていた。なかでも、花形だった豪華な高級車「キャデラック」には、誇らしげな三角フィンが飾り付けられていた。このヒコーキでは、それを尾翼に取り込んだスタイルにしてみた。

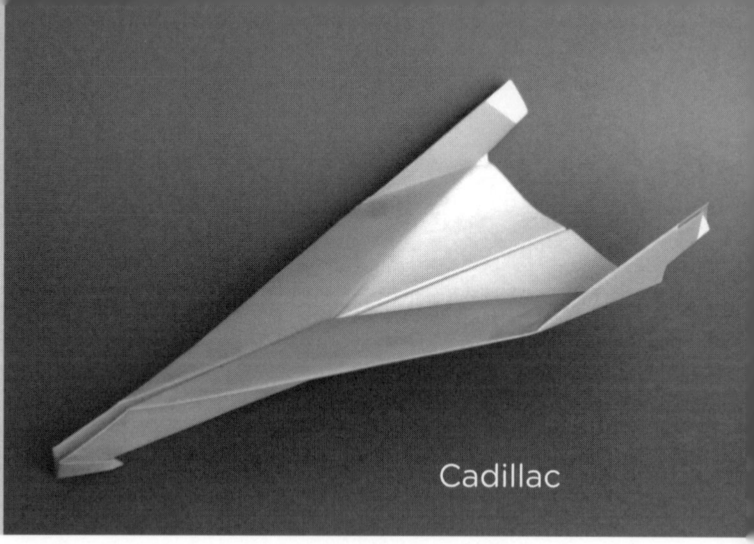

1

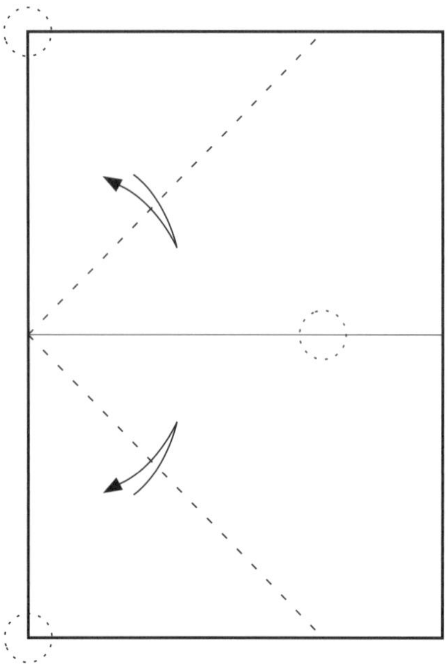

角を中心線へ折って戻す

2

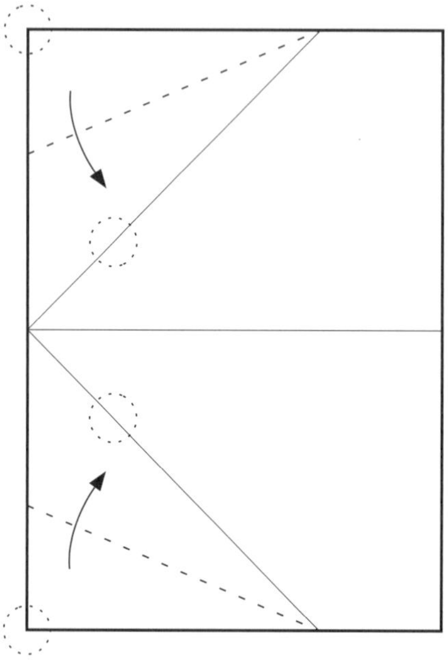

角を作った折り目に合わせて折る

3

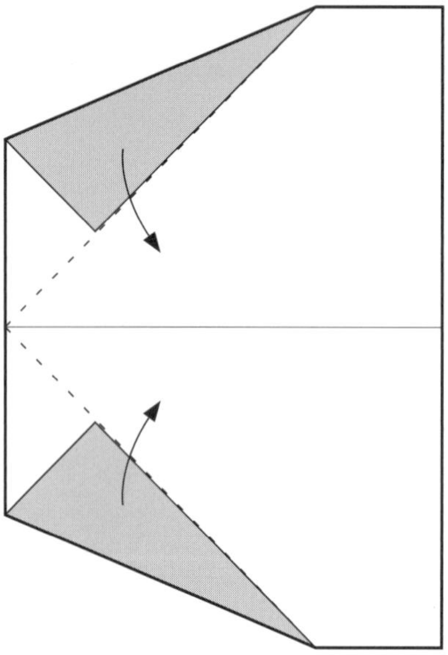

最初の折り目で折り直す

4

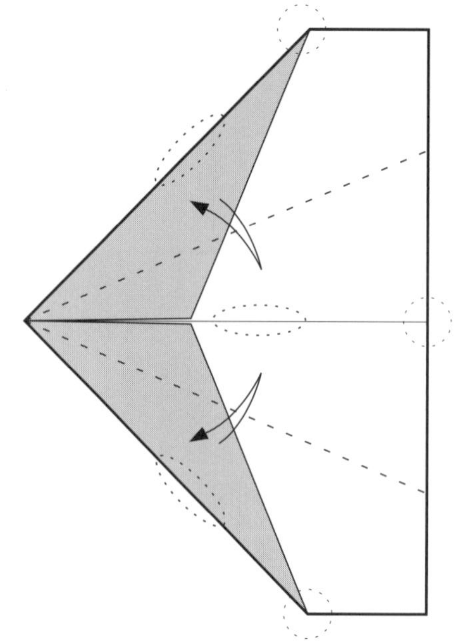

前縁を中心線へ折って戻す

長方形の用紙

【距離タイプ】

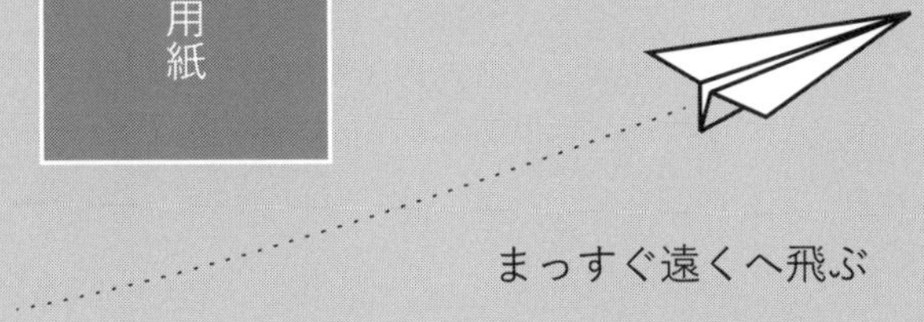

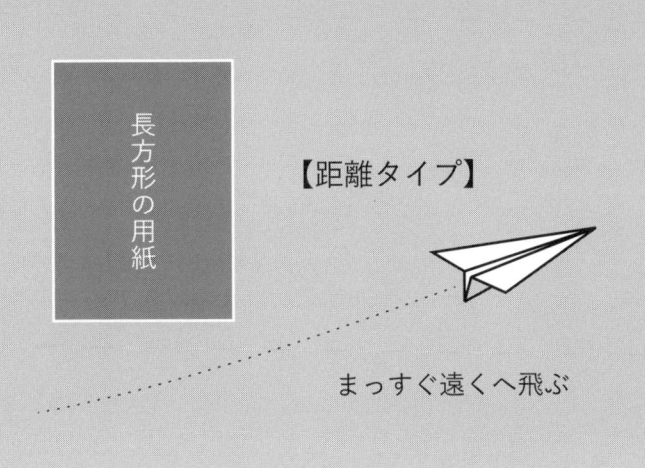

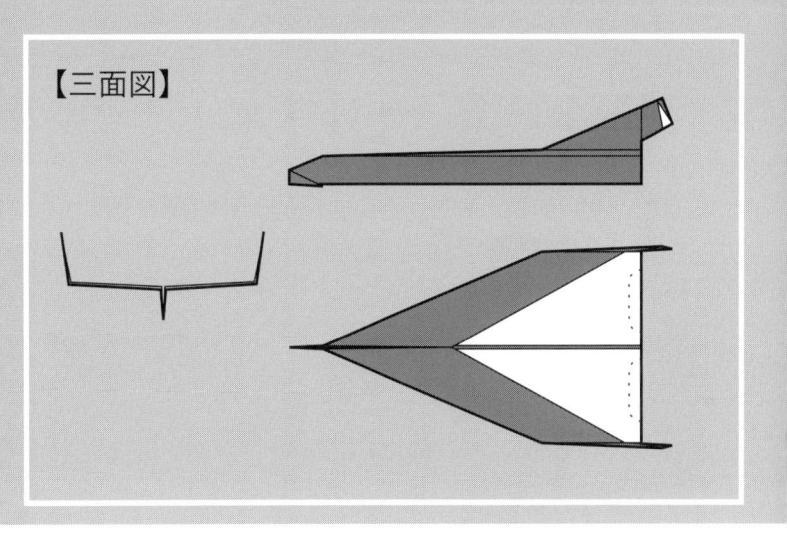

まっすぐ遠くへ飛ぶ

【三面図】

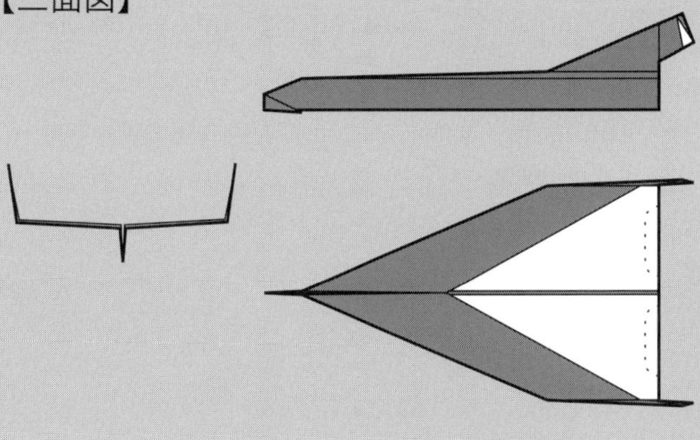

5

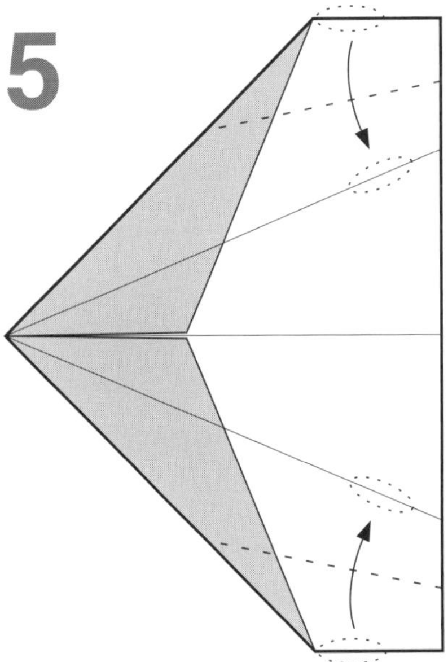

翼端を新しい折り目に合わせて折る

6

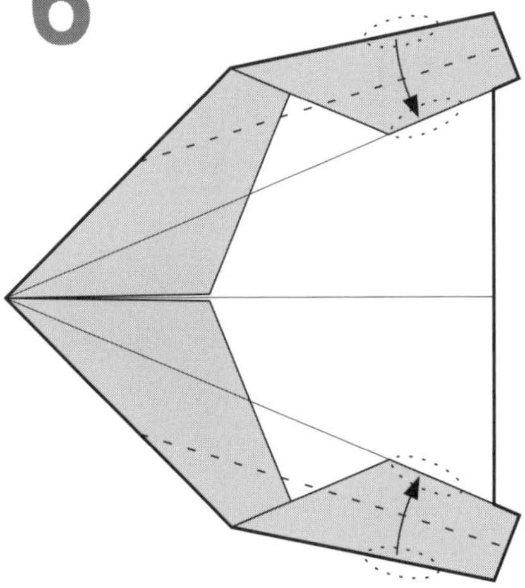

さらに新しい翼端を折り目に
合わせて折る

7

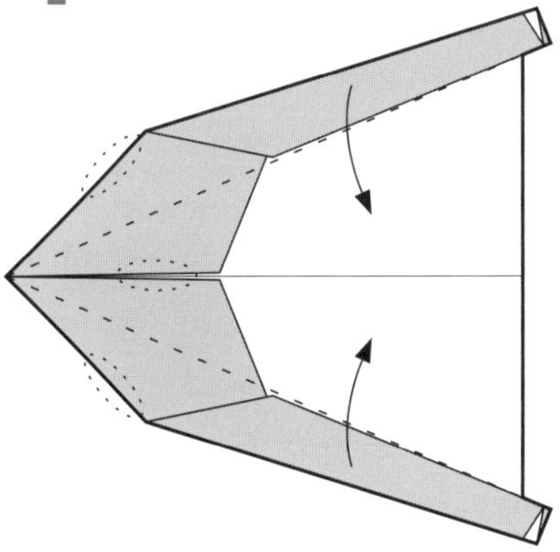

4で作った折り目（点線）
を折り直す

8

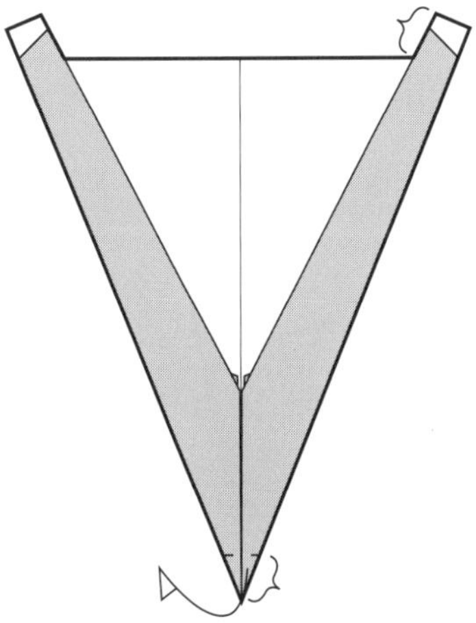

機首を点線ラインで後ろへ
山折りする

9

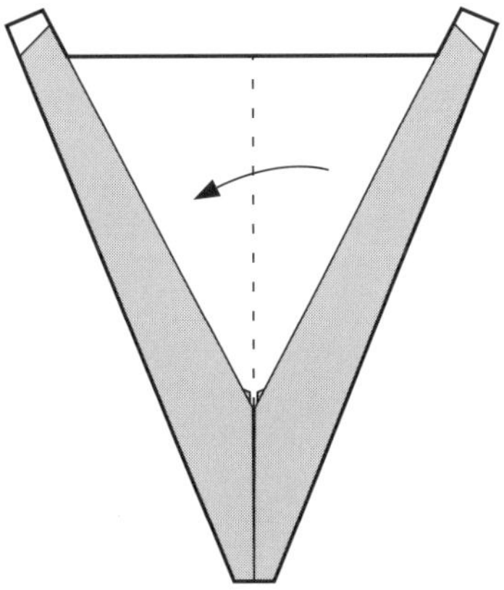

機体を中心線で谷折りに
する

10

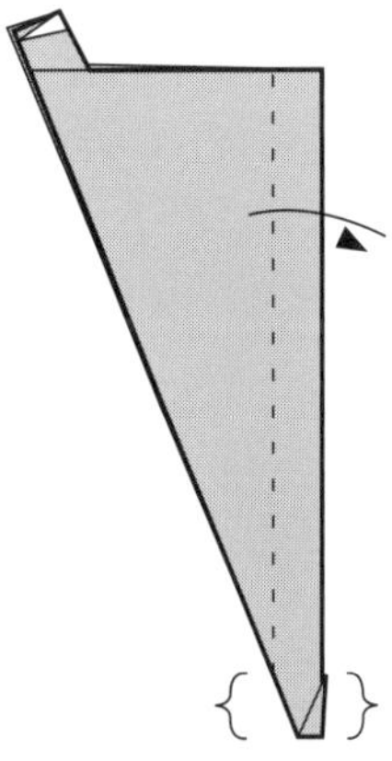

翼を点線ラインで
折り返す

11

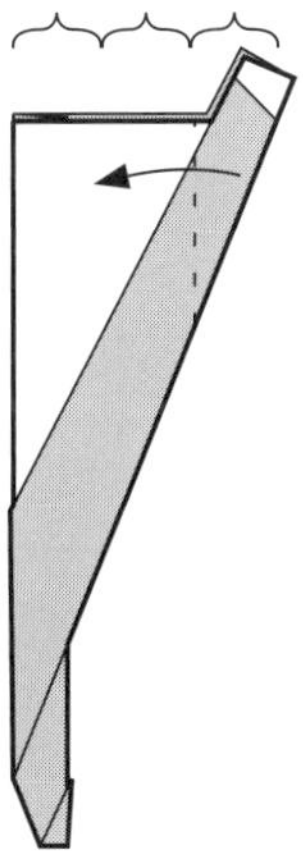

翼端を点線ラインで
折って尾翼を作る。
翼を広げて、完成！

マーキュリー

これも 1960 年代、アメリカは人類を月面に立たせる計画を開始した。まず最初に、宇宙飛行士は一人でマーキュリー・シリーズの宇宙カプセルに乗り込んで打ち上げられた。この紙ヒコーキはそのカプセルに似ているからマーキュリー（水星）と名づけた。ちなみに、人類が初めて月に降り立ったのは 1969 年 7 月 20 日のことだった。

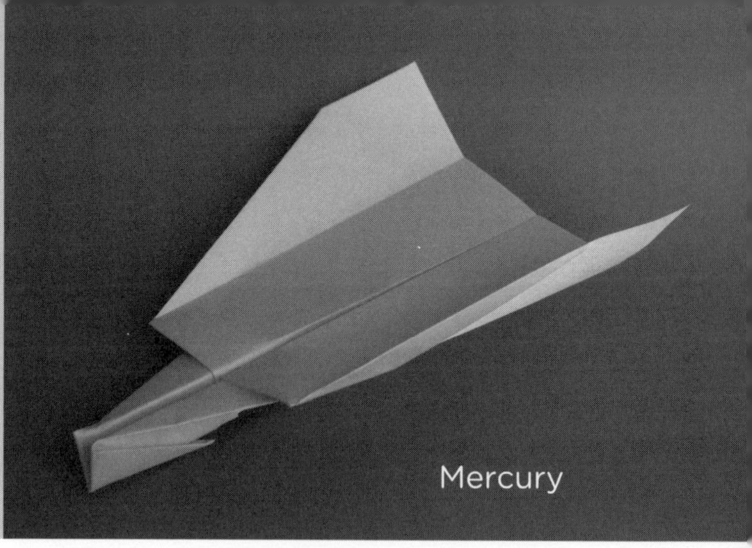

1

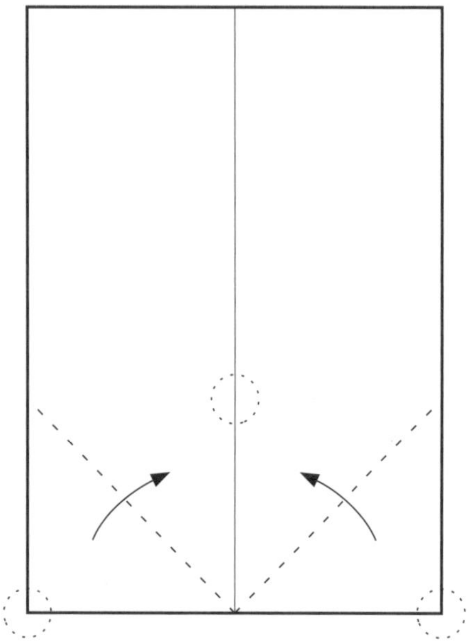

角を中心線へ折る

2

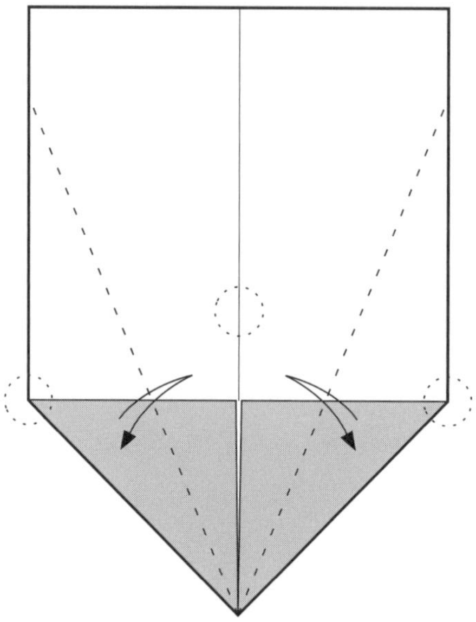

新しい角を中心線に合わせて
折って戻す

3

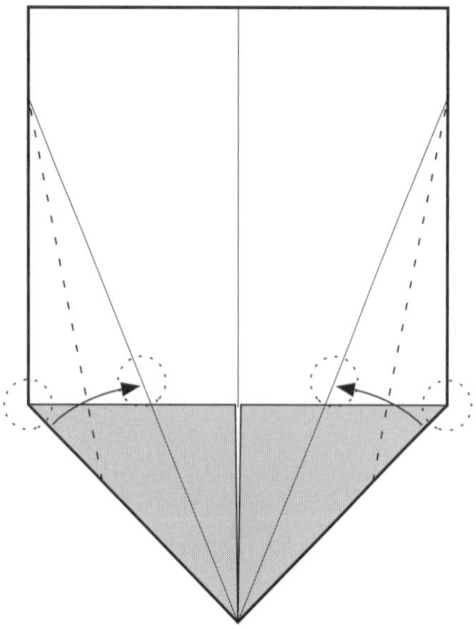

新しい角を点線ラインで折る

4

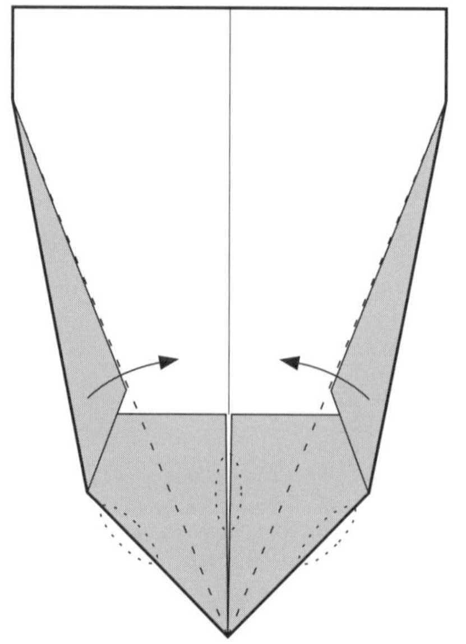

さらに点線ラインを中心線に
合わせて折る

長方形の用紙

【距離タイプ】

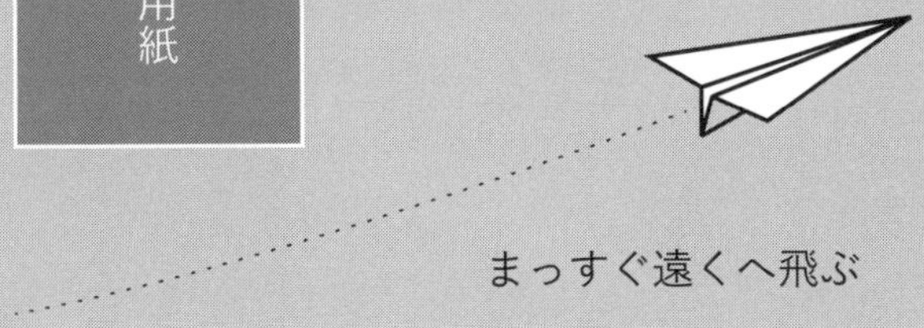

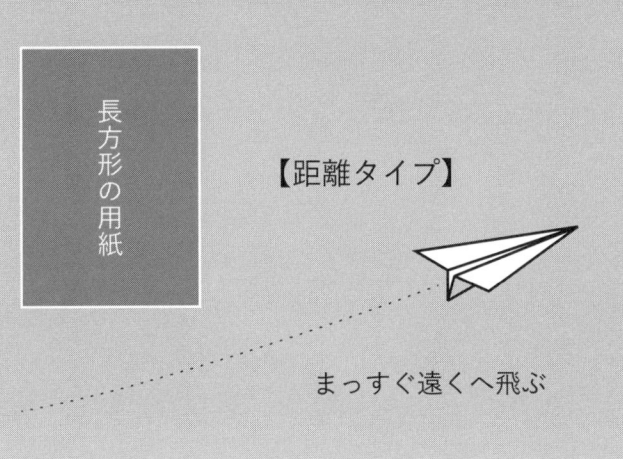

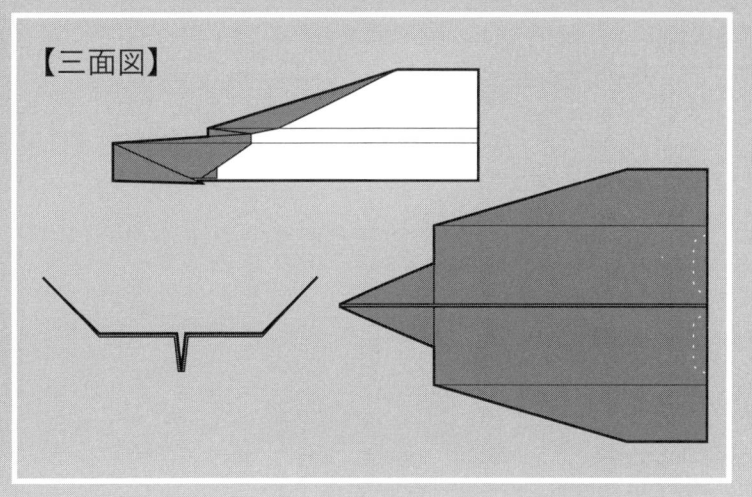

まっすぐ遠くへ飛ぶ

【三面図】

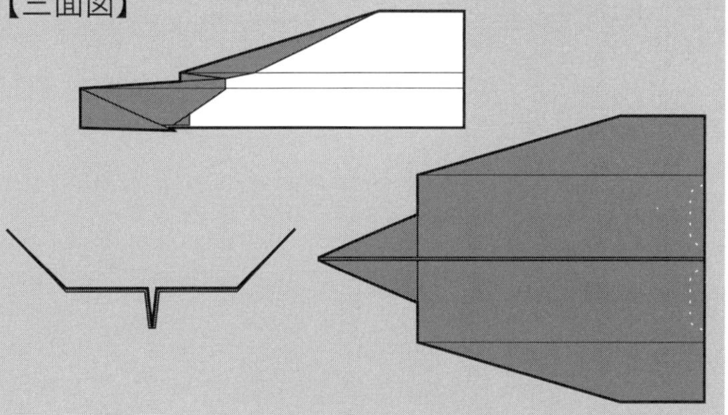

5

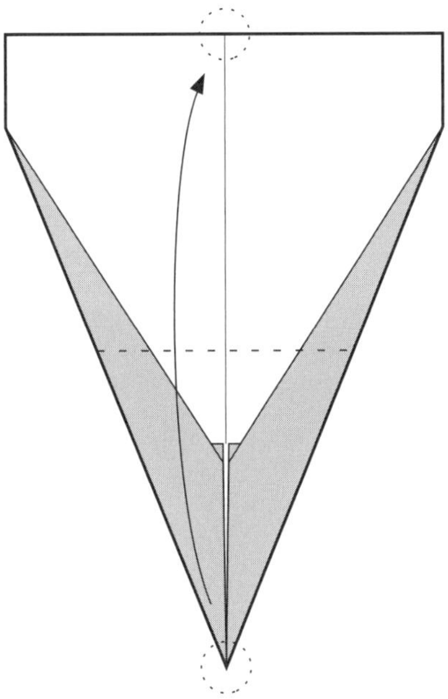

機体を点線ラインで半分に折る

6

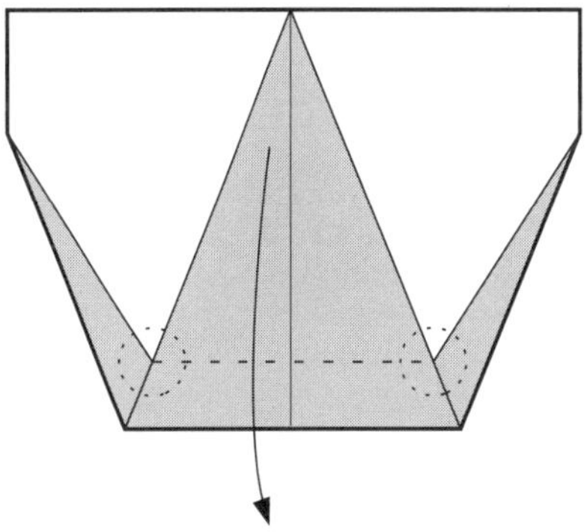

折りが交わる点線ラインで下へ折る

7

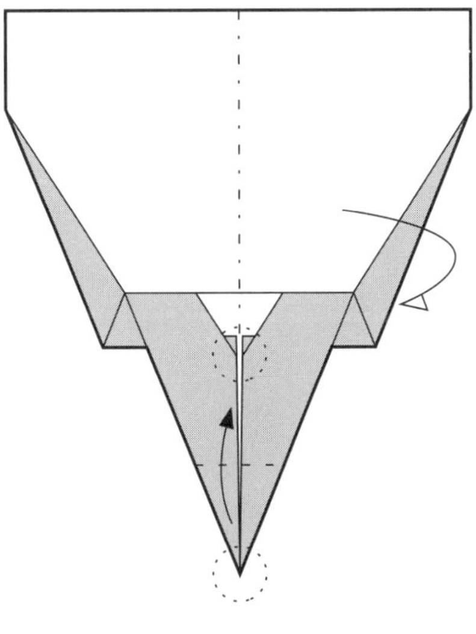

先端を点線ラインで上へ折り、
機体を山折りで半分に折る

8

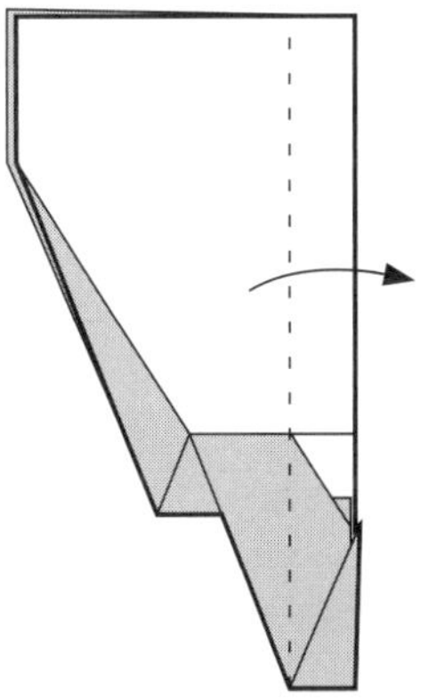

翼を点線ラインで折る

9

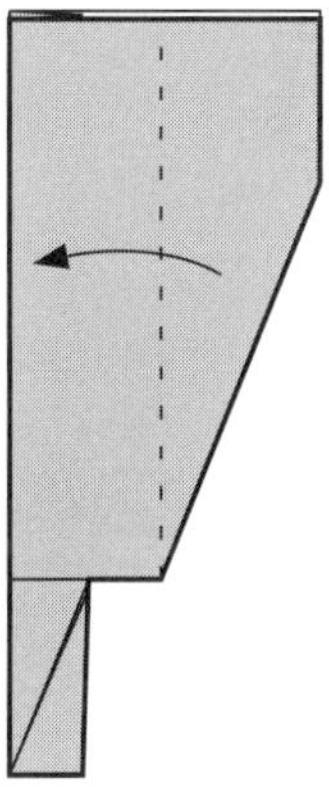

翼端を点線ラインで約45°上へ折り、翼を広げて、完成！

グレイハウンド

イギリスではドッグ・レースは庶民的な遊びで、競走犬はグレイハウンドという犬種だ。体は細く、長い足でダッシュし、機械で走るウサギを猛スピードで追っかける。その姿はアメリカの長距離高速バスのシンボルにもなっている。このヒコーキもそれにあやかり、跳ね飛ぶような姿に……。

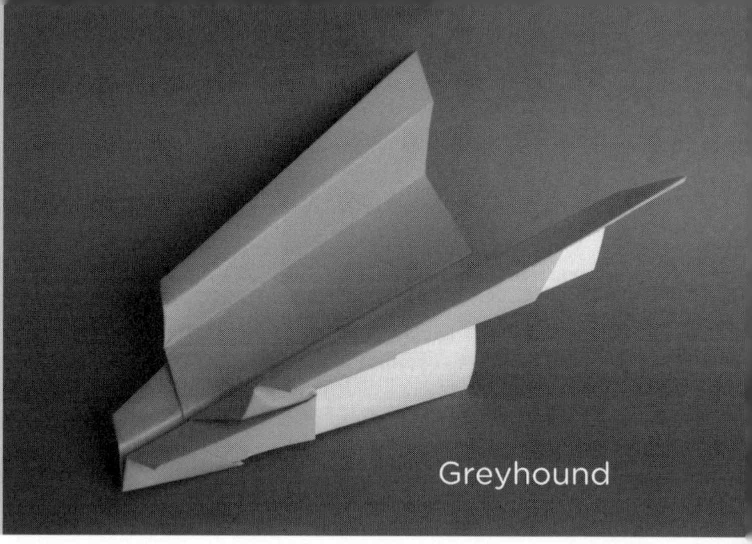

1

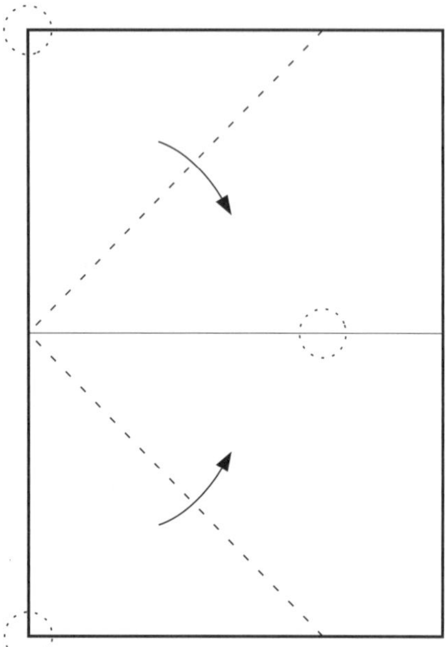

角を点線ラインで中心線へ折る

2

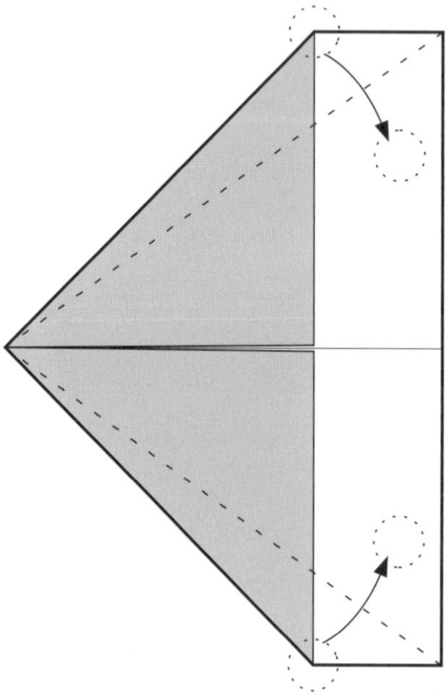

先端からの点線ラインで、両端を折り込む

3

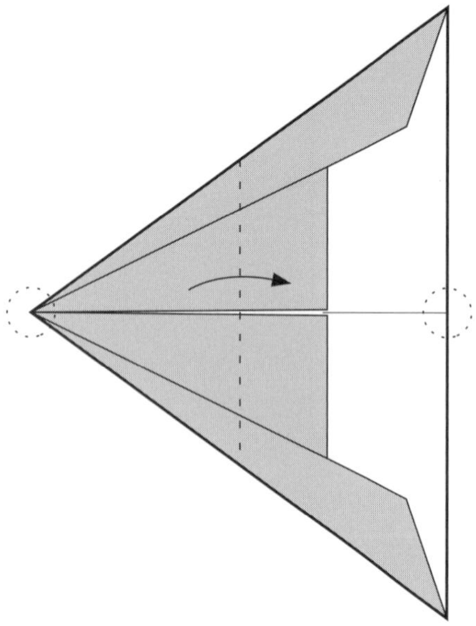

先端を後ろのふちに合わせて、
点線ラインで折る

4

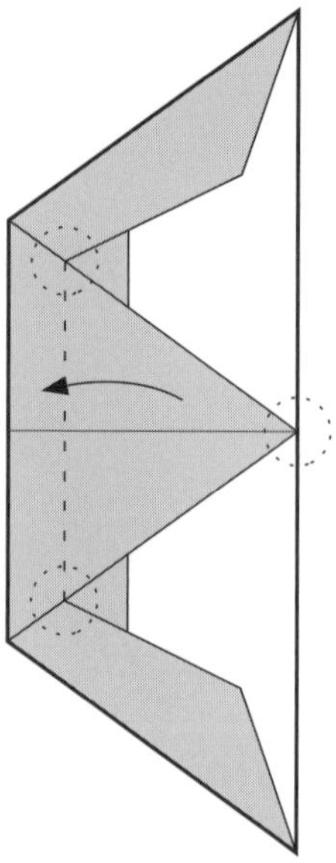

先端を点線ラインで折り返す

長方形の用紙

【デザイン・タイプ】

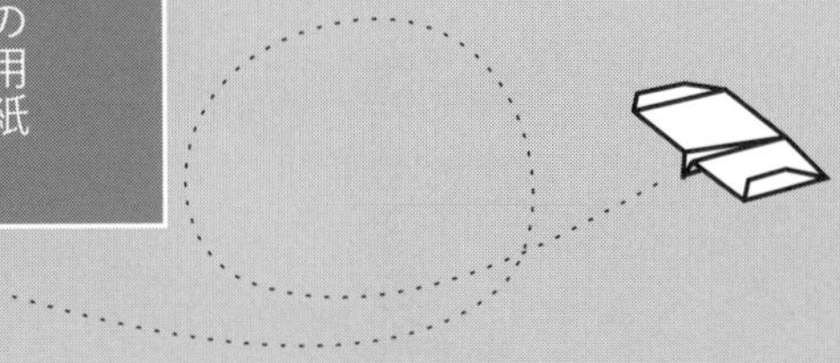

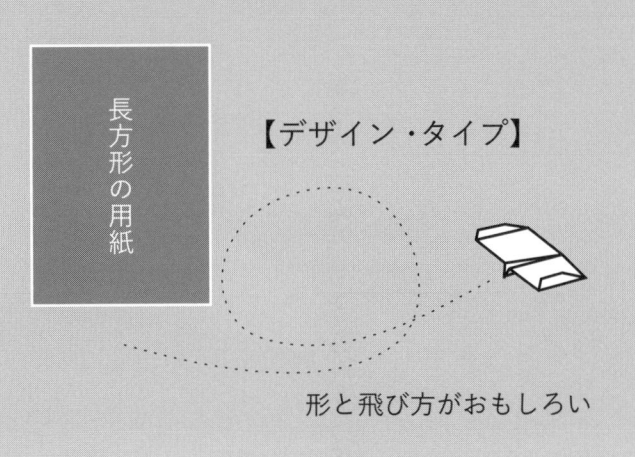

形と飛び方がおもしろい

【三面図】

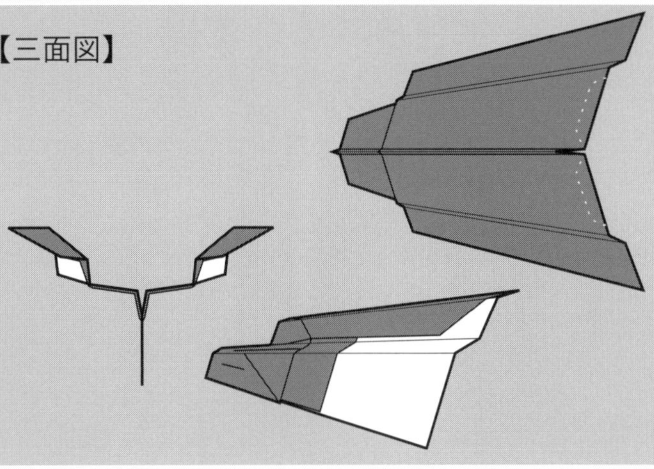

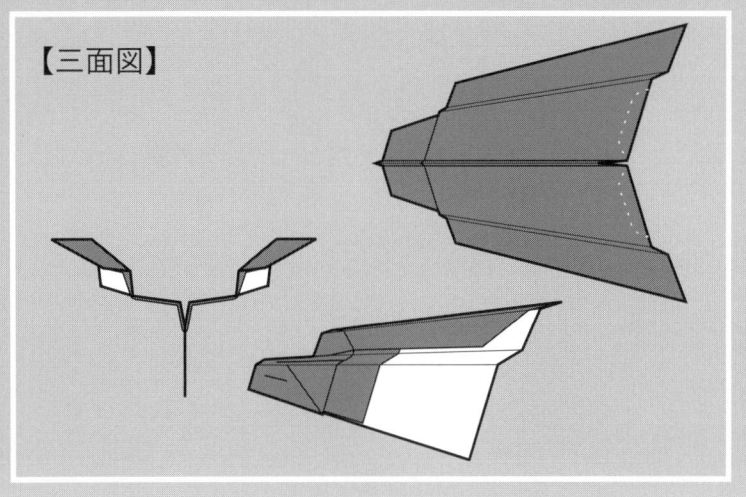

5

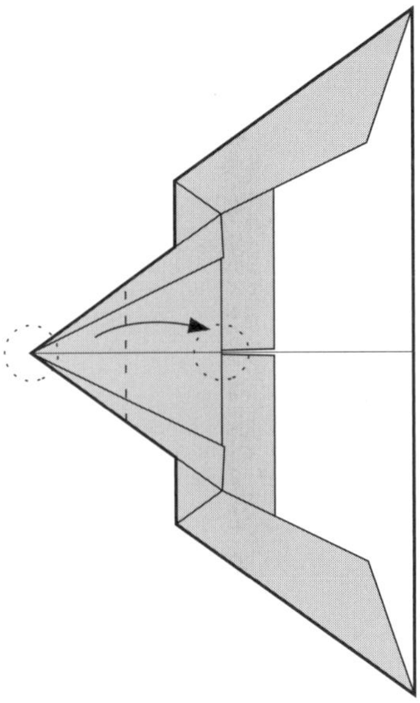

もう一度、先端を点線ラインで
折り返す

6

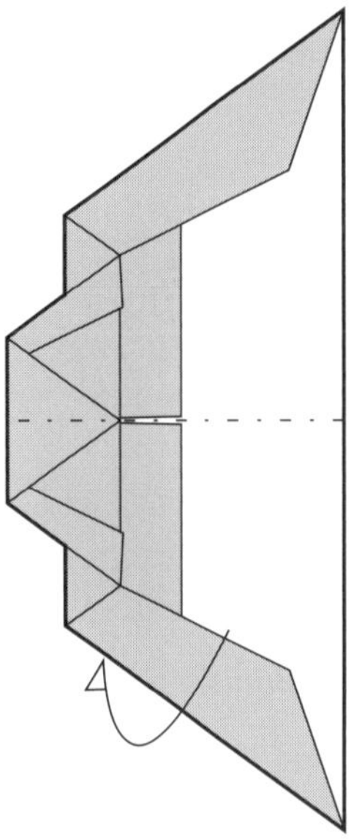

機体を山折りで半分に折る

7

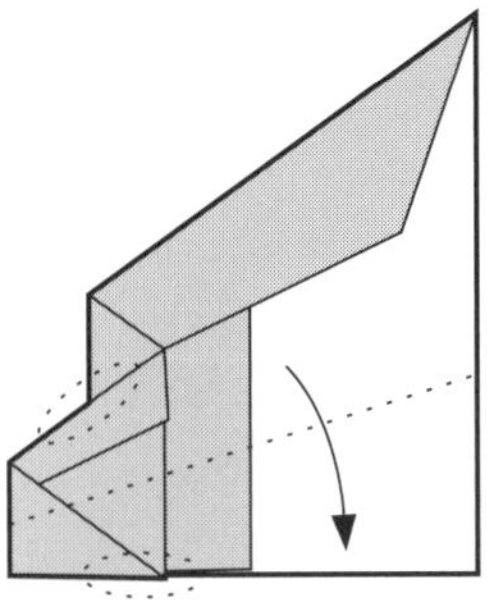

機首の脇を中心線に合わせて、
翼を折る

8

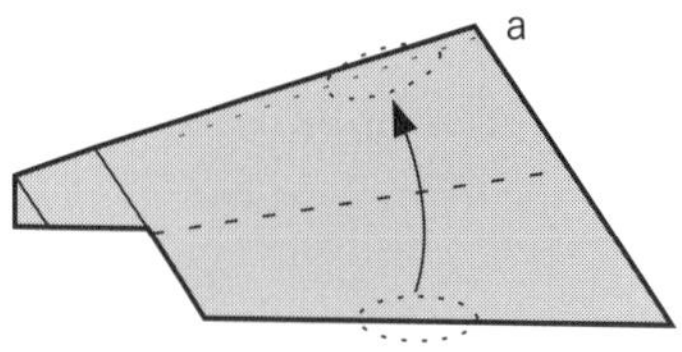

翼の両端を上辺より約３ミリ手前の
a ラインに合わせて上へ折る

9

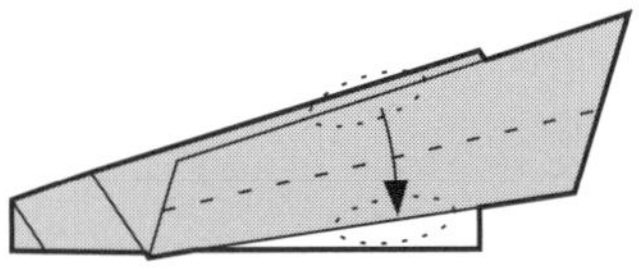

翼端を点線ラインで下へ折り返す

10

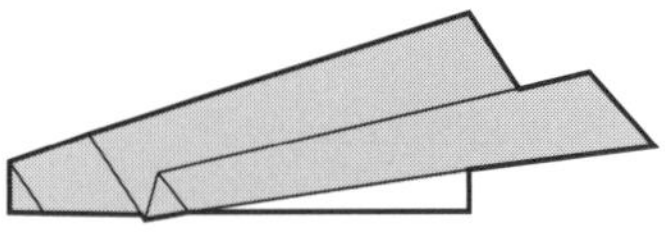

翼と尾翼を三面図のように
広げて、完成！

ブルドッグ

もう一匹、犬ヒコーキをどうぞ！ こんどは顔が大きくずんぐり型のブルドッグだ。紙ヒコーキといえば、ほとんどの人は「へそヒコーキ」を思い浮かべる。このブルドッグもへそヒコーキに似た折り方だが、機首を折り込んで、愛嬌のある太めの胴体に……。さて、どんな飛行を見せてくれるか？

1

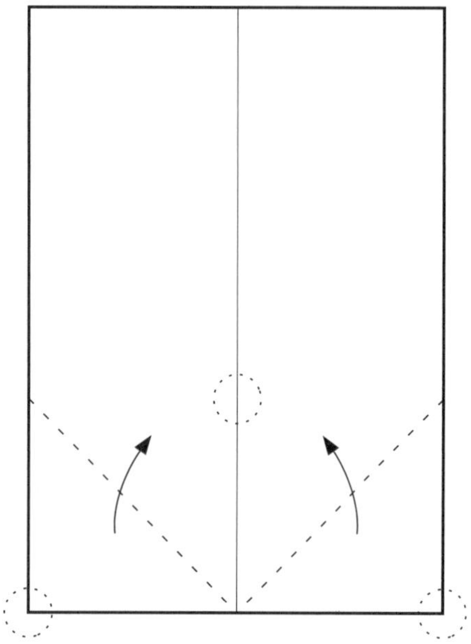

角を点線ラインで中心線へ折る

2

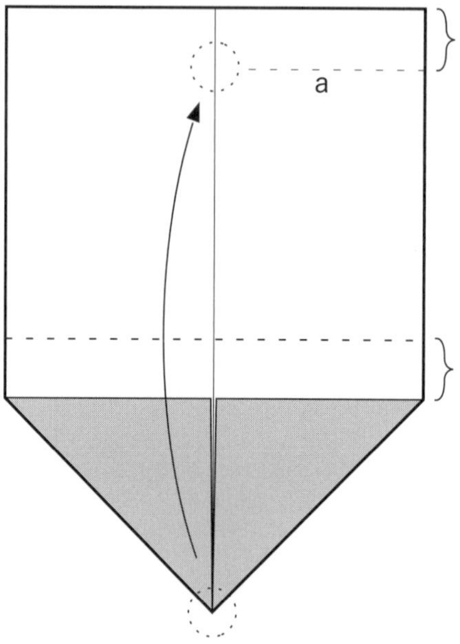

先端を点線ラインaに合わせて上へ折る

3

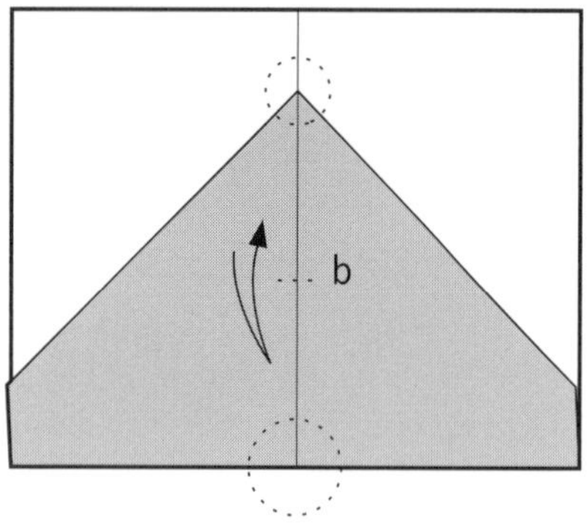

尖った角を下辺につけ、中央に軽く
目印bをつけて戻す

4

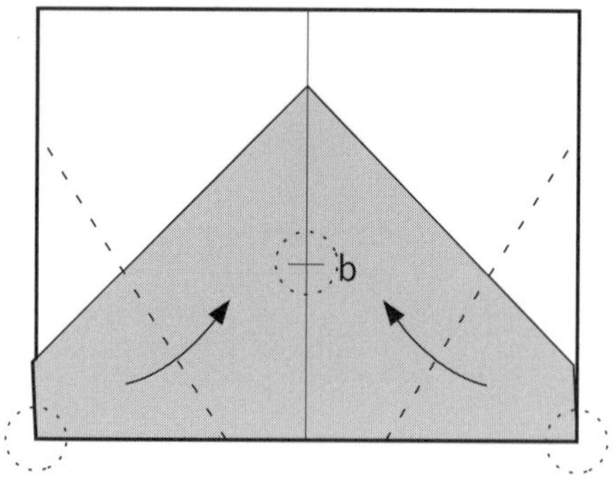

両角を3でつけた目印bに合わせて折る

長方形の用紙

【デザイン・タイプ】

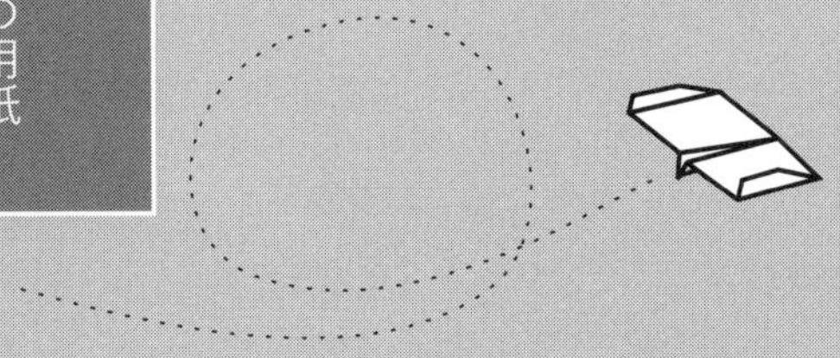

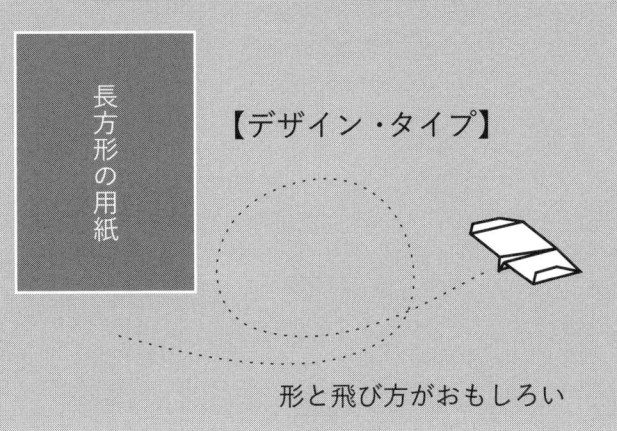

形と飛び方がおもしろい

【三面図】

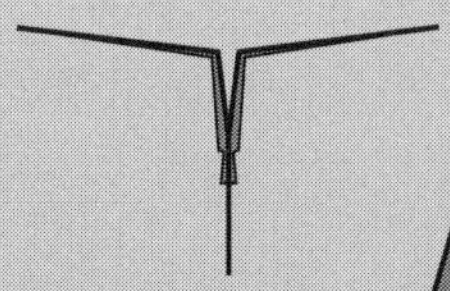

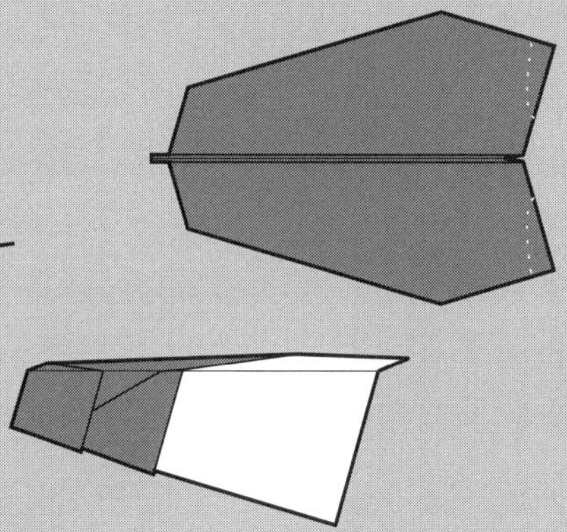

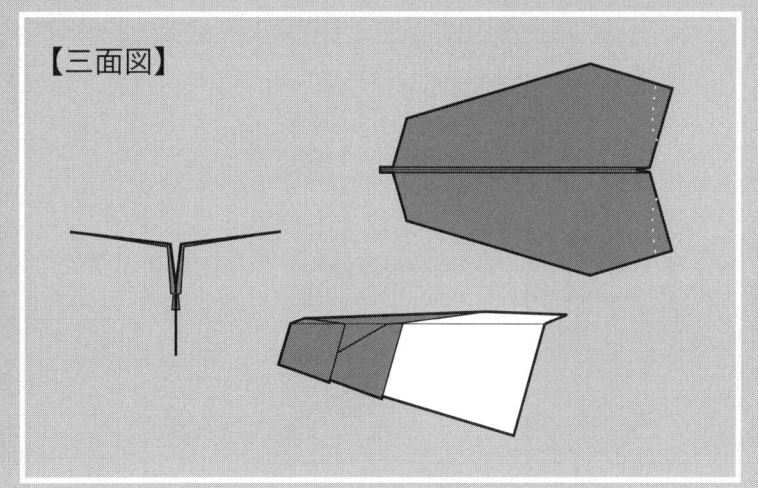

5

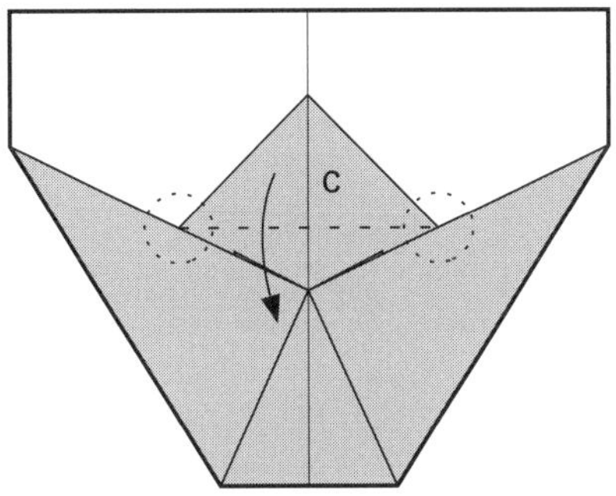

三角形のへそ部 c を点線ラインで
下へ折る

6

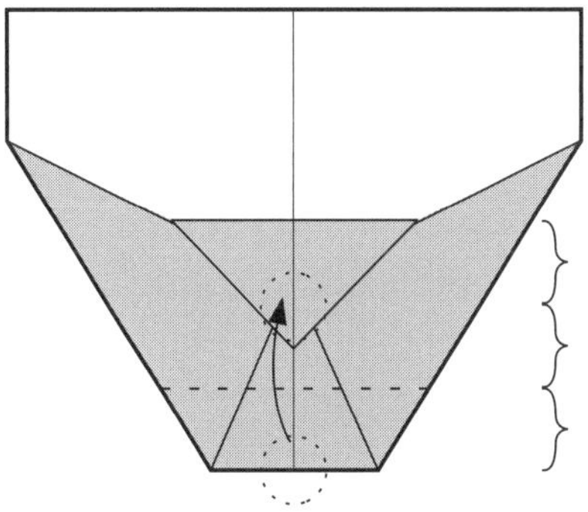

機首を点線ラインで折って、
へそに重ねる

7

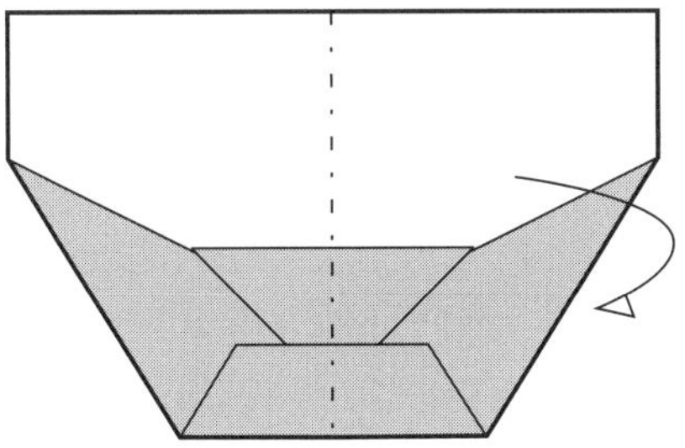

機体を山折りで半分に折る

8

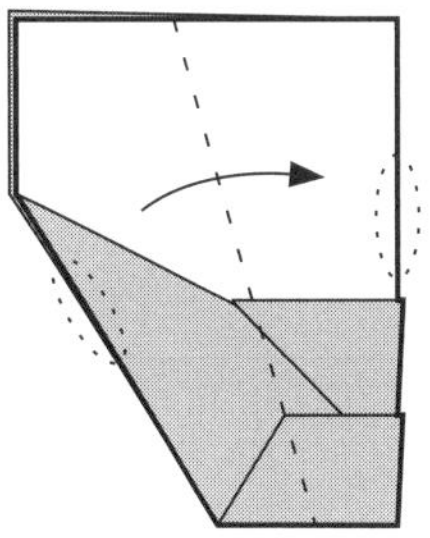

両翼を点線ラインで中心線に
合わせて折る

9

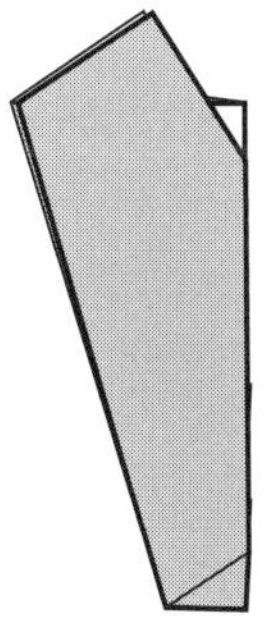

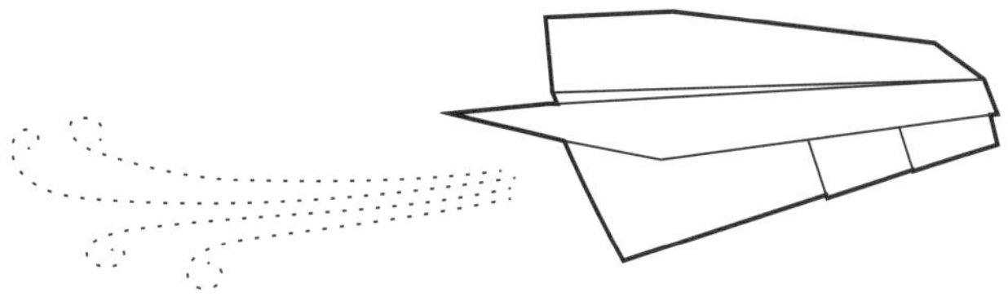

翼を三面図のように広げて、完成！

のみ号

蚤（のみ）はとびきり小さい動物だが、そのジャンプ力はハンパじゃない。大きさはわずか２～３ミリだが、なんと体長の100倍もジャンプする。でも、のみには翼がない。もしも翼があったならと想像しながら折ってみると……前翼が突き出たずんぐり型だが、きれいに空を跳ね飛んでくれる。

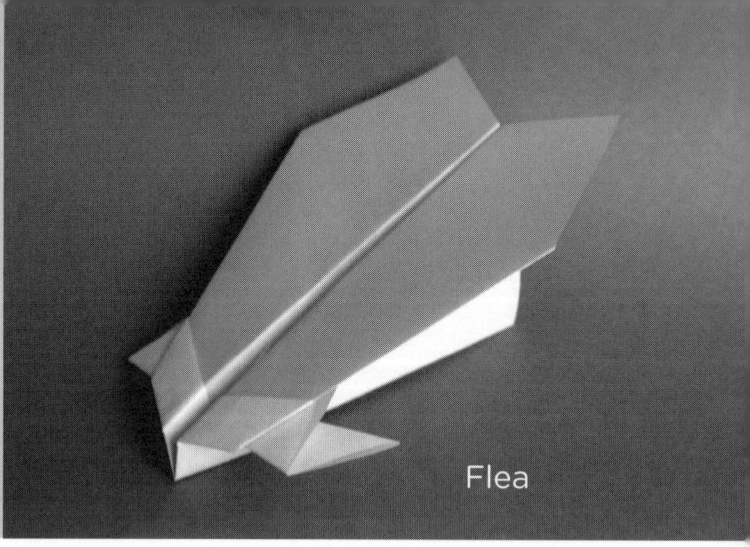

1

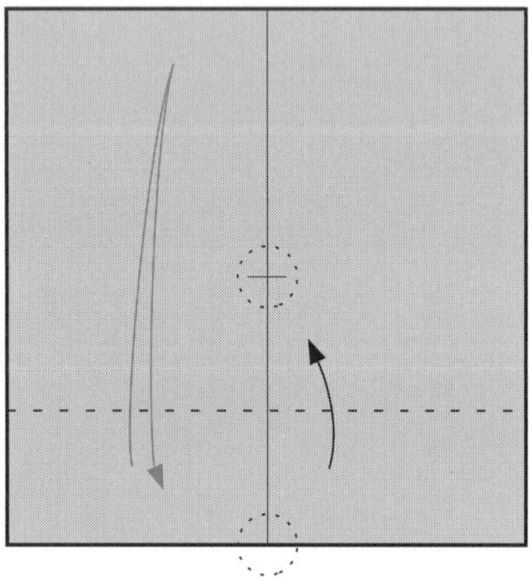

用紙を表にして、下辺を点線ラインで
真ん中まで折る

2

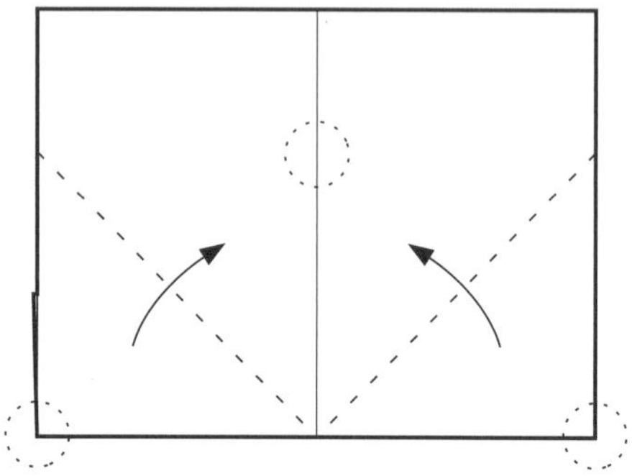

角を点線ラインで中心線へ折る

3

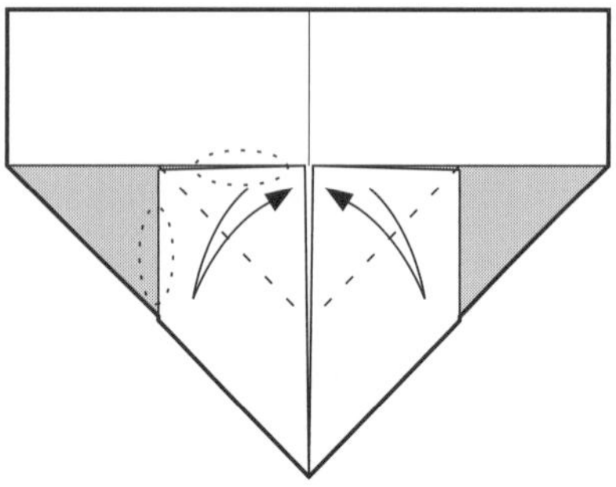

内側の２つの角を点線ラインで
折って戻す（折り目をつける）

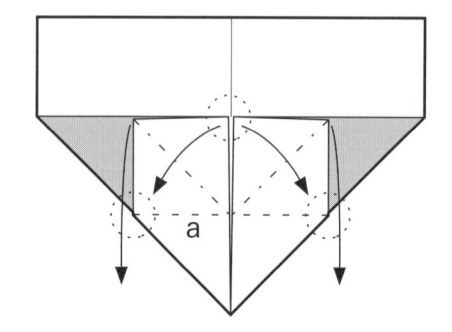

4

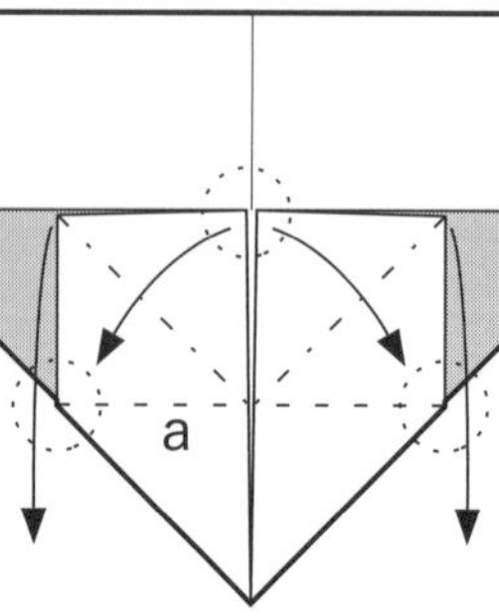

外側の角を持ち上げながら下へひっぱり、
点線 a のように水平な折り目をつける

5

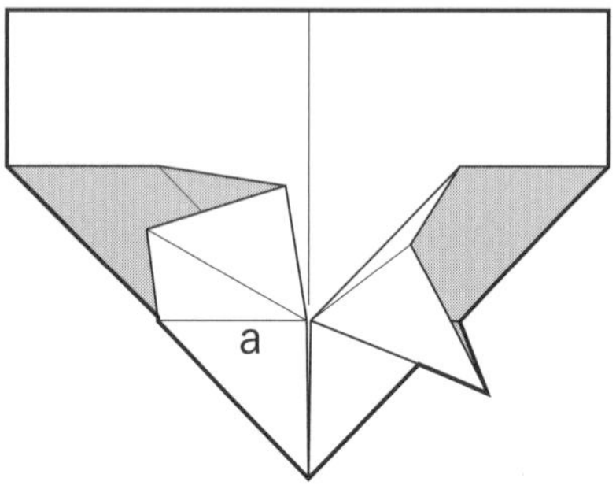

a のラインで左右を下へ折る

6

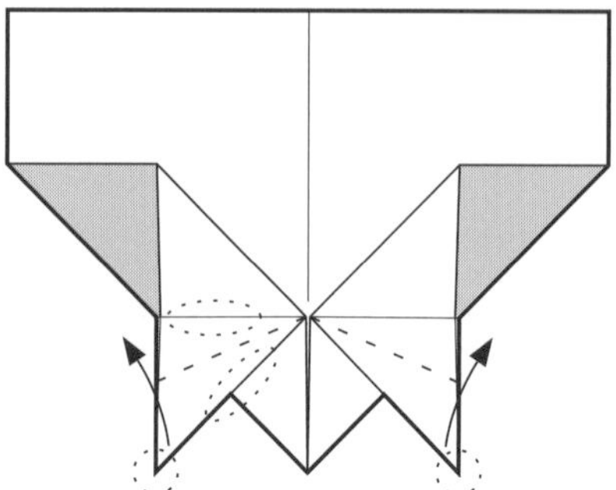

左右の角を点線ラインで
上へ折り返す

正方形の用紙

【デザイン・タイプ】

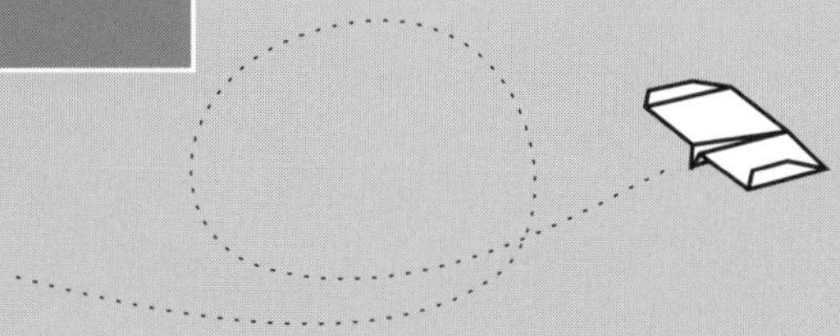

形と飛び方がおもしろい

【三面図】

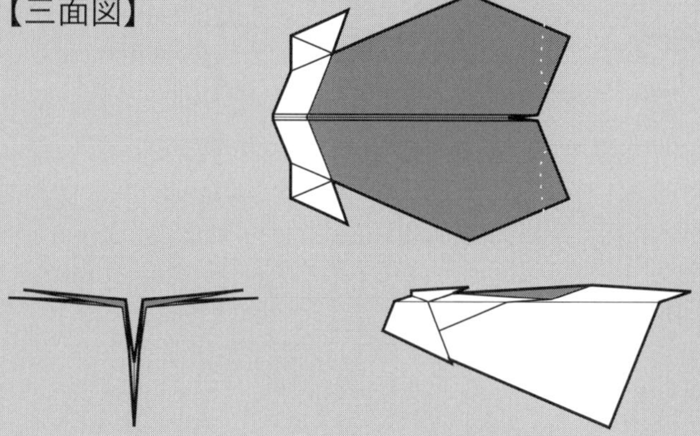

7

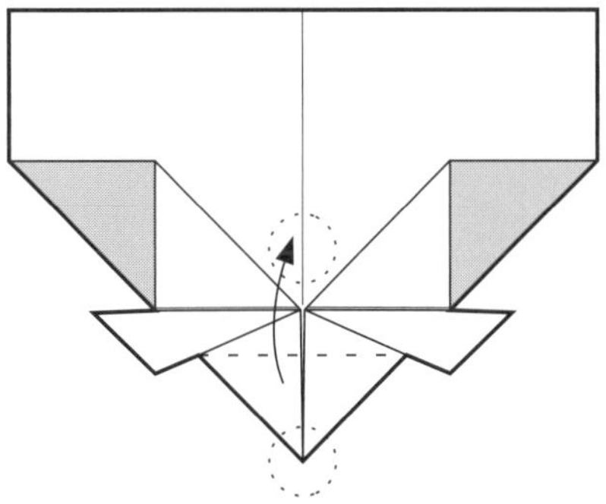

先端を点線ラインで上へ折る

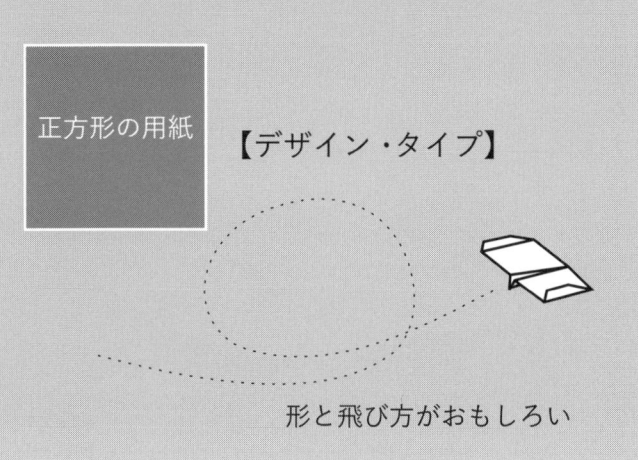

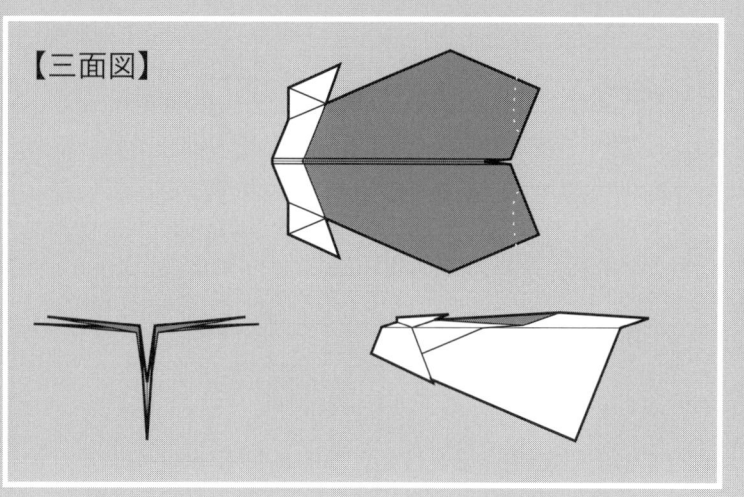

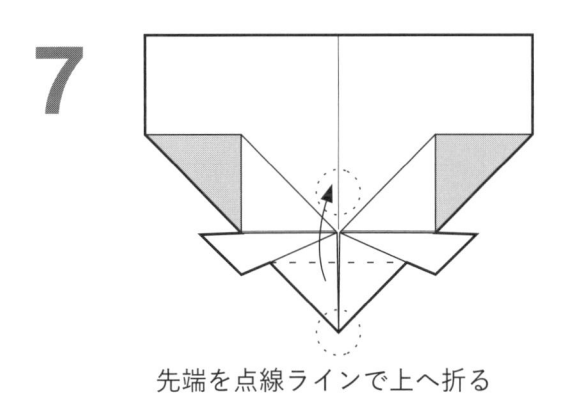

8

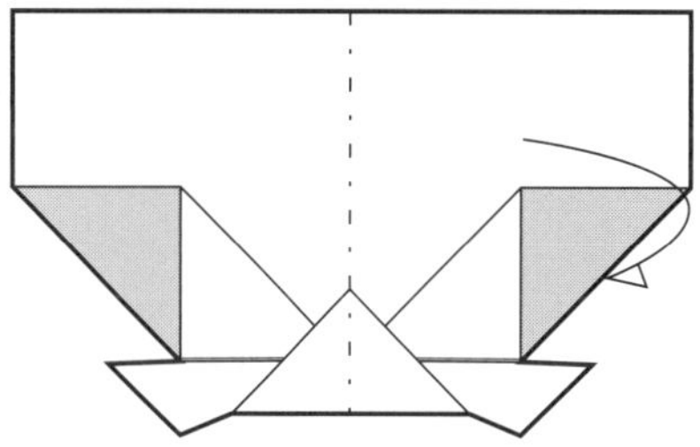

機体を山折りで半分に折る

9

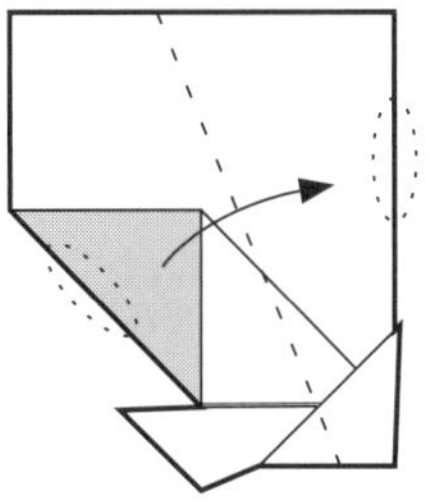

翼を点線ラインで中心線に合わせて折る

10

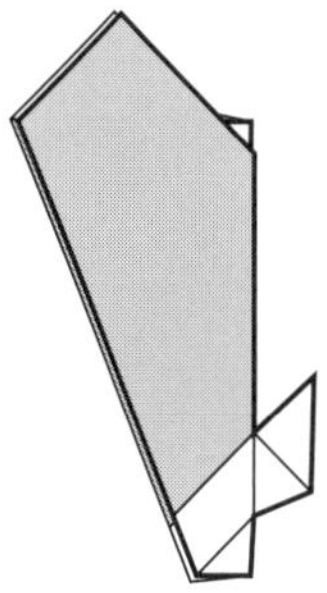

翼を三面図のように広げて、完成！

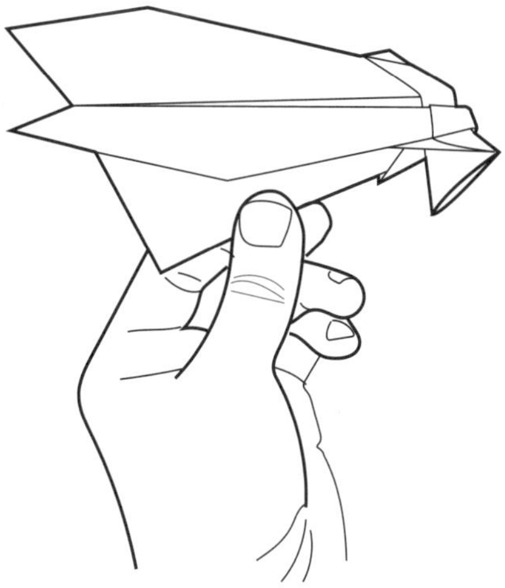

ゼロファイター

ギネス世界記録（滞空時間）を初めて更新したのは〈スカイキング〉という機種だった。その記録をさらに延ばすには、もっと無駄のないモデルを開発する必要があった。翼をさらに大きくし、胴体幅をより薄くして、小さなセンター尾翼を付けたのが、この新型機だ。そのかいあって自己記録を更新、29.2 秒の新記録が生まれた。

1

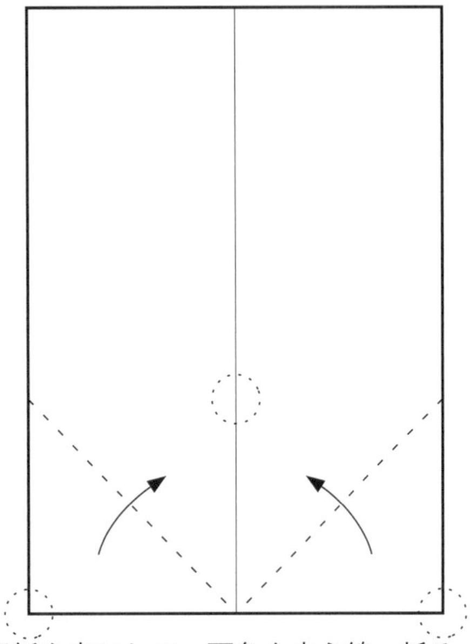

用紙を裏にして、両角を中心線へ折る

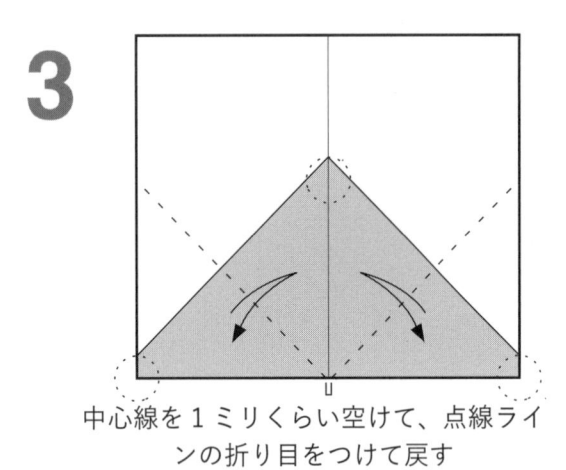

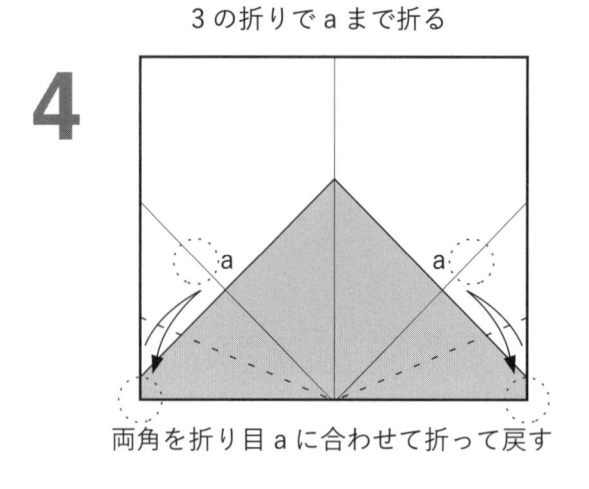

2

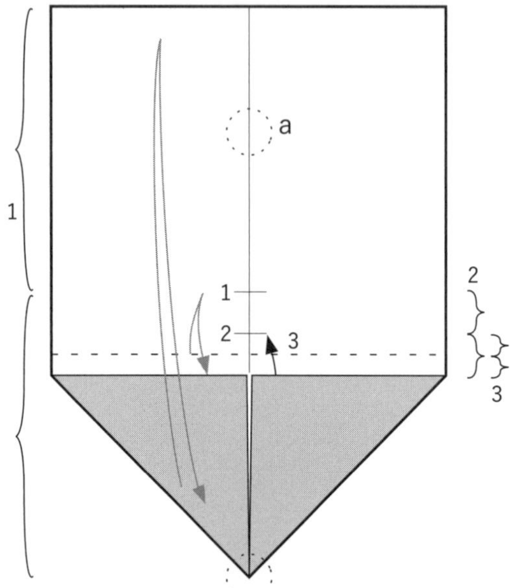

1 と 2 の折りで軽く目印を作る。
3 の折りで a まで折る

3

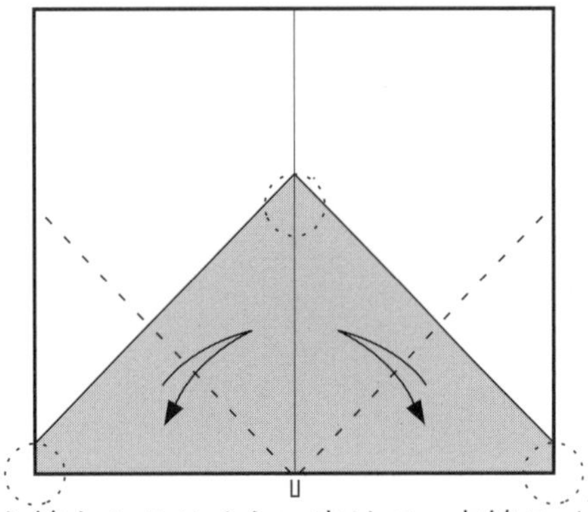

中心線を 1 ミリくらい空けて、点線ラインの折り目をつけて戻す

4

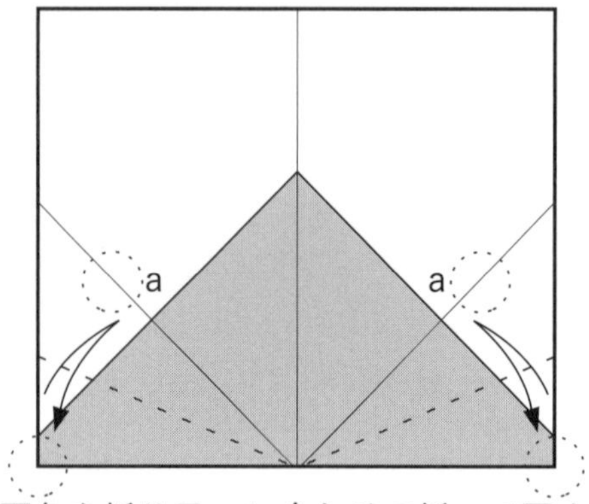

両角を折り目 a に合わせて折って戻す

5

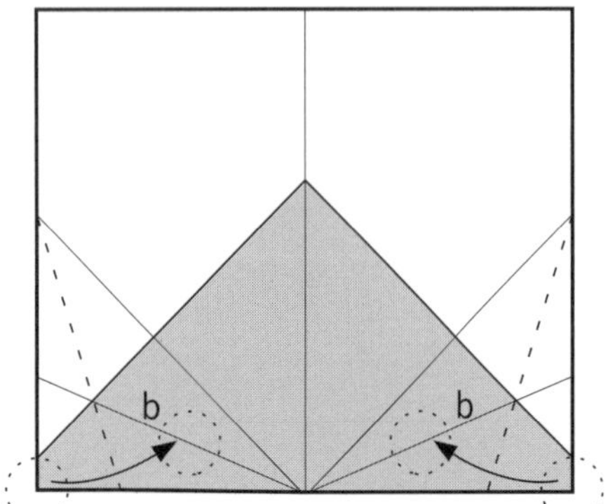

角を折り目 b に合わせて折る

6

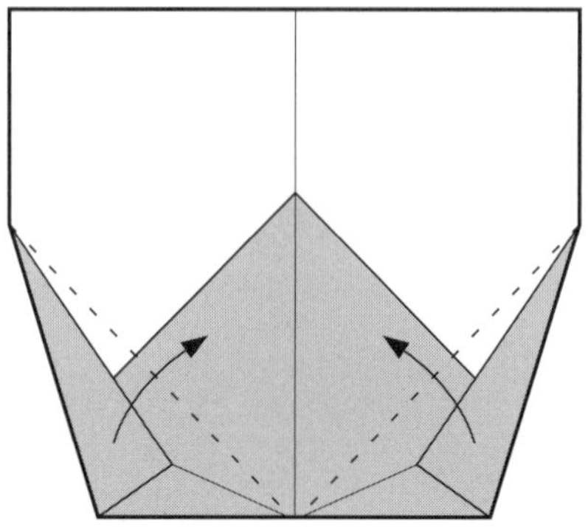

両サイドを点線の折り目に合わせて
内側へ折る

【滑空タイプ】

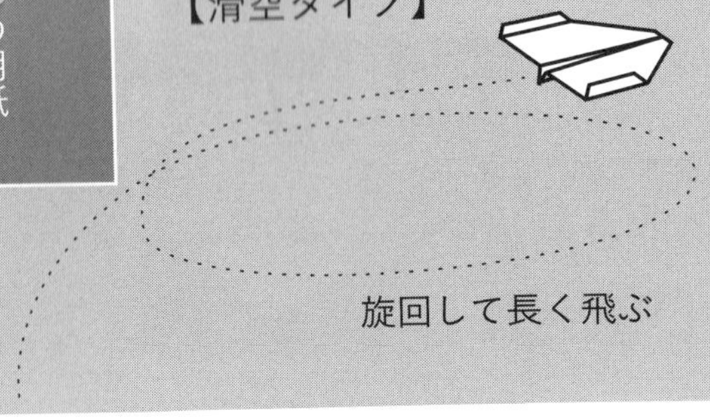

【三面図】

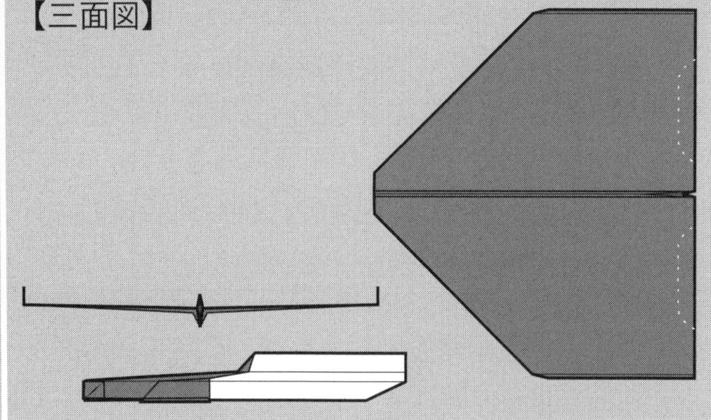

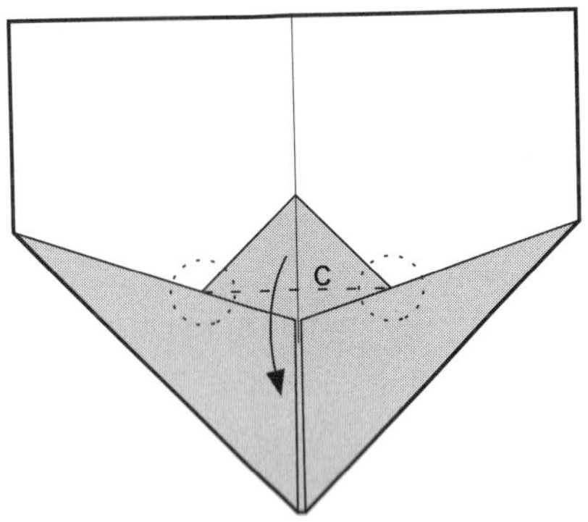

三角形のへそ部cを点線ラインで下へ折る

8

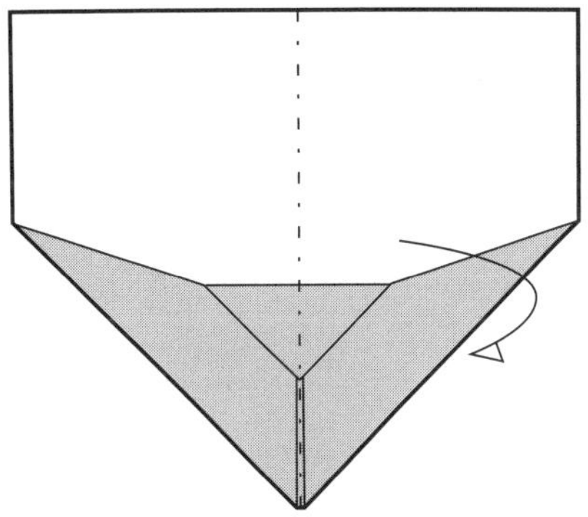

機体を山折りで半分に折る

9

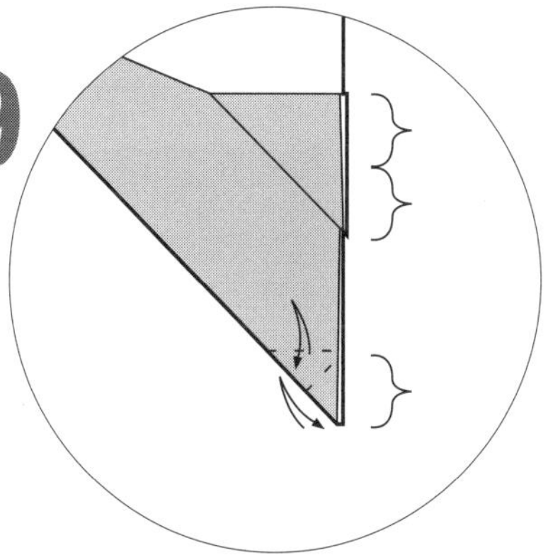

へその幅の半分のところで先端に折り目をつける

10

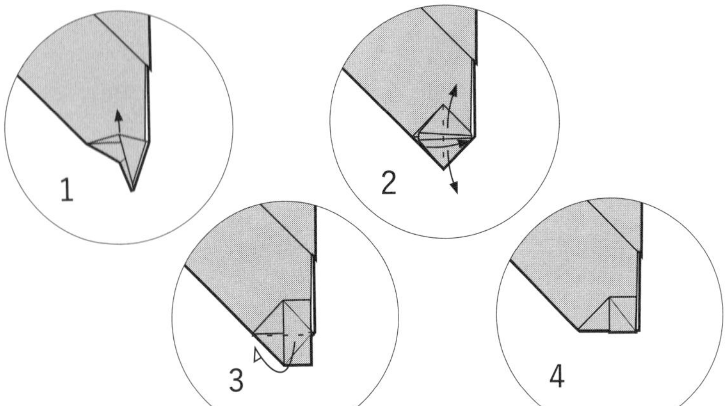

1~4の順で先端を折りたたみ、機首を固定する

11

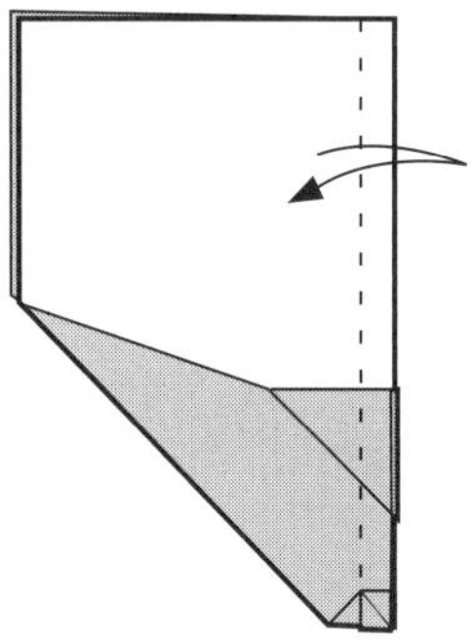

翼を点線ラインで折って戻す

12

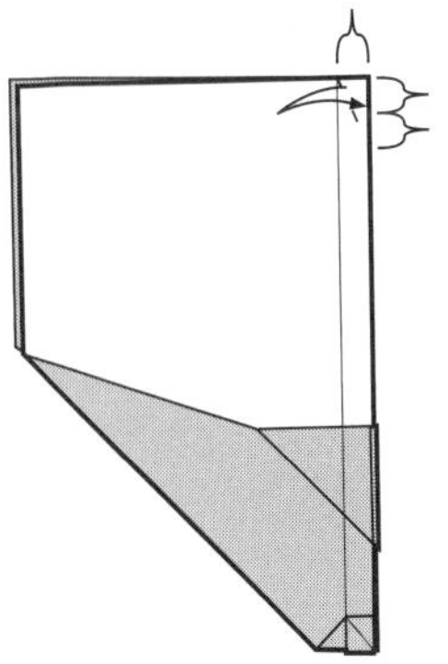

後部の小さな尾翼を図のような幅で折って戻す

13

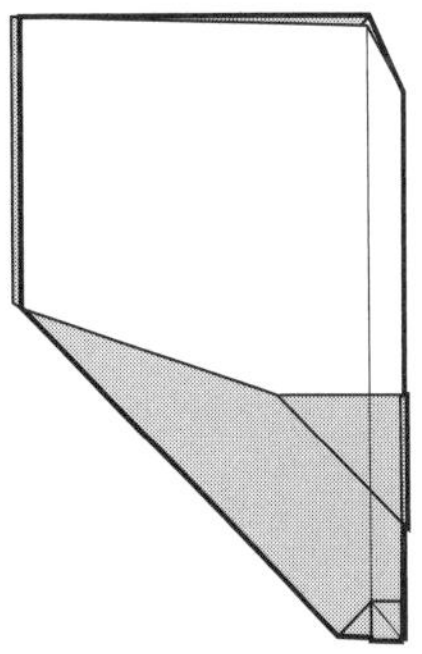

尾翼を中割り折りで胴体の中に入れて、翼を折り直す

14

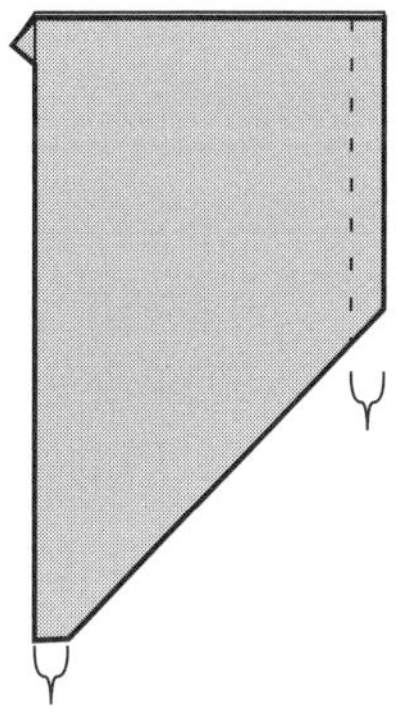

翼端を胴体と同じ幅で折る。翼を広げて、完成!

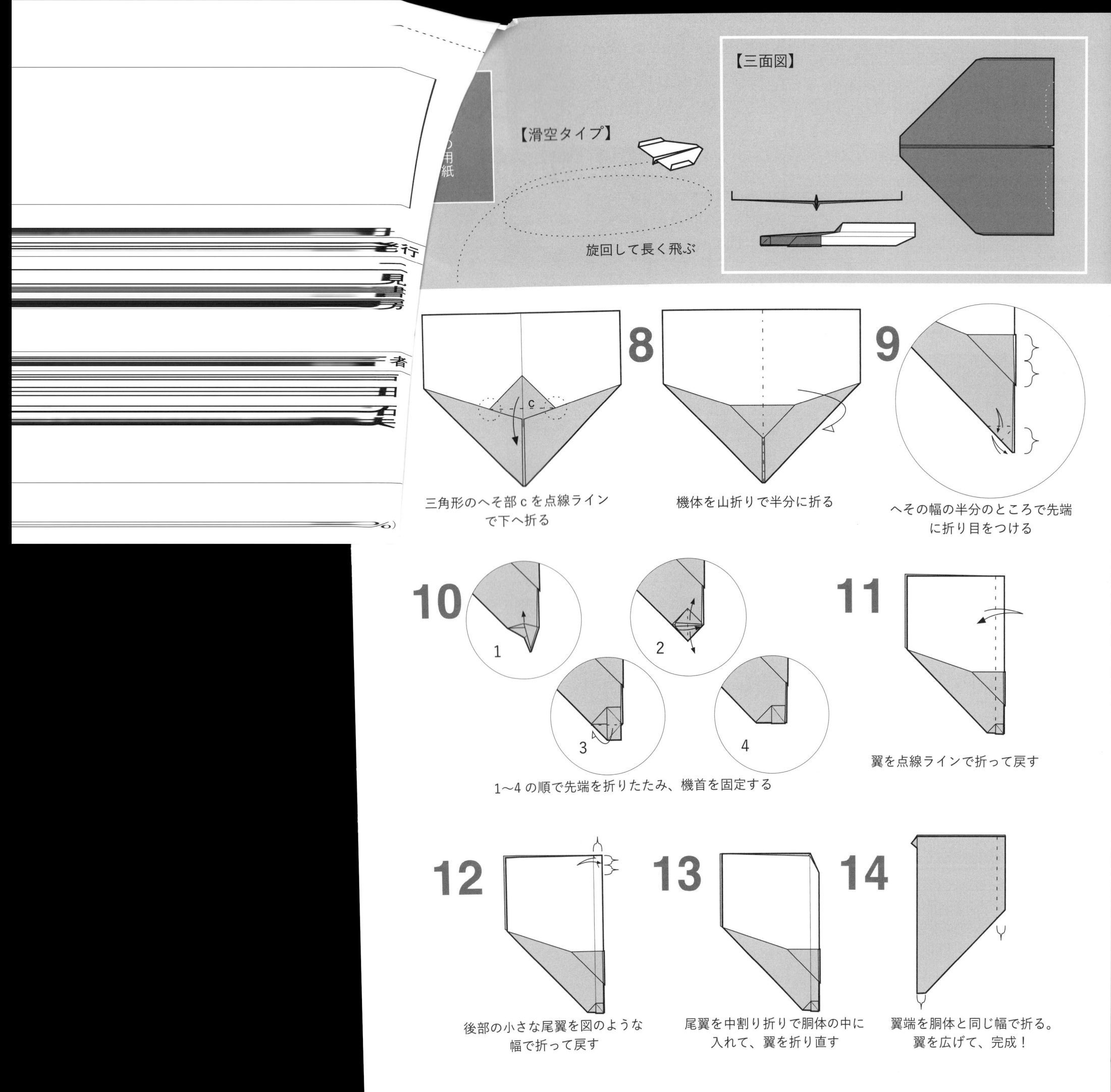

★GUINNESS WORLD RECOR

きみもギネス世界記録に挑戦しよう！

前ページに収録した〈ゼロファイター〉で最長滞空時間のギネス世界記録を更新したが、ここで「滑空タイプ」をできるだけ長く飛ばすコツを紹介しておこう。記録会は体育館のような天井の高い広い屋内施設で、立会人２名・審査員２名のもとで行われる。その際、記録挑戦が成功したことを証明する動画と静止画が必要となる。

〜「滑空タイプ」の飛ばし方のコツ〜

いかにして滞空時間を長くするか？ それには可能な限り高く投げ上げるしかない。そして試行錯誤のすえにあみだしたのが、戸田流のこの飛ばし方だ。分解写真でそのコツを伝授しよう（右利きの場合）。

まず、ヒコーキの胴体を指先でつまんで持ち、右足を半歩前に出して（剣道の構えと同じで利き腕側の足を前に出し）、身をかがめて低くかまえる。

右足に体重をのせて力をため、天井をめがけて全身のバネを使って（釣り竿のしなりを利用するように）、真上に投げ上げる。このとき両足が地面から離れてはいけない。

まっすぐに投げ上げることができれば、ヒコーキは最高点で機首を水平にして旋回飛行に入り、ゆっくりと大きく舞いながら降下してくる。

ギネス世界記録に挑戦するため、私はいつもこの投げ方が維持できるようにストレッチを続けていた。これは私流の飛ばし方だが、みなさんもギネスルールにのっとって、もっと長く滑空させるワザをあみだしてほしい。

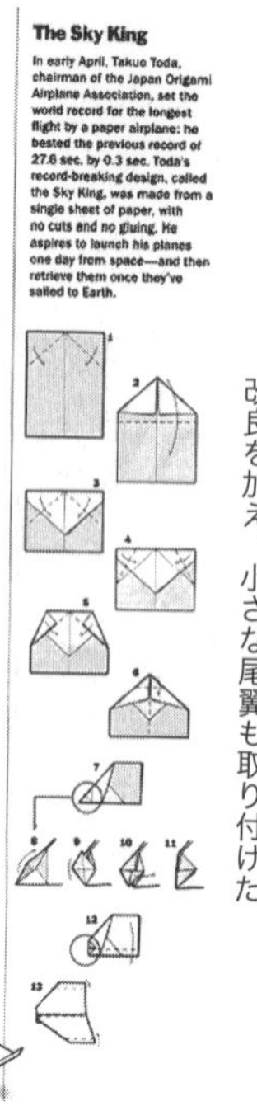

The Sky King

In early April, Takuo Toda, chairman of the Japan Origami Airplane Association, set the world record for the longest flight by a paper airplane: he bested the previous record of 27.6 sec. by 0.3 sec. Toda's record-breaking design, called the Sky King, was made from a single sheet of paper, with no cuts and no gluing. He aspires to launch his planes one day from space—and then retrieve them once they've sailed to Earth.

最初にギネス世界記録を樹立した「スカイキング」は米国のタイム誌（２００９年11月号）で紹介された。同型の滑空タイプだが、「ゼロファイター」はさらに改良を加え、小さな尾翼も取り付けた

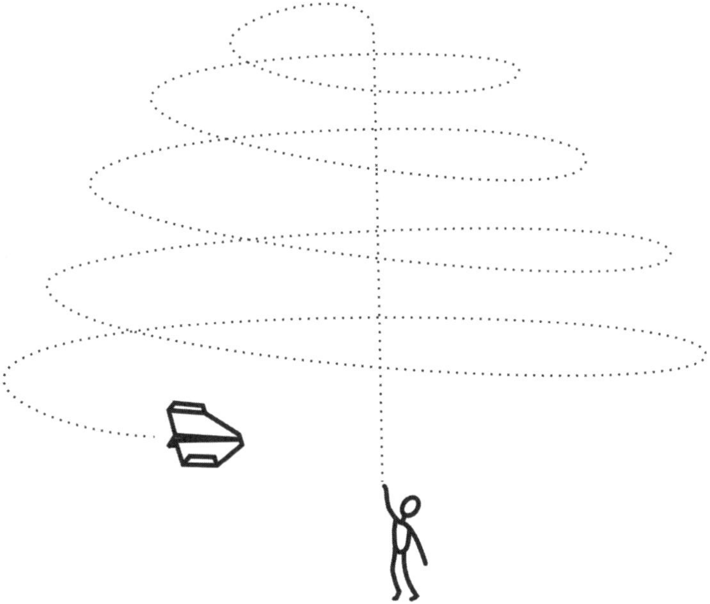

体育館の天井に向けてまっすぐ投げ上げた滑空タイプの機種は、
頂点で水平飛行に入り、大きく旋回しながら舞い降りてくる

GUINNESS WORLD RECORDS

CERTIFICATE

The longest time flying
a paper aircraft
is 29.2 sec
and was achieved by
Takuo Toda (Japan)
In Fukuyama City, Hiroshima, Japan
on 19 December 2010

GUINNESS WORLD RECORDS

ギネス世界記録「29.2 秒」の認定証書

ダブルウィング

初期の飛行機は翼を２枚もつ複葉機だった。今では航空ショーでしか飛ぶ姿は見られないが、ゴーグルをつけてスカーフをなびかせるパイロットの勇姿はかっこいい！　２枚羽根の折り紙ヒコーキなんて作れないと思っていたが、こんなダブルウィングが生まれた。ちょっと難しいが、挑戦してみよう！

1

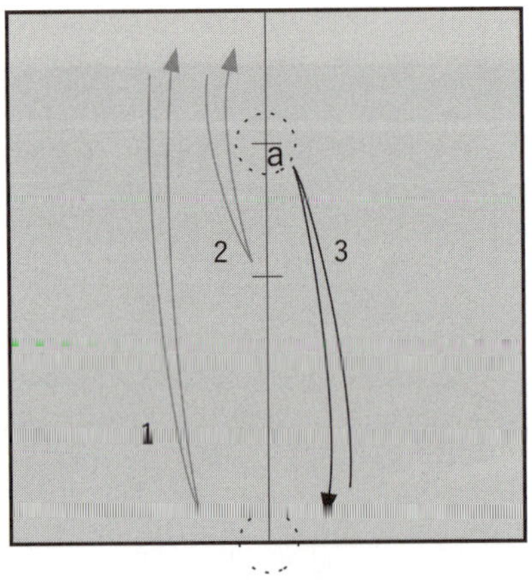

まず１と２の折りで軽く目印を作る。
３の折りでａまで折って戻す
（点線の折り目をつける）

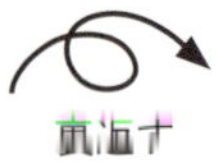

2

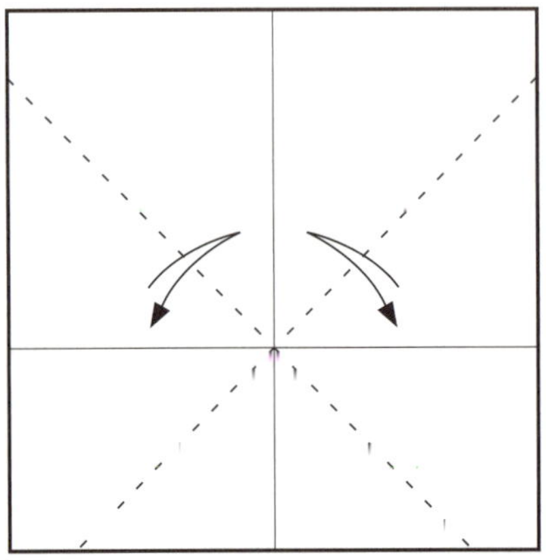

２つの折り目が交差するところを中心に、対角線で折って戻す

3

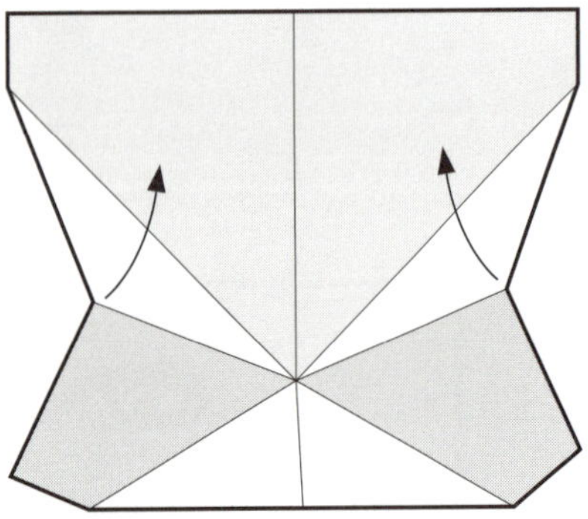

両脇を上の中央に寄せてたたむ。右図のように折れたら、完成形が見える

4

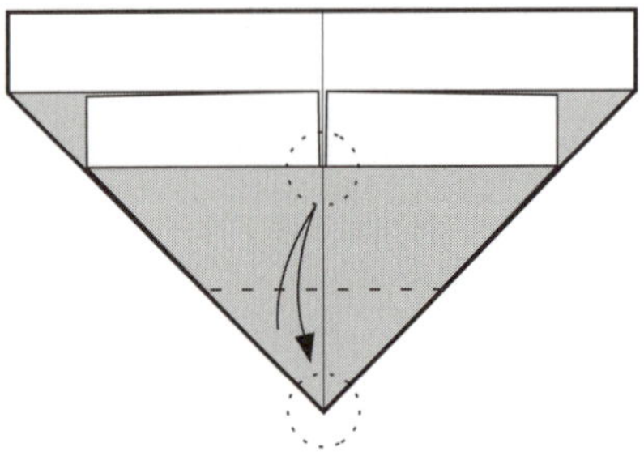

先端を点線ラインで折って戻す

5

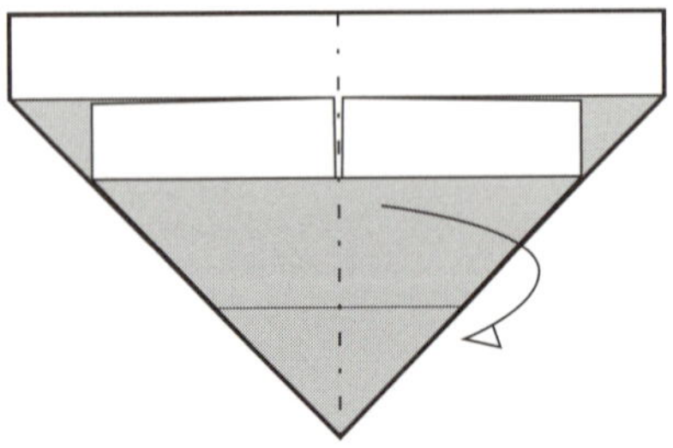

機体を山折りで半分に折る

6

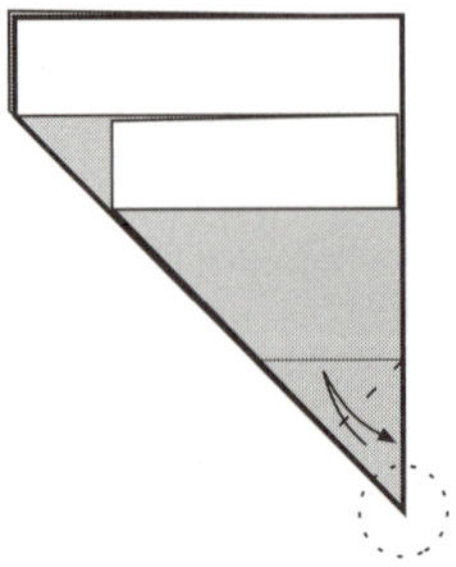

先端を折って戻す
（折り目をつける）

1～4の順で先端を折りたたみ、
機首を固定する

4つの翼を点線ラインで折る

9

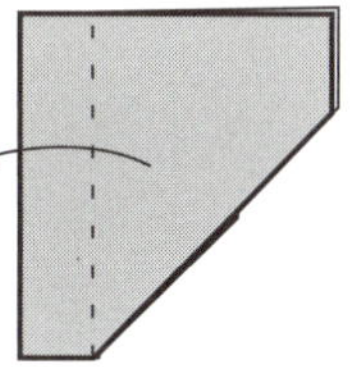

上の翼だけを点線ラインで折る

10

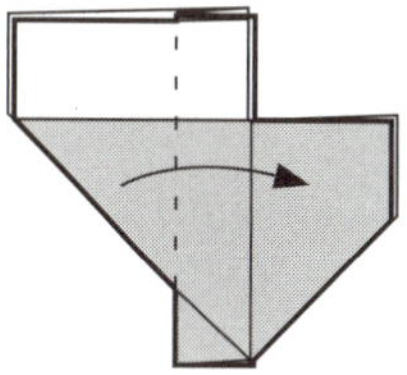

上の翼を点線ラインで折り返す

11

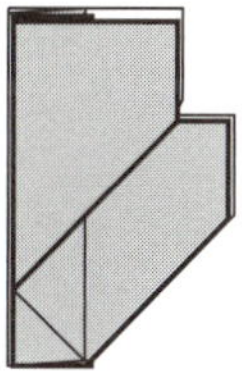

上下の翼を三面図のように広げて、
完成！

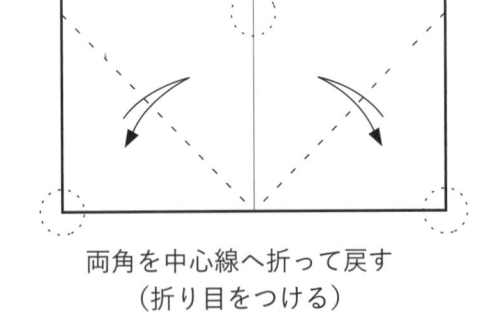

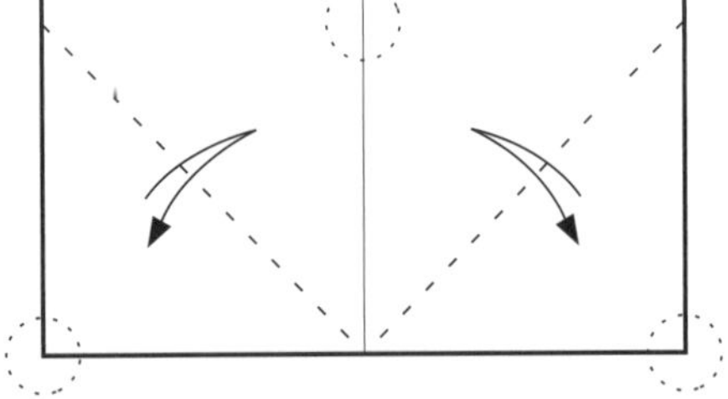

両角を中心線へ折って戻す
（折り目をつける）

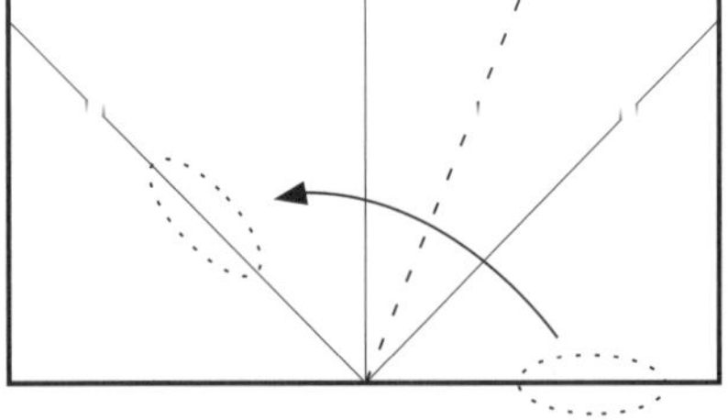

下辺を１の折り目に合わせて折る

3

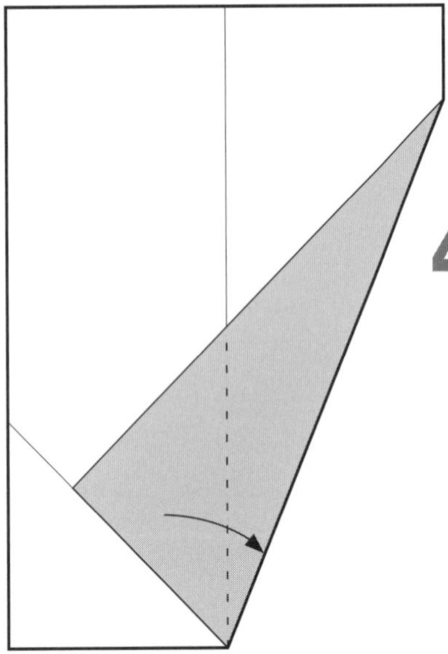

１の折り目で折り返す
（反対側も同様に）

4

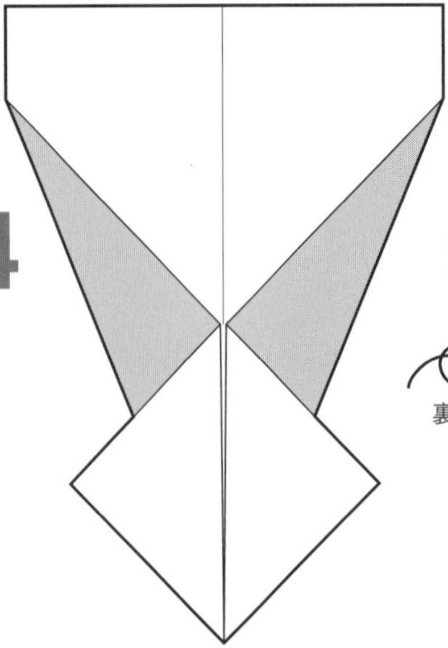

この形に折って、表にする

5

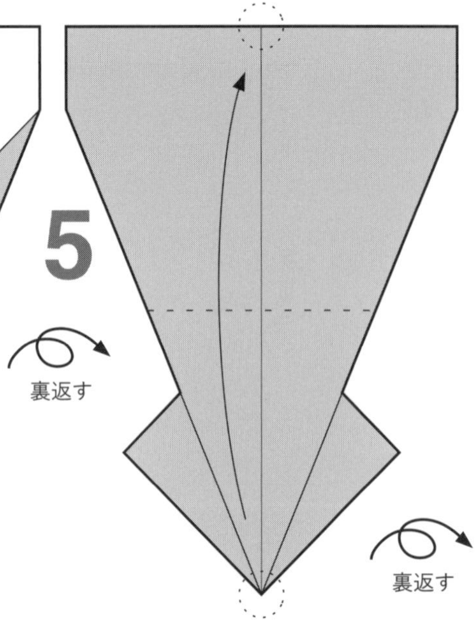

機体を半分に折り、また裏にする

8

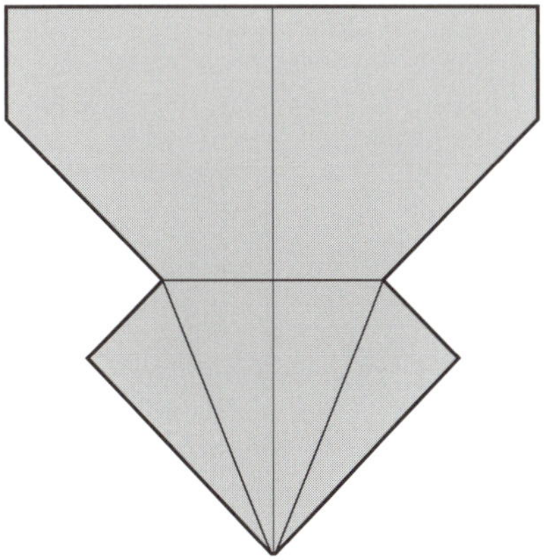

6の折りはこんな形になる

9

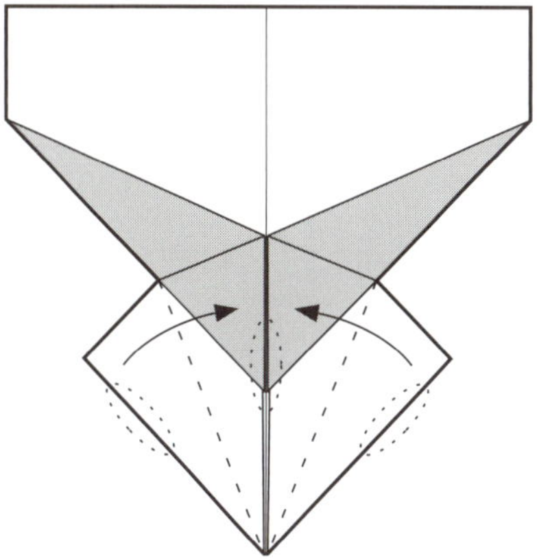

両脇を中心線へ折る

10

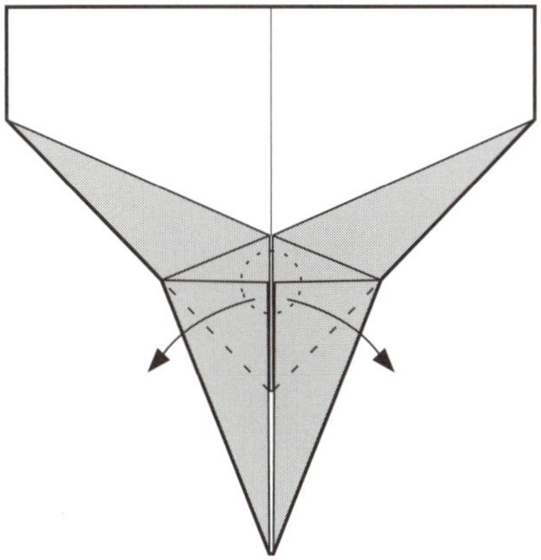

中心の両角を点線ラインで外へ折る

11

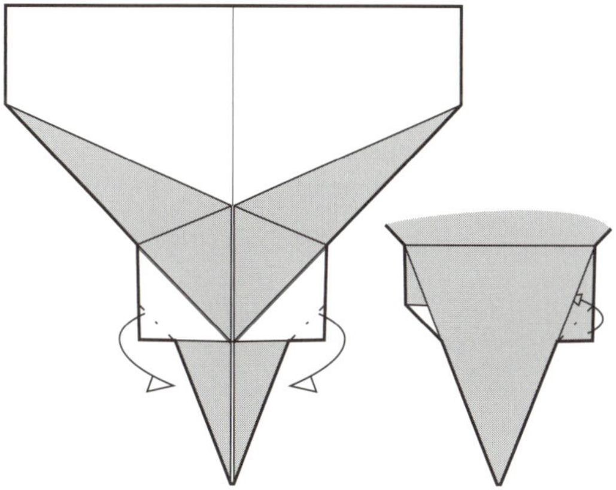

角を山折りして、下の層の間にはさむ
(表側は右図)

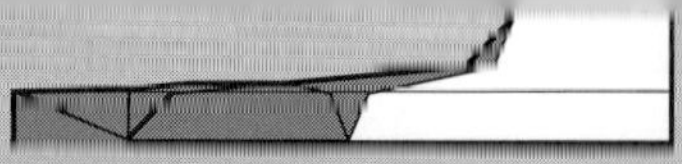

12

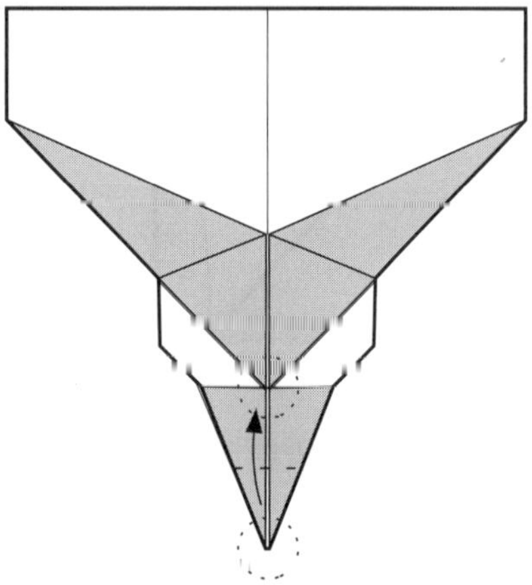

先端を半分に折る

13

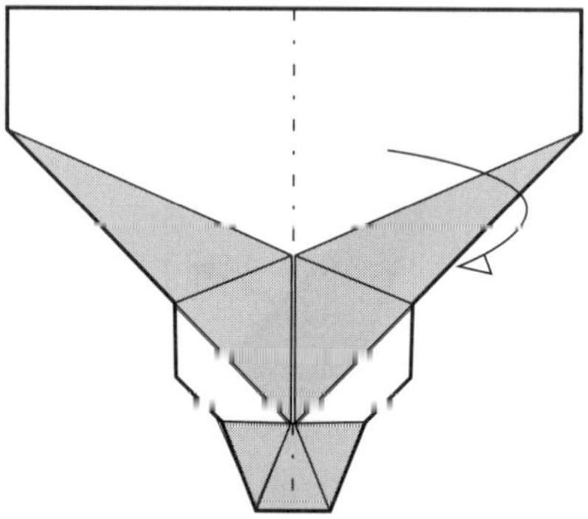

機体を山折りで半分に折る

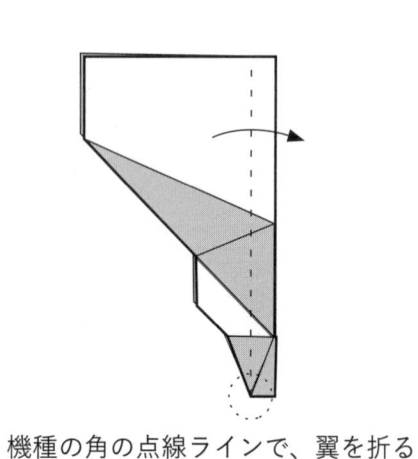

14

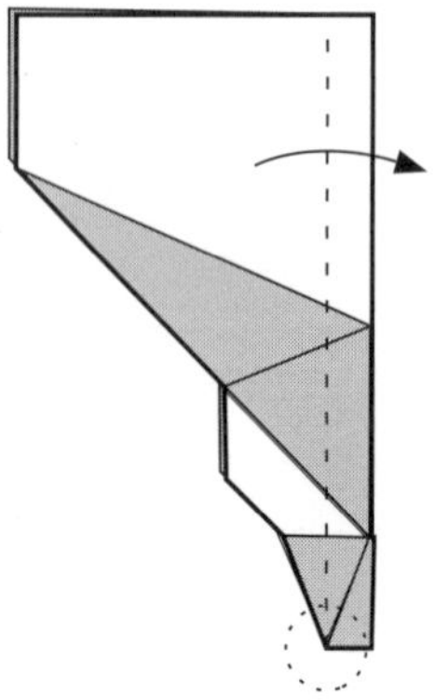

機種の角の点線ラインで、翼を折る

15

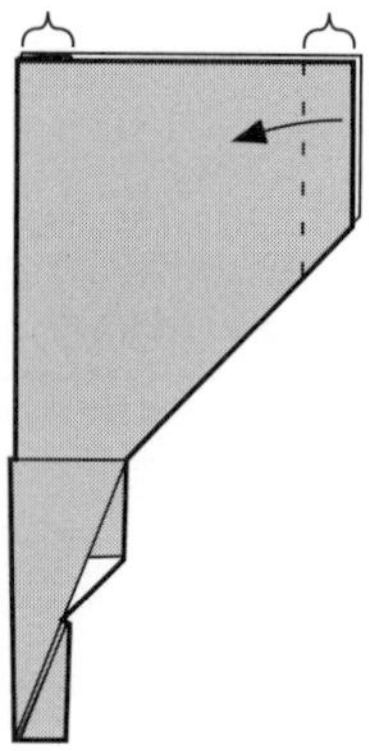

翼端を折って尾翼を作る
（胴体の幅と同じに）

16

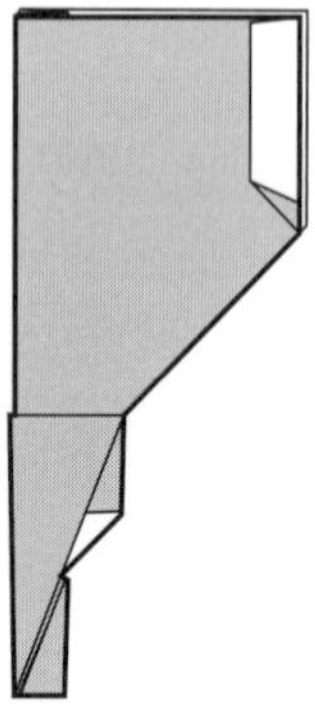

翼を広げ、尾翼を立てて、完成！

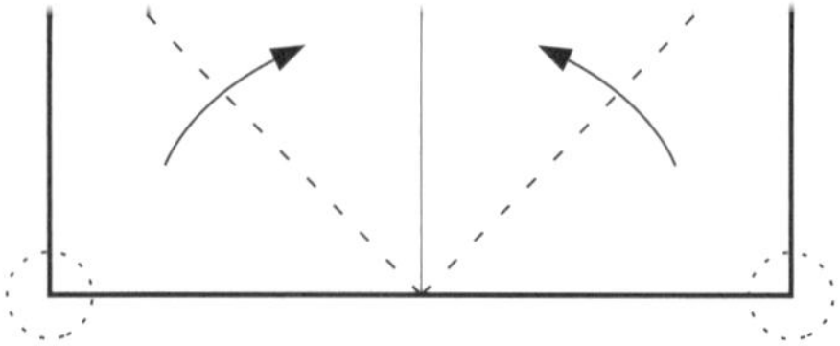

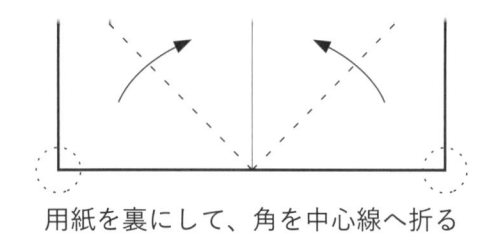

用紙を裏にして、角を中心線へ折る

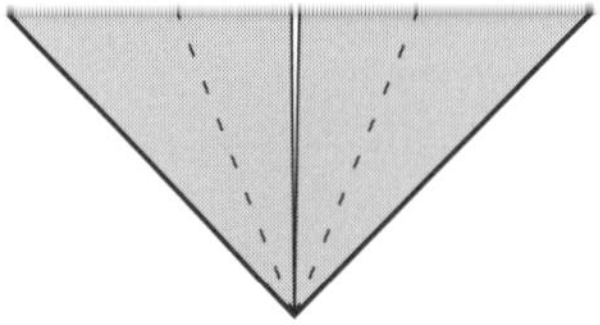

新しい角を中心線に合わせて折る

3

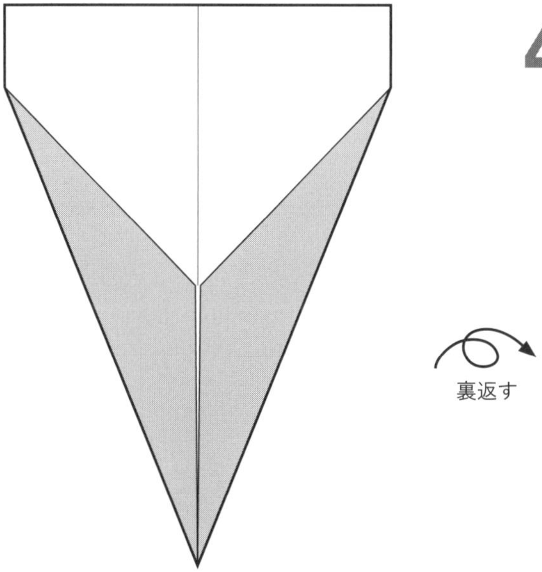

ここまで折って、用紙を表にする

4

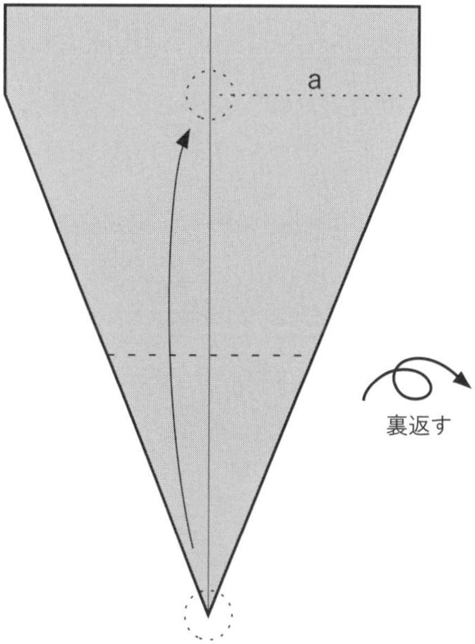

先端を a のラインに合わせて上へ折る

【距離タイプ】

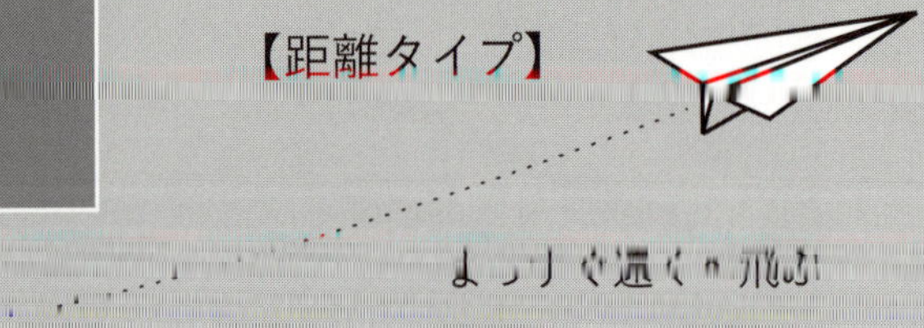

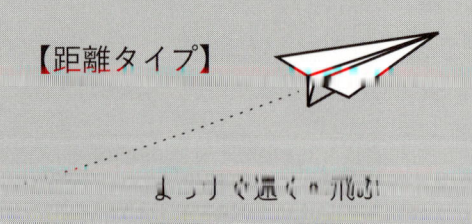

まっすぐ遠くへ飛ぶ

5

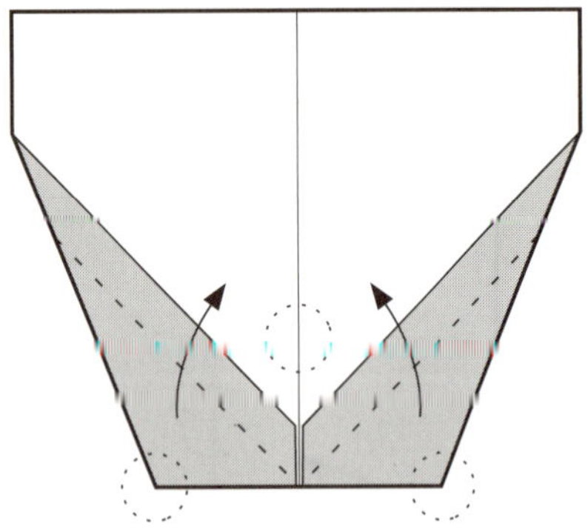

新しい角を中心線へ折る

6

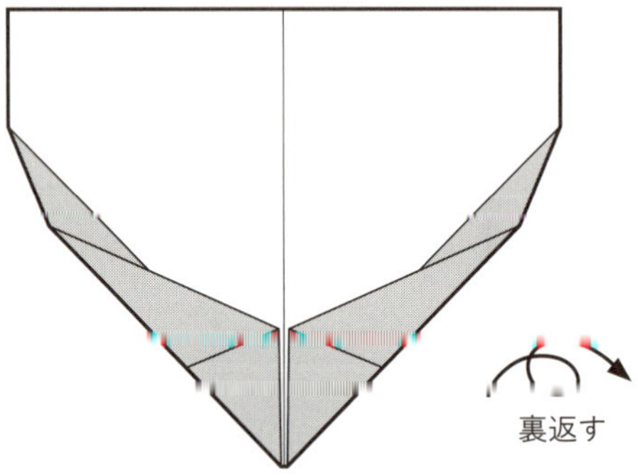

この形に折ったら、また表にする

7

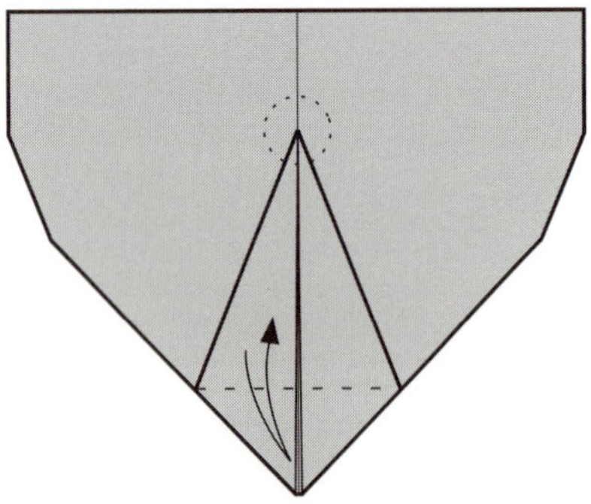

機首の先端を点線ラインで折って戻す
（折り目をつける）

8

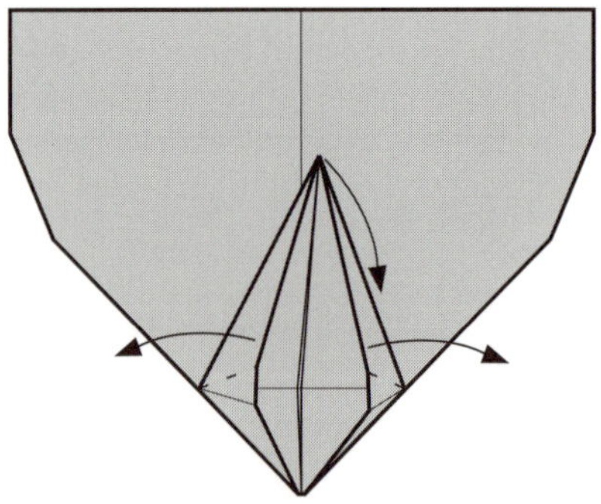

両脇を広げながら機首を下へ折る。脇をきちんと折れば、9図になる

9

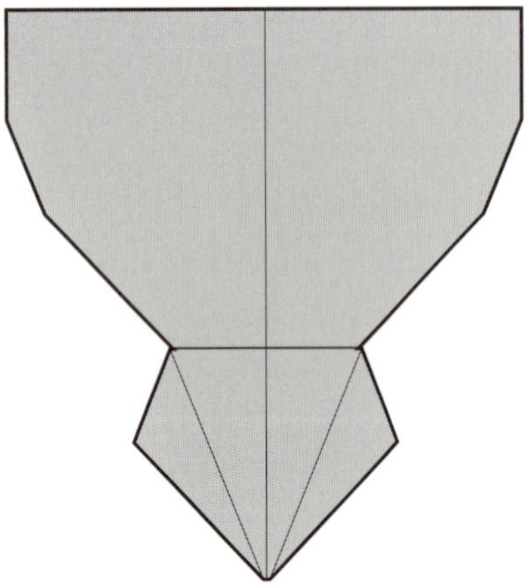

このように折ったら、裏にする

10

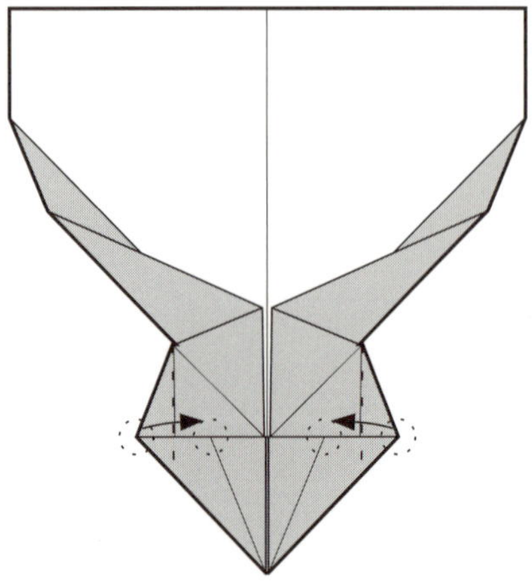

機首の両脇を点線の折り目で内側へ折る

さらに両脇を点線のVラインで折り込む

先端を図のように折る

13

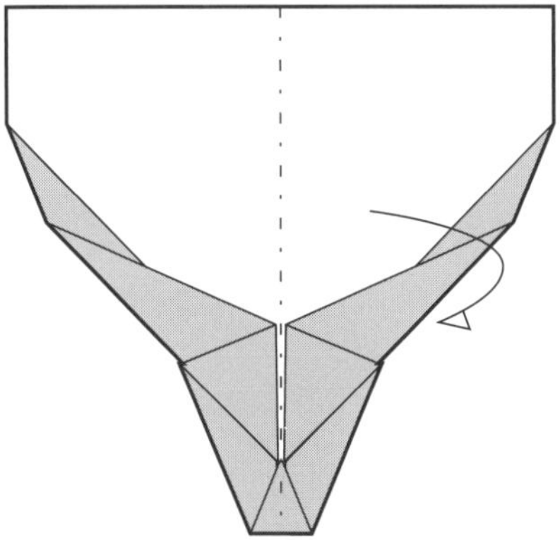

機体を山折りで半分に折る

14

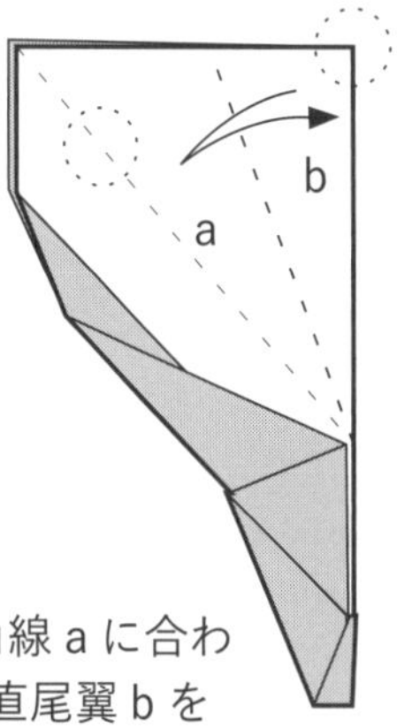

翼の対角線aに合わせて垂直尾翼bを折って戻す

15

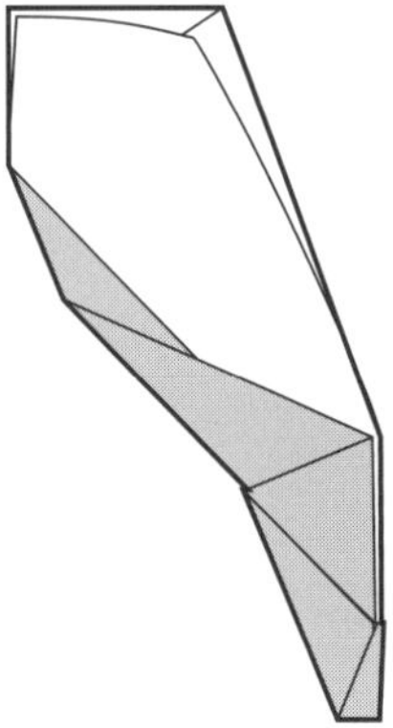

尾翼を中割り折りで胴体の中へ入れる

16

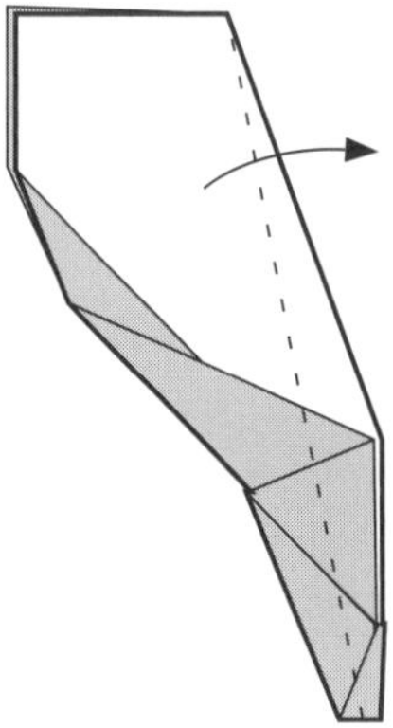

翼を点線ラインで折る

17

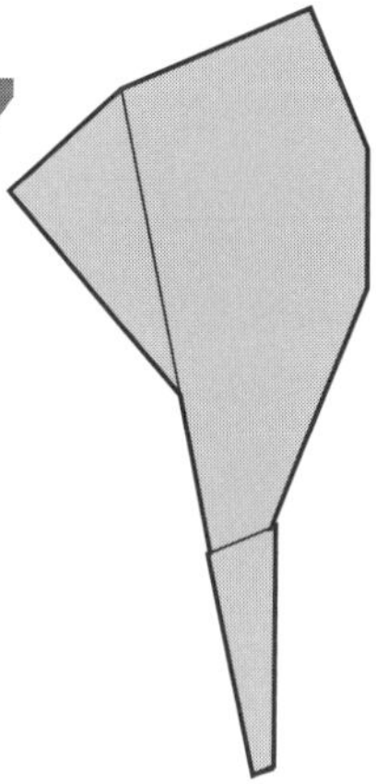

翼を広げて、完成！

た折りから生まれる面白い形の[illegible]ーキを、軽やかに飛ばそう！

Bat Wing

1

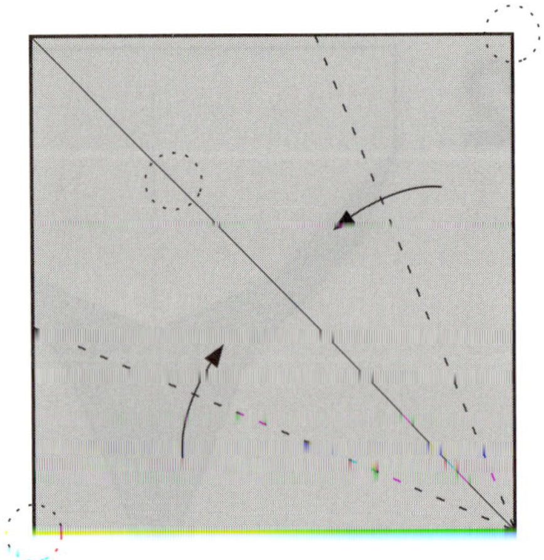

用紙を表にして、角を中心線へ折る

2

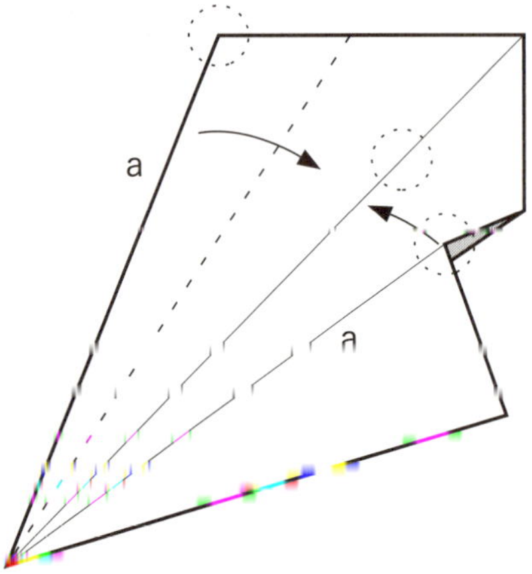

下の紙を引き出して、折り線 a を中心線に合わせて折る

3

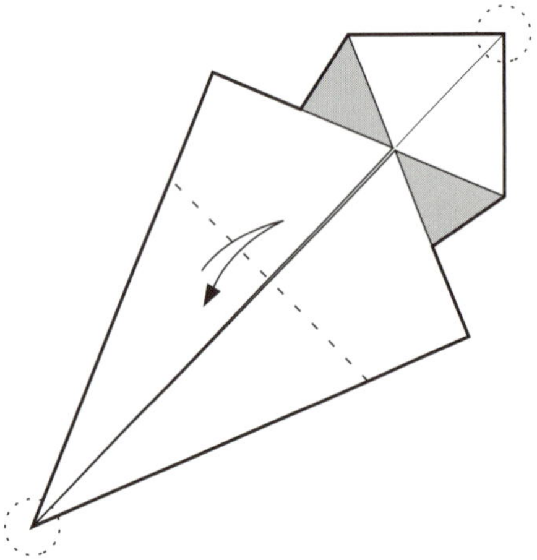

機体を谷折りで半分に折って戻す

4

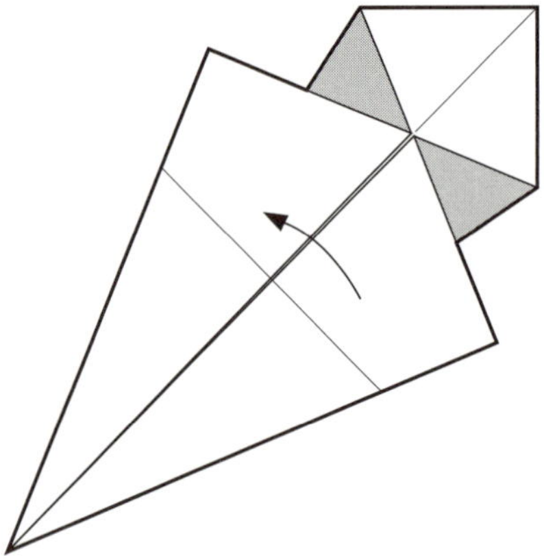

片方の三角形を反対側へ重ねる

5

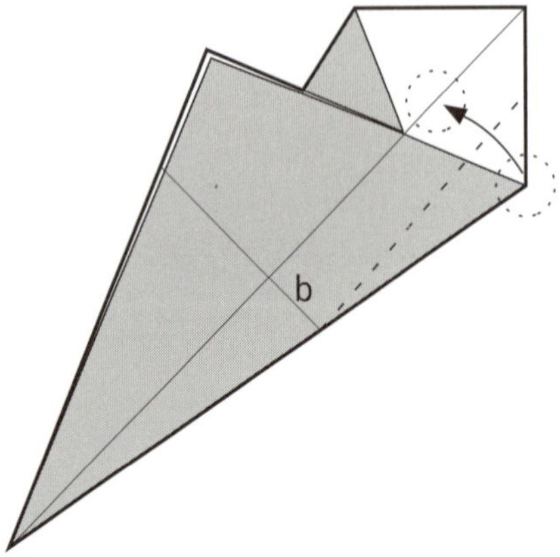

折り線 b のふちからのびる点線ラインで、角を中心線へ折る

6

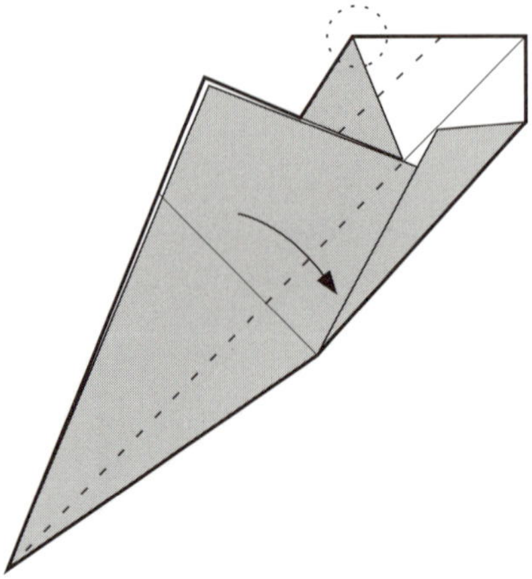

三角形を 2 枚とも中心線で反対側へ折り返す。反対側の角も同様に折る

片方だけ中心線でめくる

両側を引っぱり、ゆっくり広げる

9

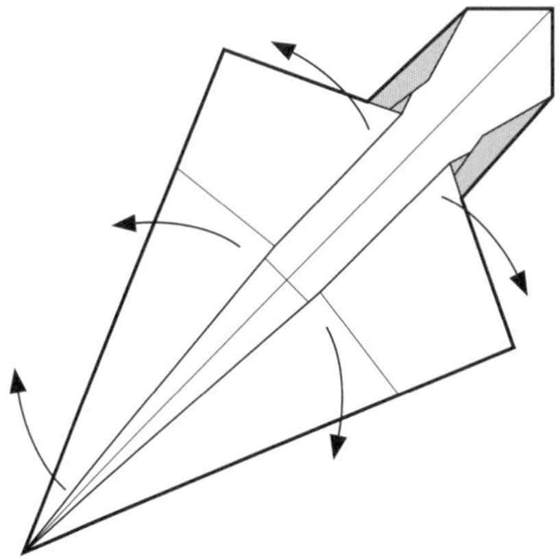

広げていくと、5と6で折った上部もめくれる

10

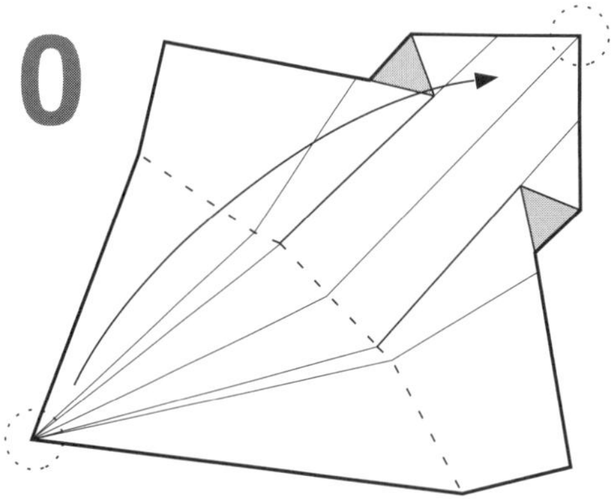

図のように上下の角を合わせて折り直す

11

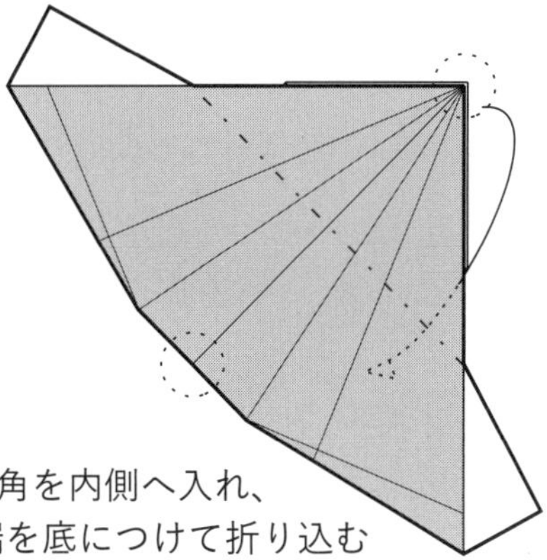

上面の角を内側へ入れ、
先端を底につけて折り込む
（右図のようになる）

12

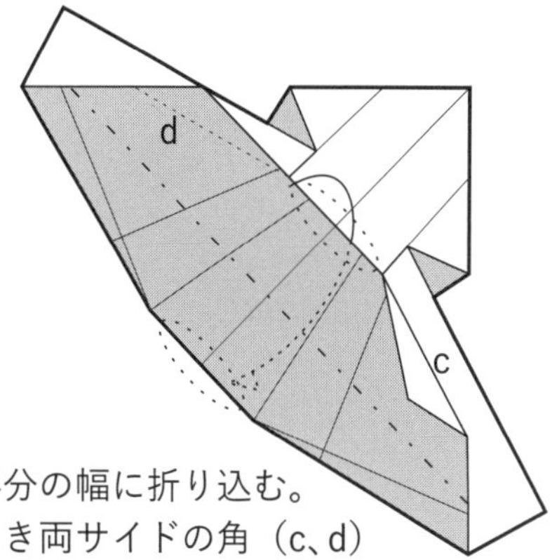

さらに半分の幅に折り込む。
このとき両サイドの角（c、d）
も谷折りする

13

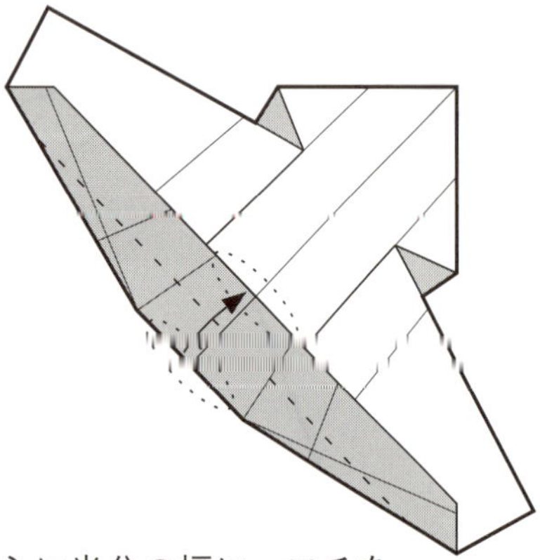

さらに半分の幅に、フチを
合わせて折る

14

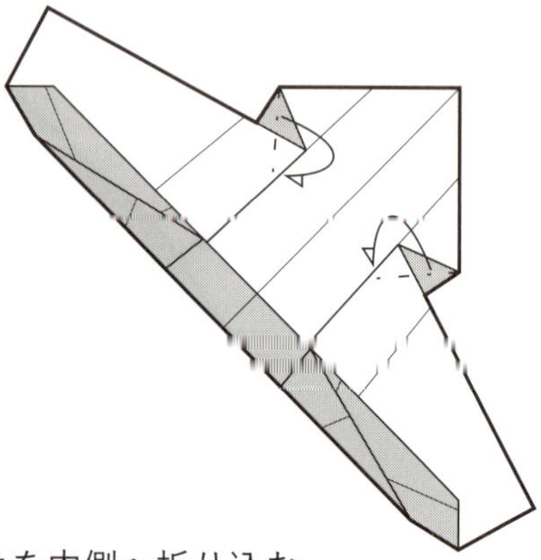

上の両角を内側へ折り込む

15

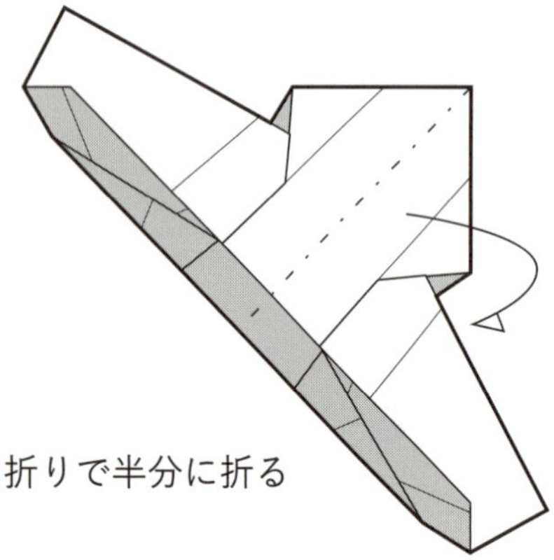

機体を山折りで半分に折る

16

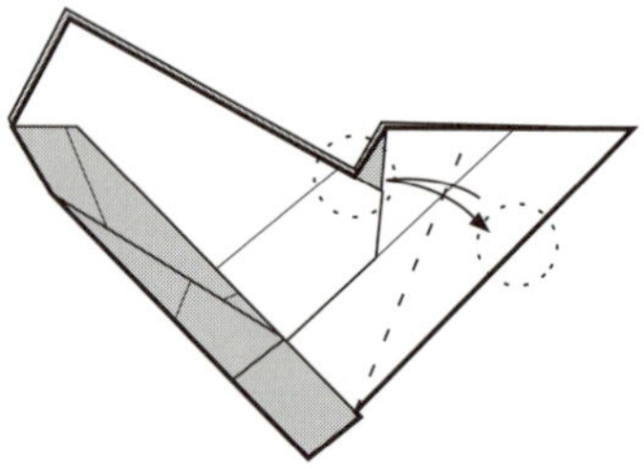

尾翼を点線ラインで折って戻す。中割り
折りで胴体の中へ入れる

17

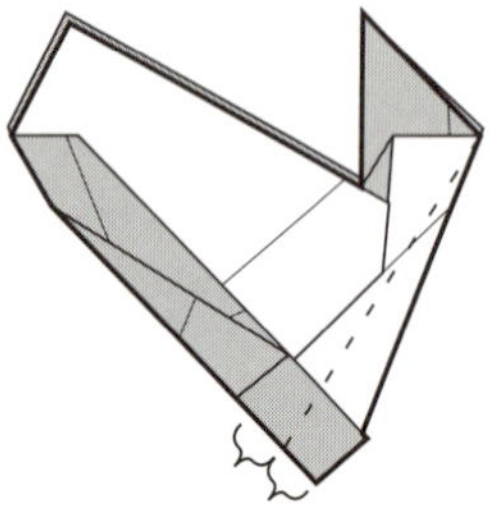

翼を点線ラインで折る

18

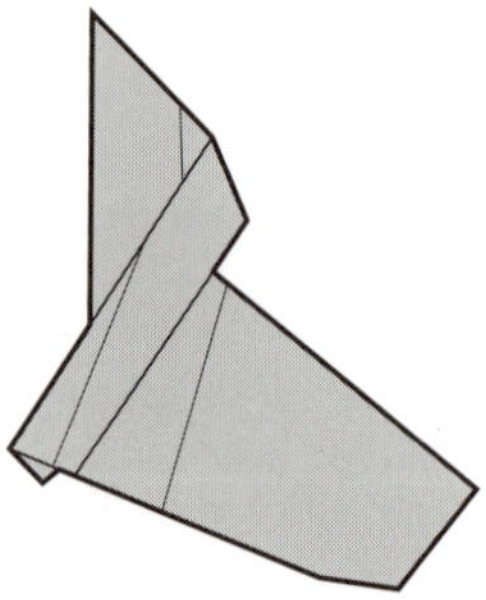

翼を広げて、完成！

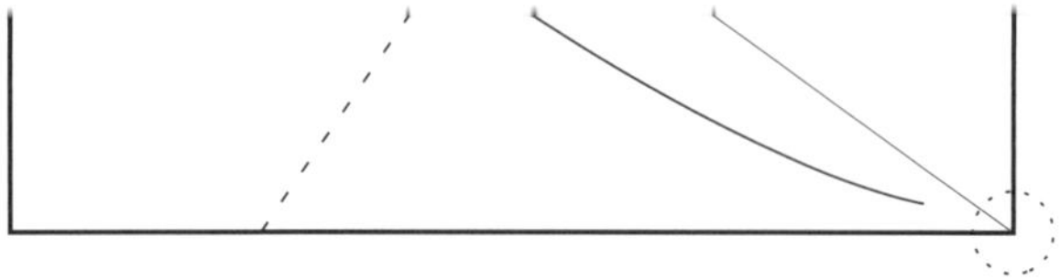

対角線の角を合わせて折る
（斜めに折り始めるので、右の翼は裏白になる）

a の角を b のふちに合わせ、点
線ラインで平行に折る

3

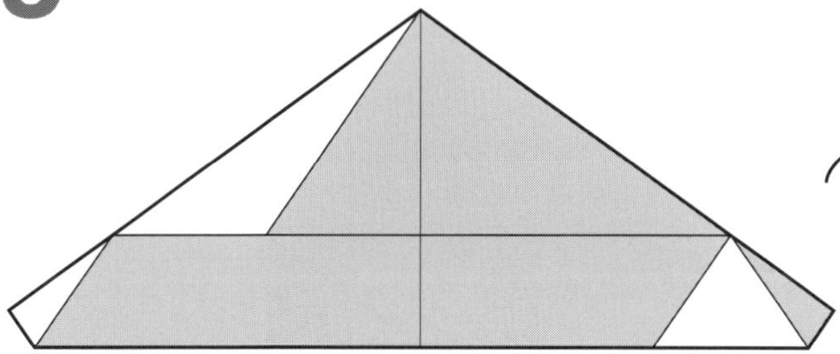

このように折ったら、用紙を裏返す

4

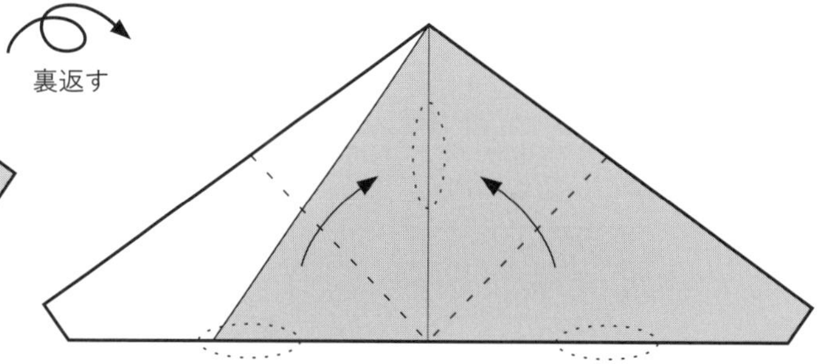

底辺を中心線に合わせて折る

5

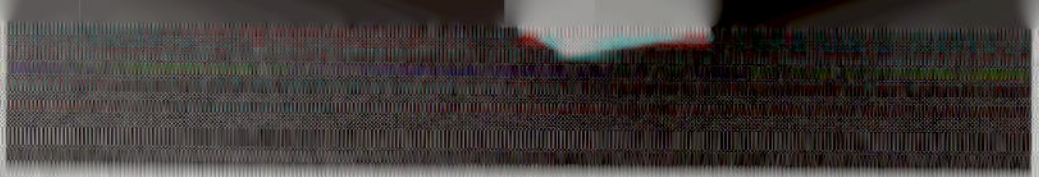

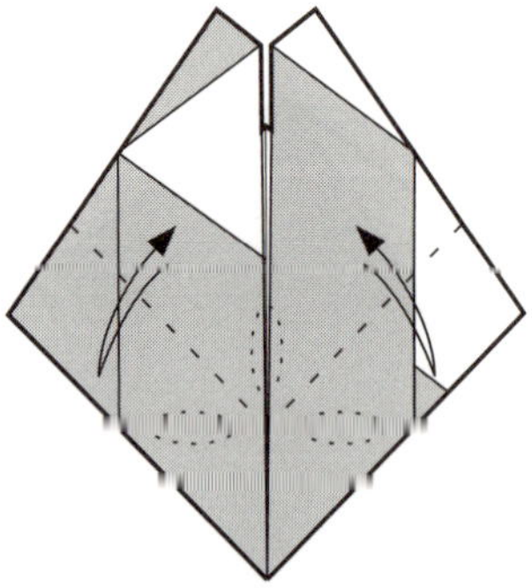

上の層を折って戻す

6

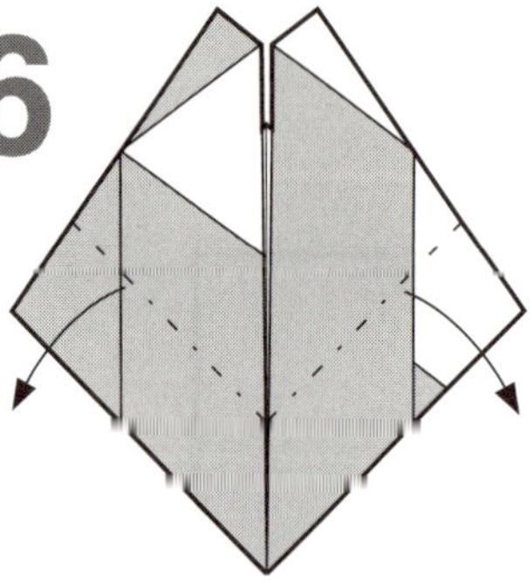

上の層を持ち上げながら、両側のフラップを 90° 回して広げる

7

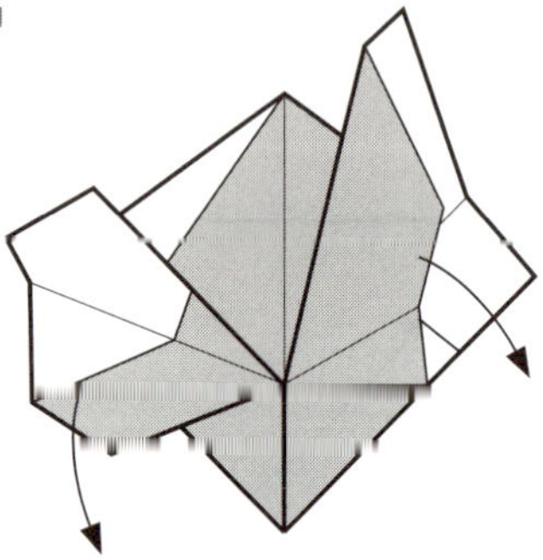

広げる途中の姿

8

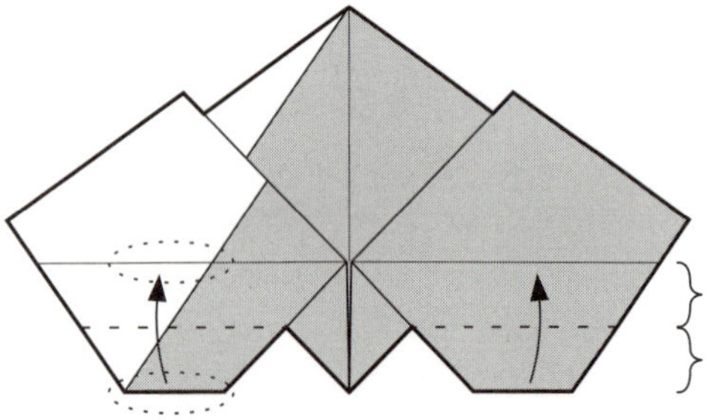

この形ができたら、下部を折り目に合わせて上へ折る

9

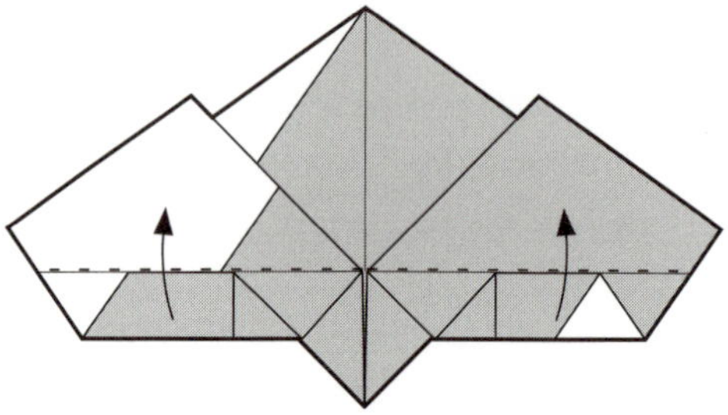

さらに折り目に合わせて上へ折る

10

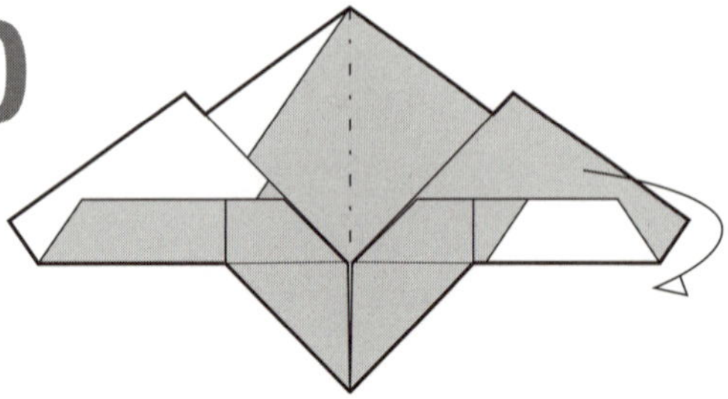

機体を山折りで半分に折る

11

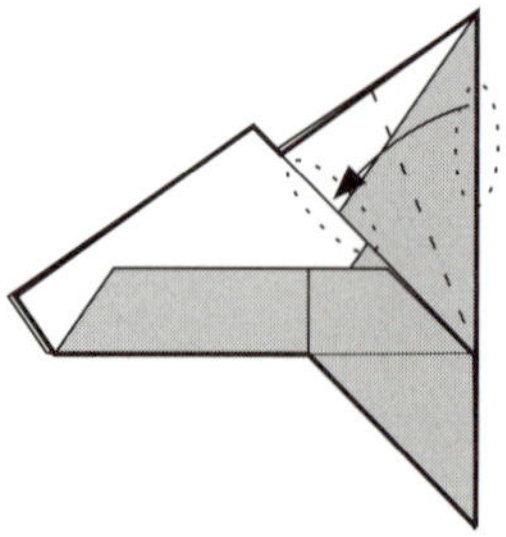

尾翼を点線ラインに合わせて折る

ラインで中割り折りをする

15

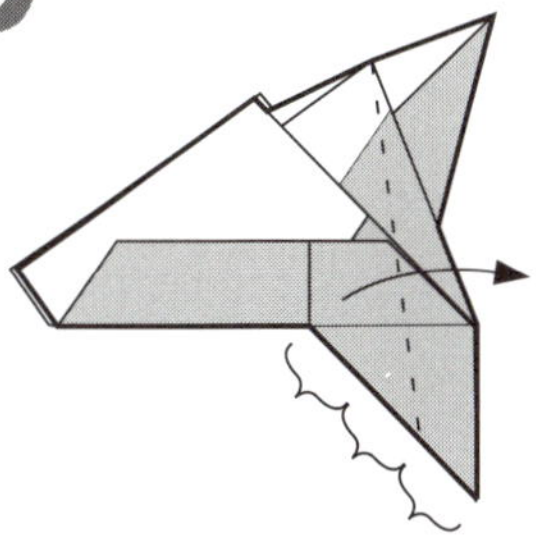

翼を点線ラインで折る

16

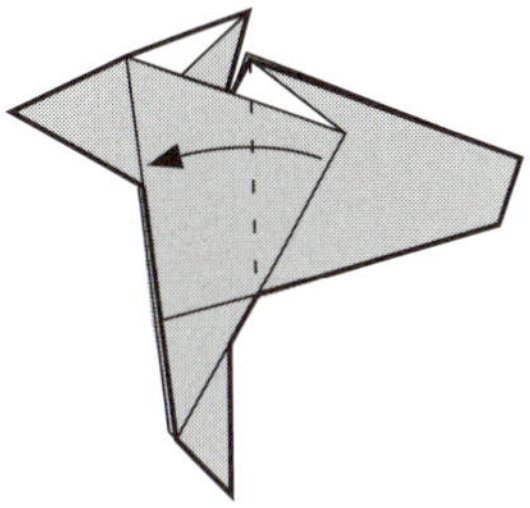

三角形の小さな尾翼を折る
（反対側も同様に）

17

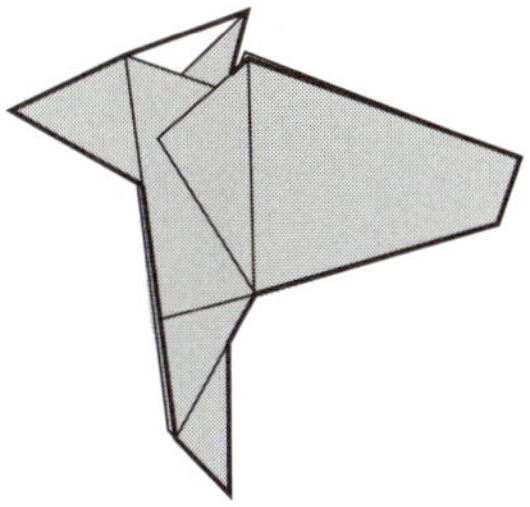

翼を広げ、三つの尾翼を立てて、
完成！

6と7　上の層を持ち上げながら、両側のフラップを 90°回して広げる

15　両側の翼を折ったら、胴体と尾翼はこんな形になる

16　翼にある三角形の部分を折って小さい尾翼を両側に作る

に後半の折り（尾翼と機首）が難しいので、ていねいに、慎重に……。

Arrow Jet

1

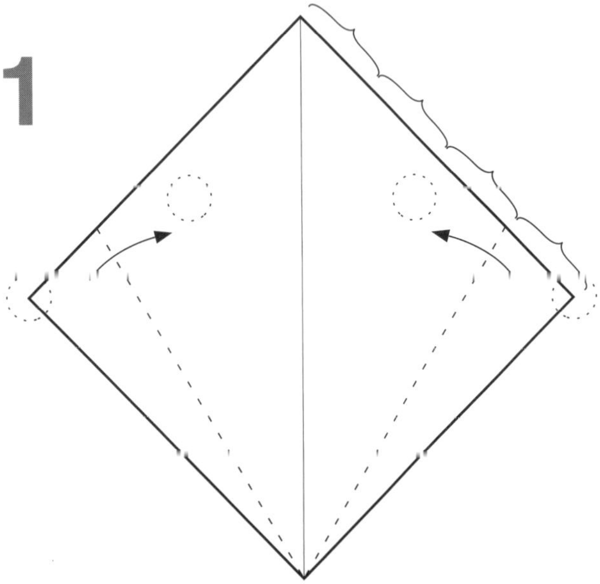

上辺の左右４分の１のところを
点線ラインで折る

2

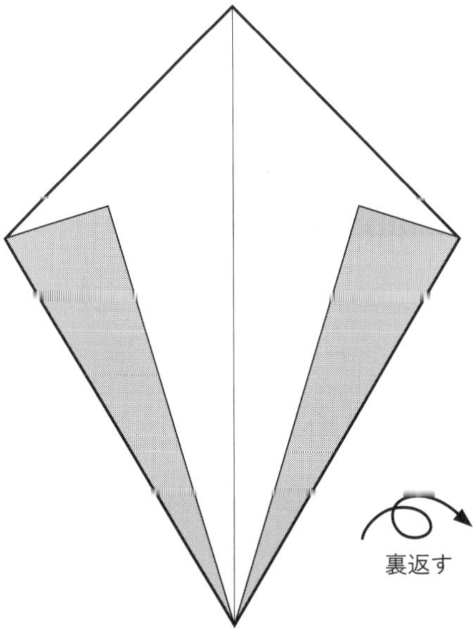

この形になったら、用紙を表にする

3

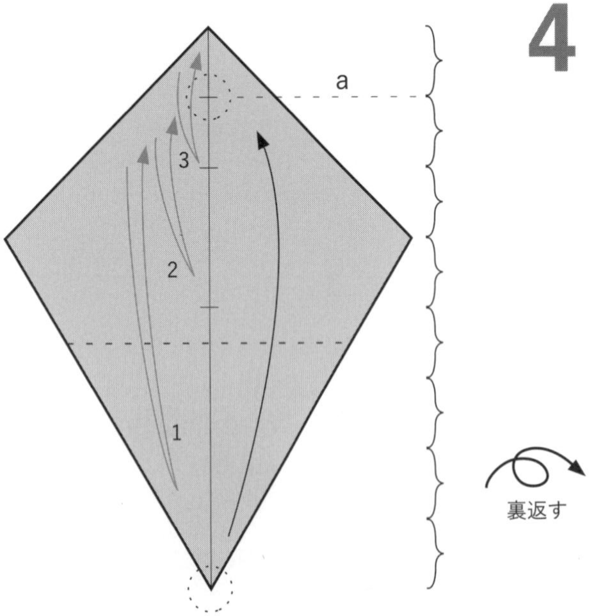

１～３の折りで、上の８分の１の a に印をつける。下の角をその中心線まで折ったら、用紙を裏にする

4

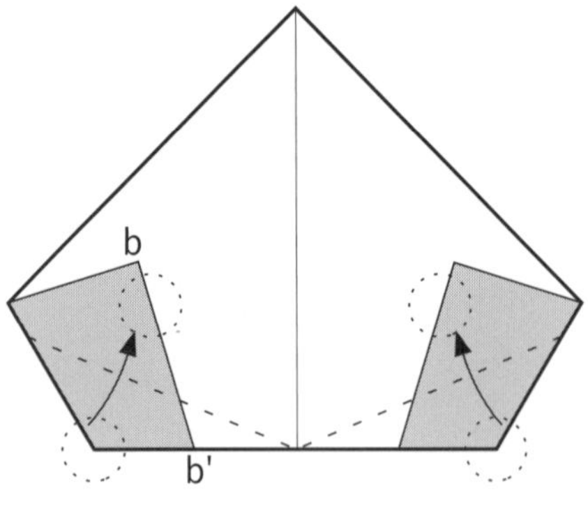

新しい角を b、b' の辺に合わせて折る

7

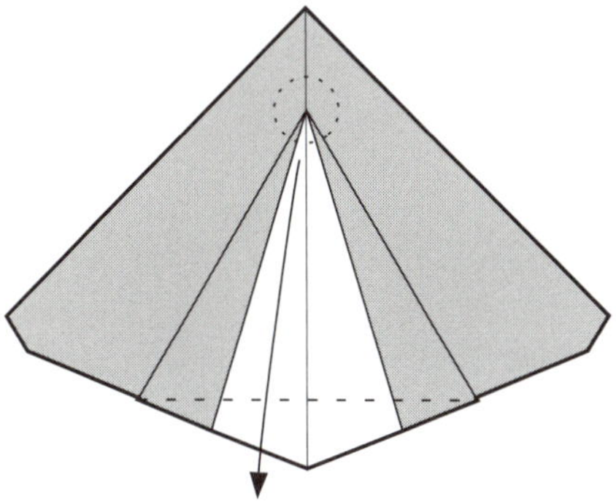

先端部を点線ラインで下へ折る

8

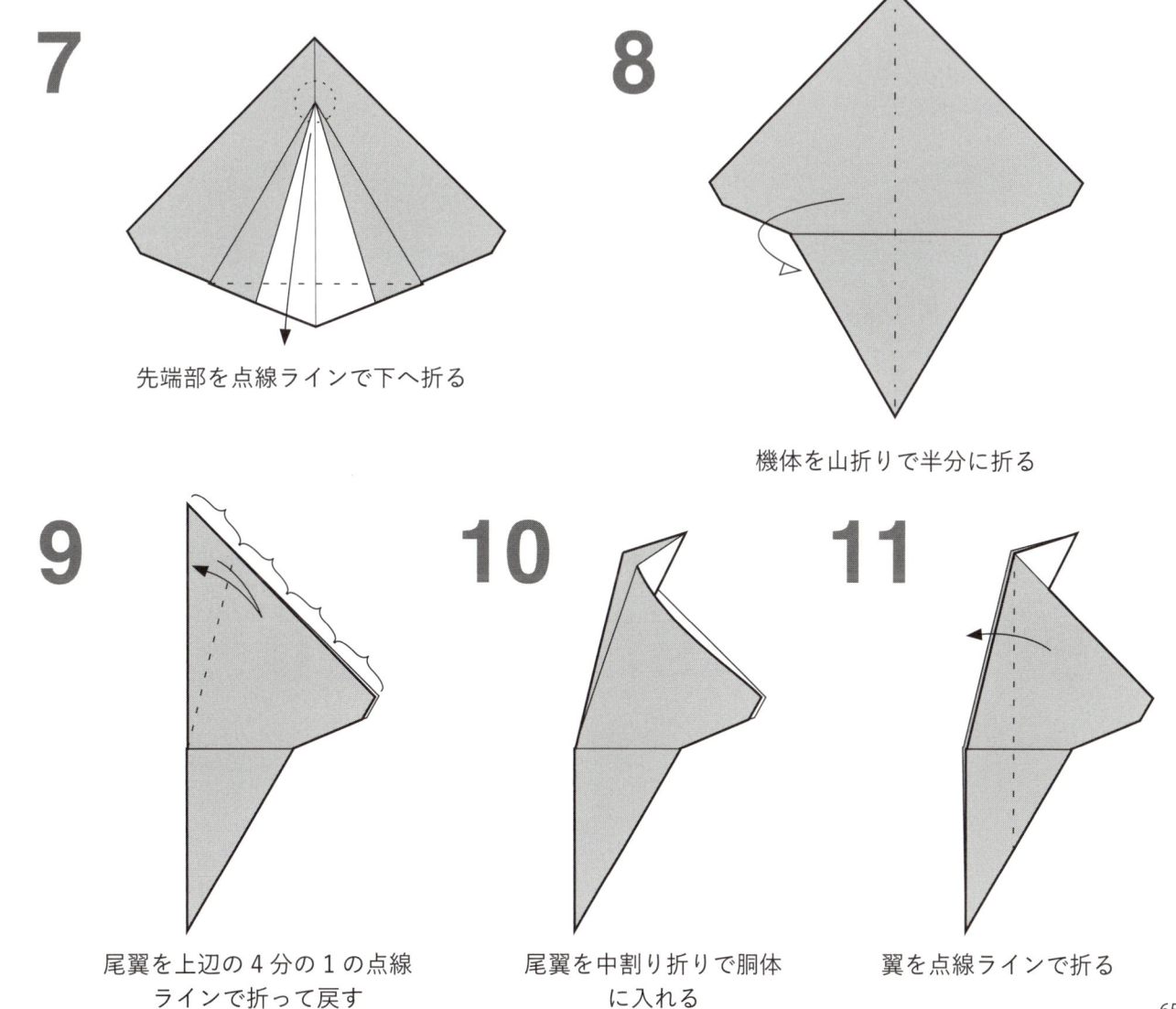

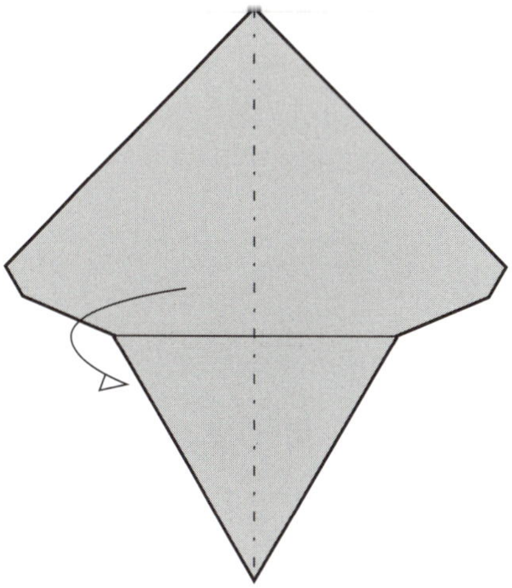

機体を山折りで半分に折る

9

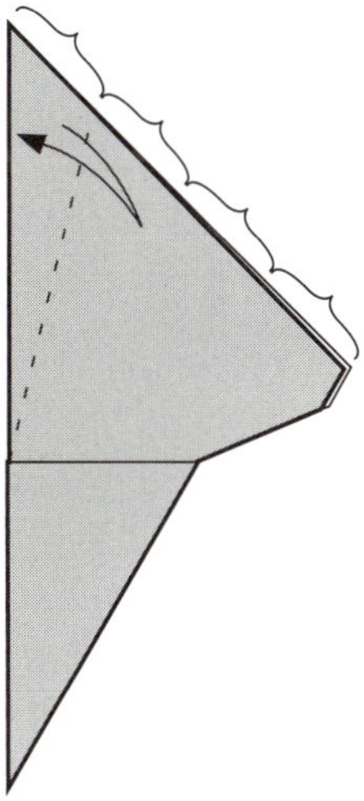

尾翼を上辺の４分の１の点線
ラインで折って戻す

10

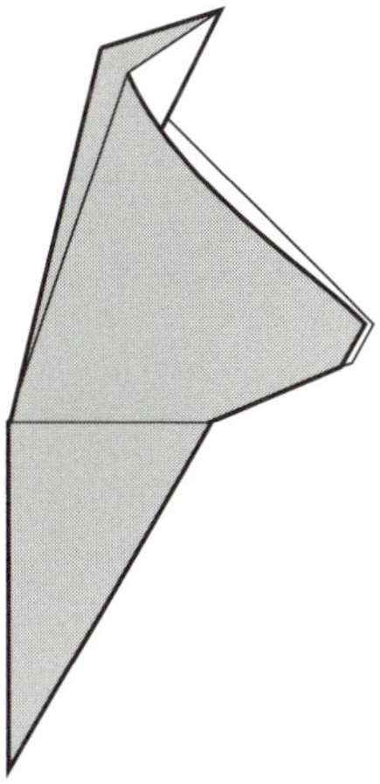

尾翼を中割り折りで胴体
に入れる

11

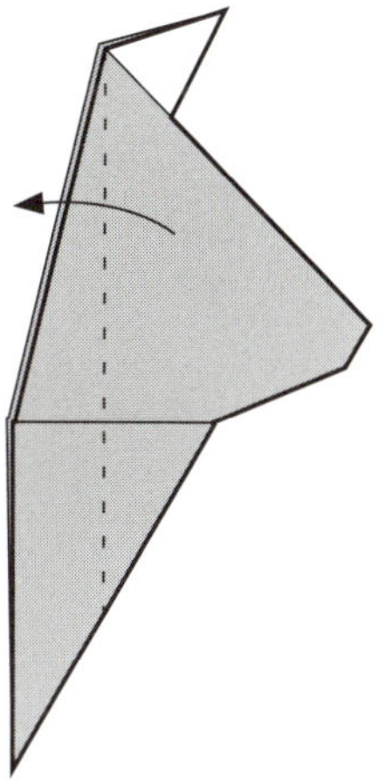

翼を点線ラインで折る

23 胴体の下を広げながら、折り目を内側へかぶせる

26 機首を広げて、後方へ重ねる

12

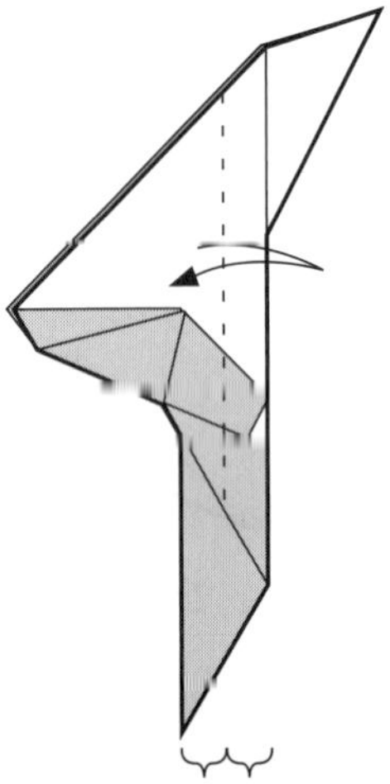

胴体の幅の半分のところで
翼を折って戻す

13

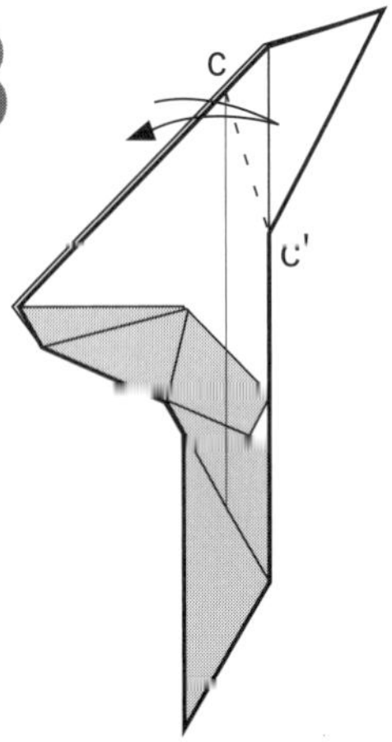

尾翼を c～c' の点線ライン
で折って戻す

14

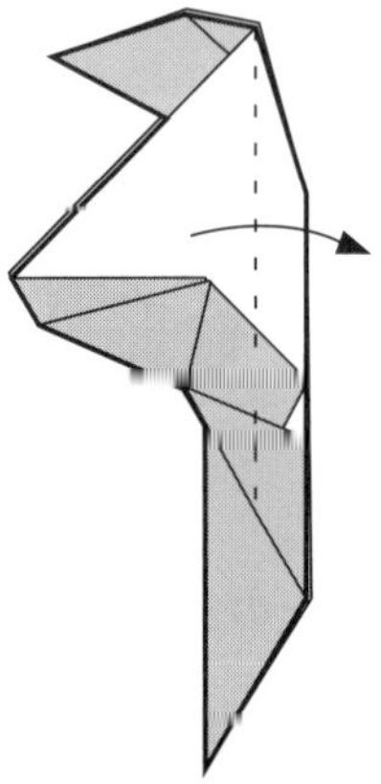

尾翼を中割り折りで胴体に
入れて、翼を折り直す

15

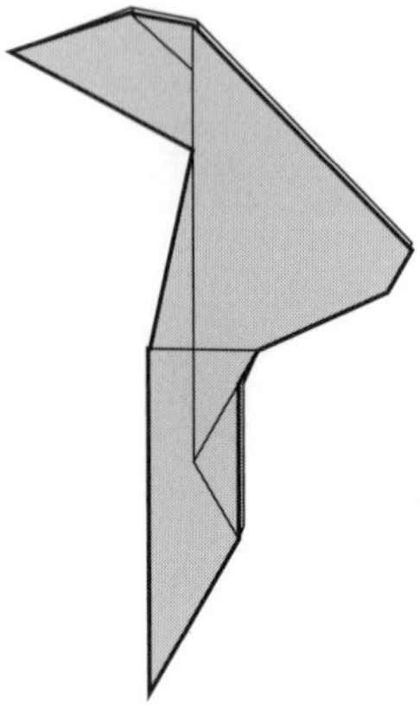

こんな形になる

16

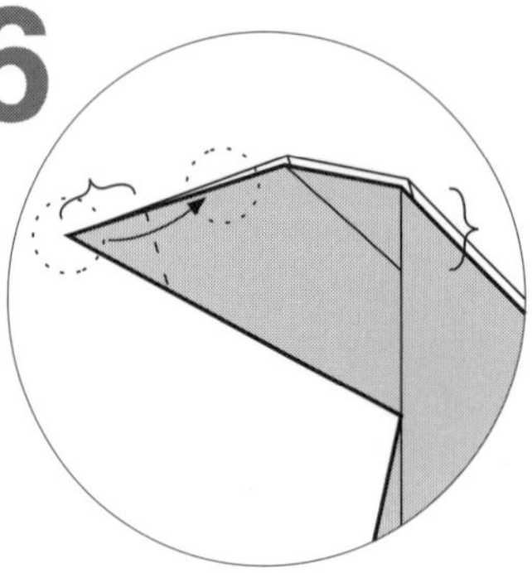

尾翼の先をふちに対して
直角に折る

17

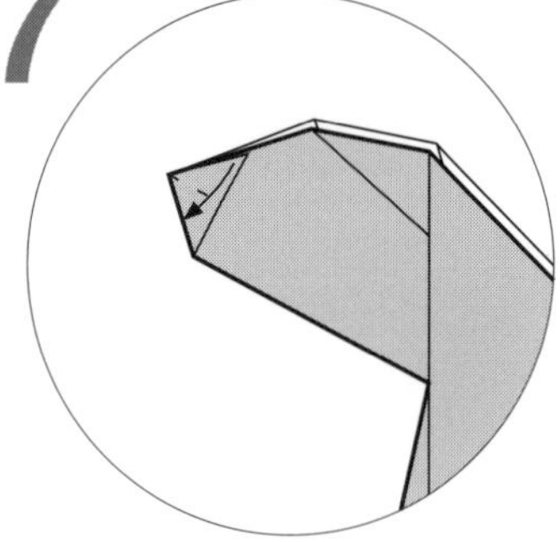

折った部分をさらに半分に
折る

18

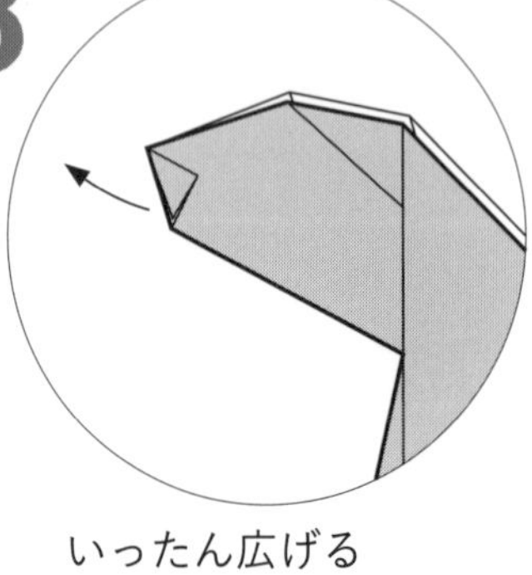

いったん広げる

19

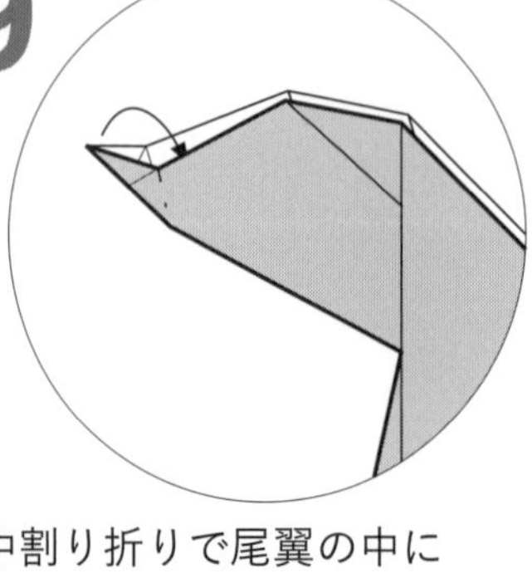

中割り折りで尾翼の中に
入れる

20

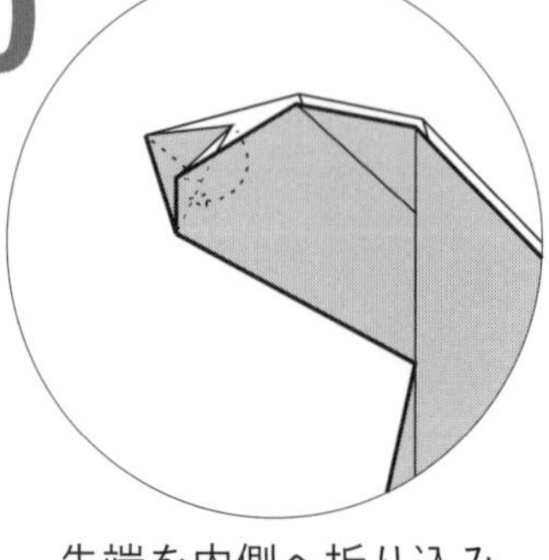

先端を内側へ折り込み、
固定する

こうなる

機首を２カ所で折って戻す
（折り目をつける）

先端を持ち上げて、折り
目を後ろへ重ねる

24

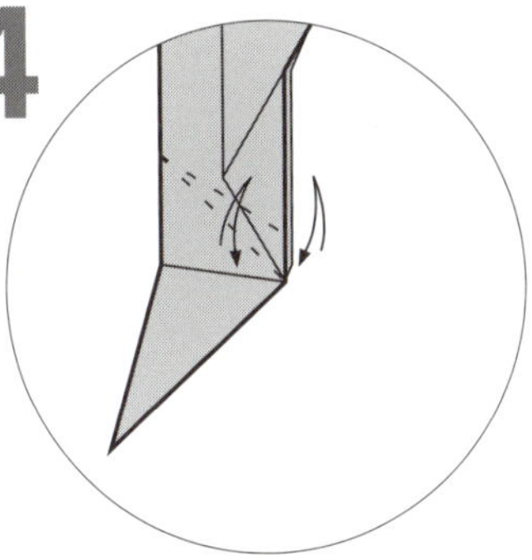

さらに２カ所に折り目をつけて戻す。
前方の折りは胴体に対して 45°

25

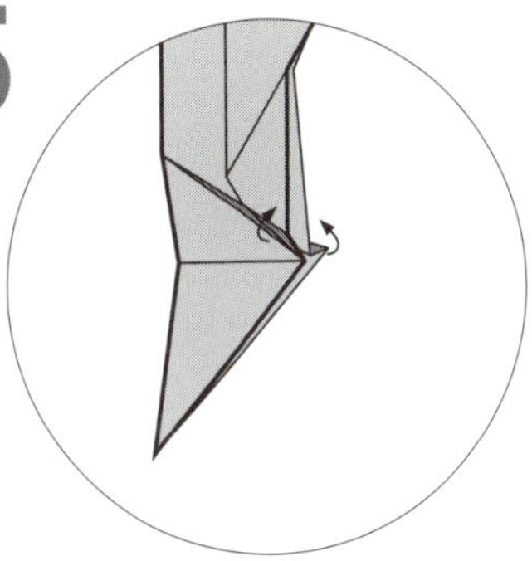

機首を広げて、折り目を
後ろへ重ねる

26

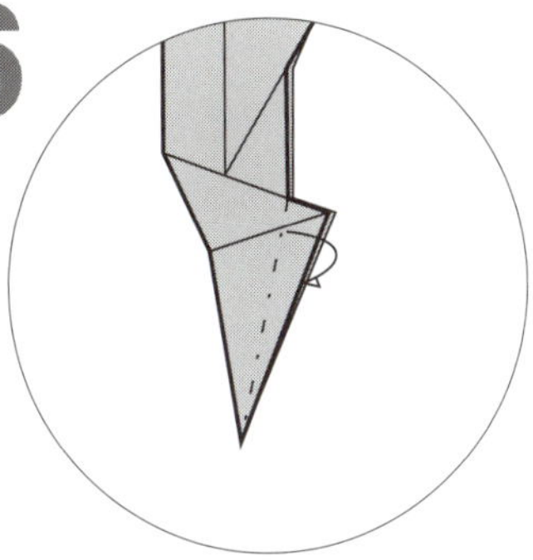

機首の下部を胴体の中へ
折り込む

27

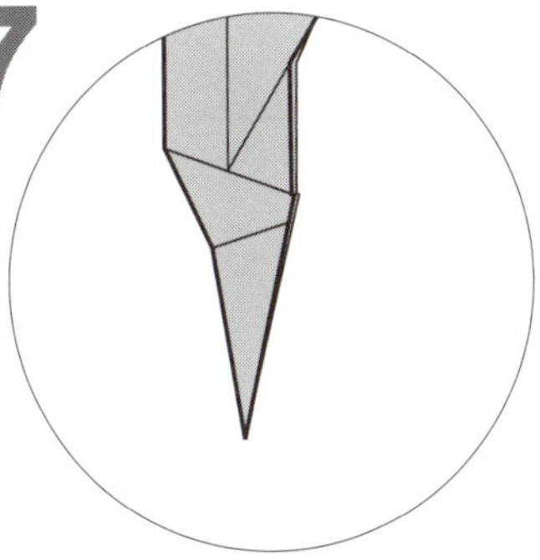

完成した機首の形

28

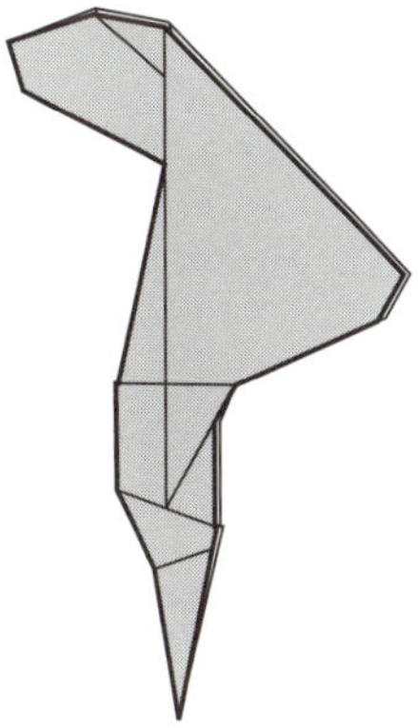

翼を広げて、完成！
（機首と尾翼の下をテープで
とめるとよく飛ぶ）

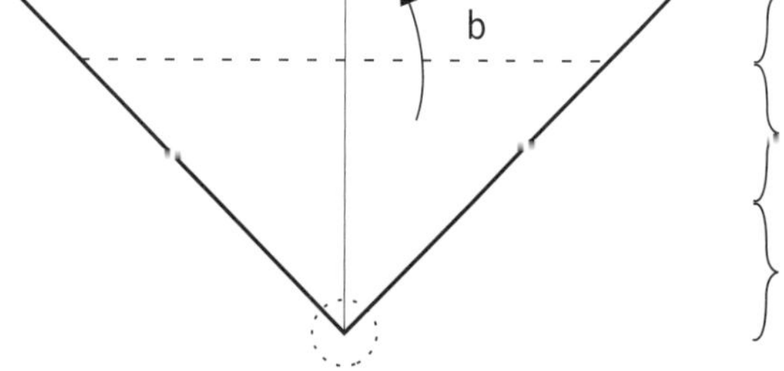

まず対角線 a を折って戻す。下の角を
b ラインで上へ折る

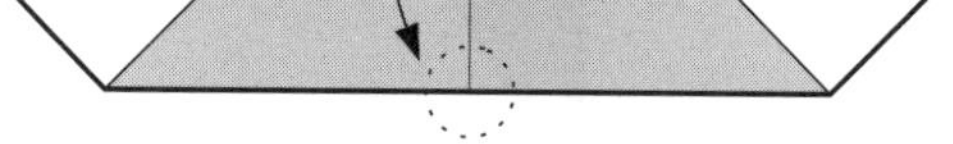

角を対角線 a の折り目で下へ折る

3

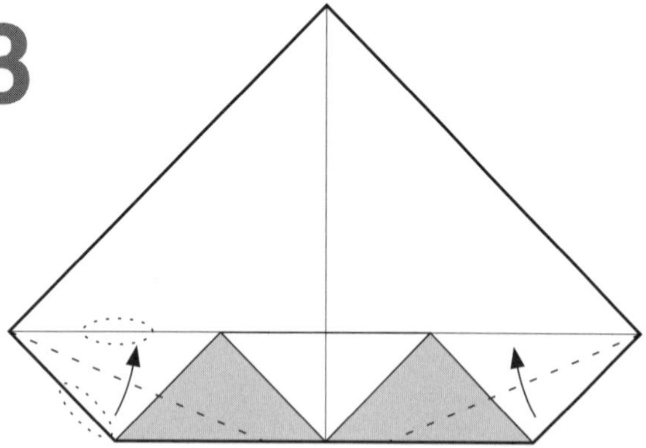

角を対角線の折り目に合わせて折る

4

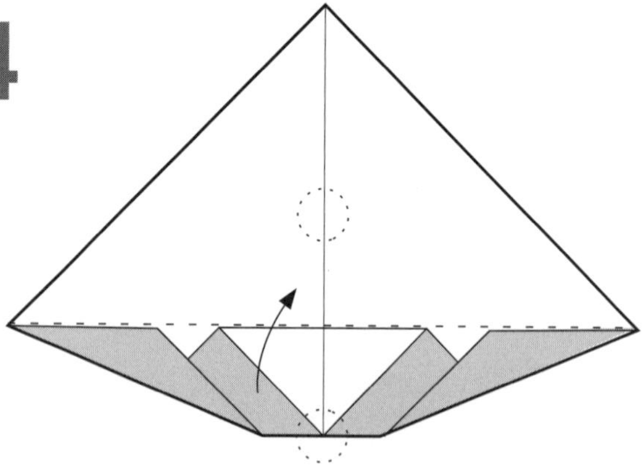

下部を対角線のラインで折り返す

7

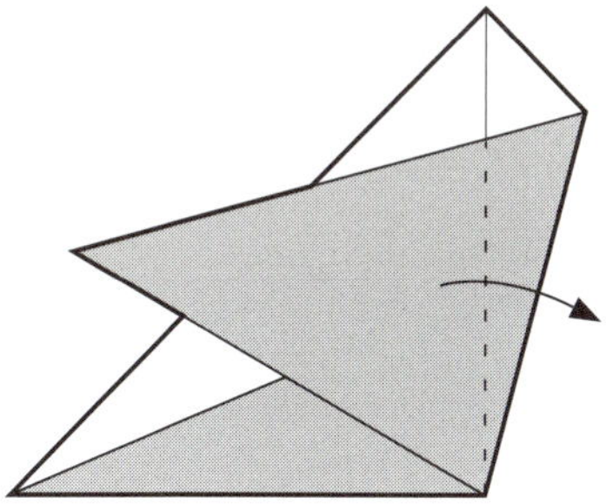

折り目をつけたら戻す
（反対側も同様に）

8

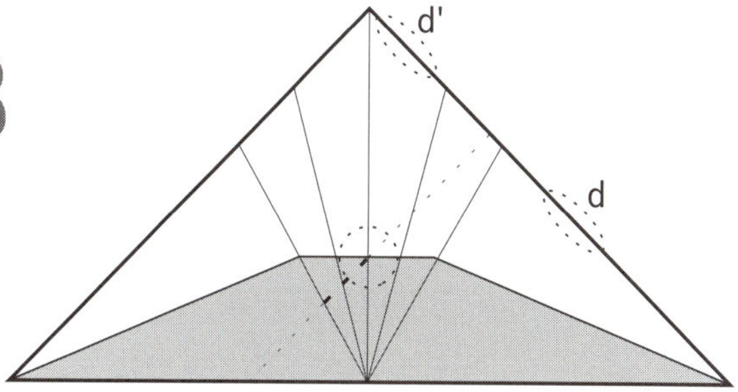

丸の中心を起点に上辺の d と d' を合わせ、太い点線部だけに折り目をつける
（反対側も同様に）

9

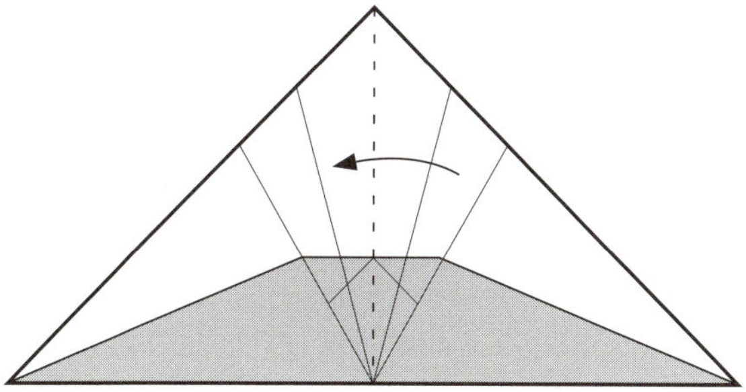

谷折りで機体を半分に折る

10

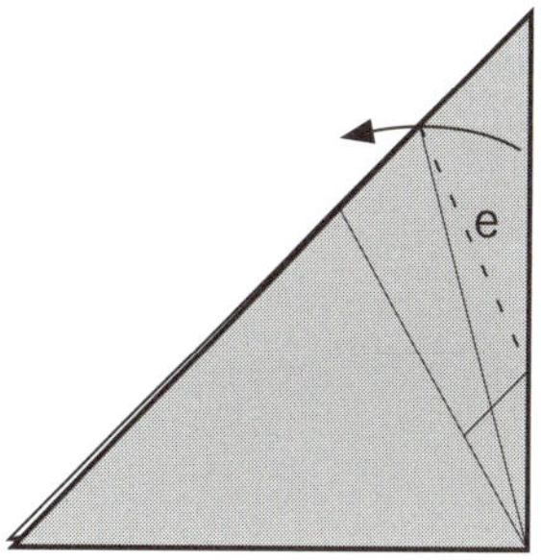

尾翼を点線ライン e で折る

11

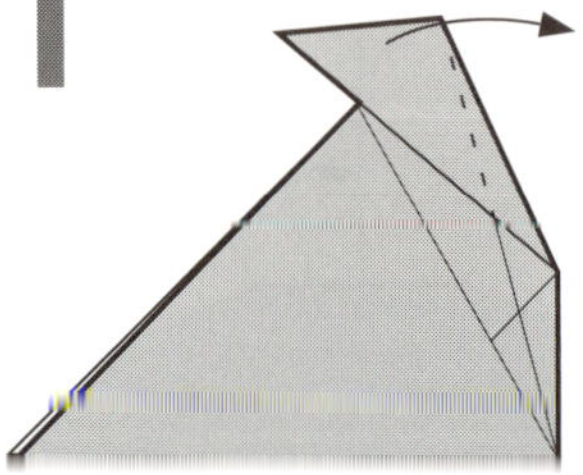

尾翼を点線ラインで折り返す

12

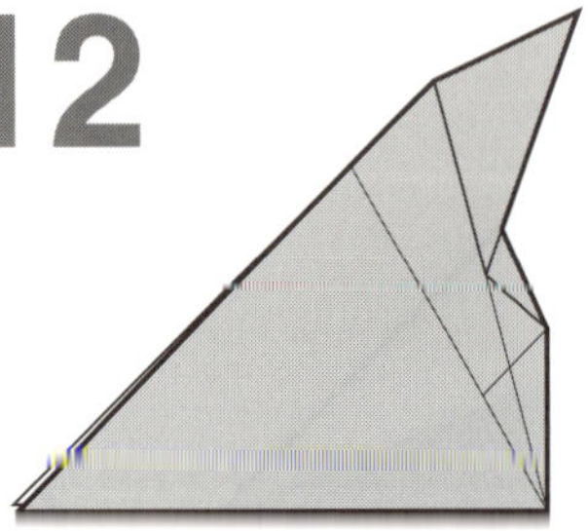

2段中割り折りをして、尾翼を胴体の中へ入れる

13

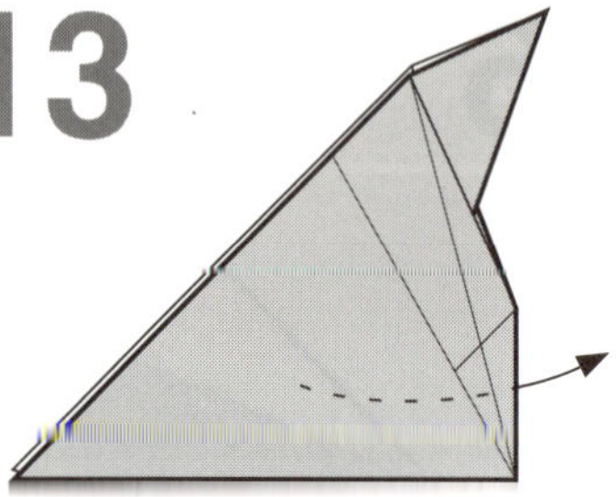

尾翼がこの形になったら、広げる

14

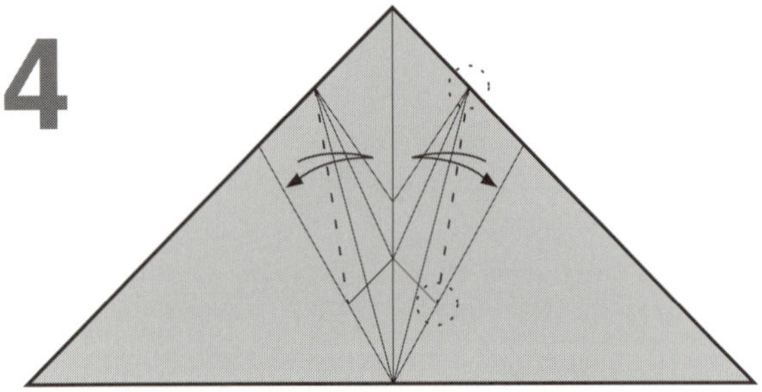

点線ラインの2カ所で折って戻す。
丸は折り目の位置を示す

15

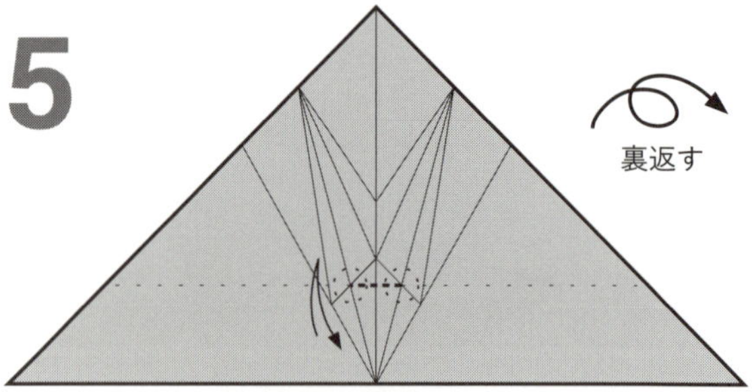

コックピット部を谷折りして戻す。
丸は折り目の位置を示す

16

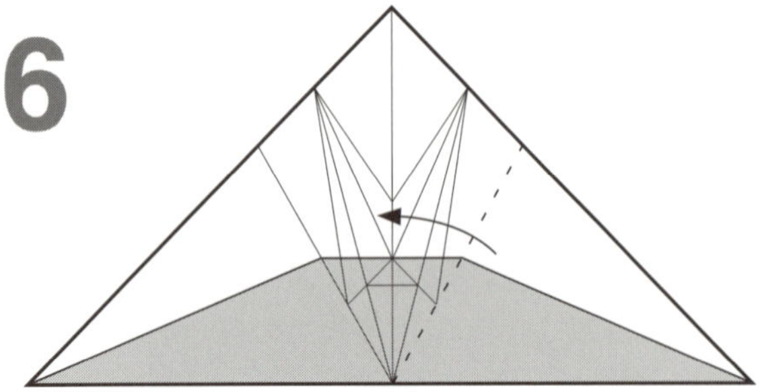

翼を折り目に沿って折り直す

17

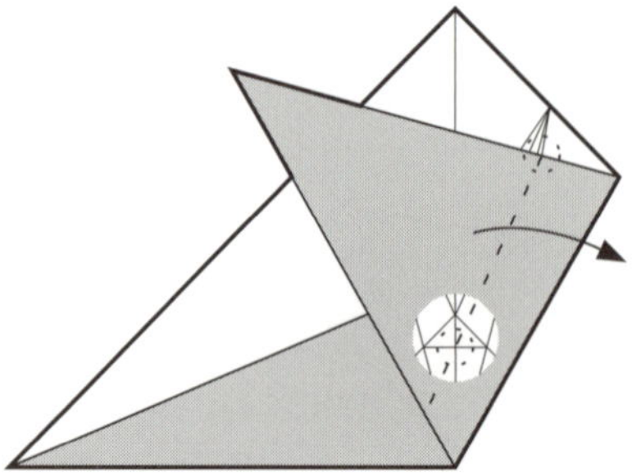

翼を点線ラインで折り返す
（折りの起点の丸が分かる図）

20

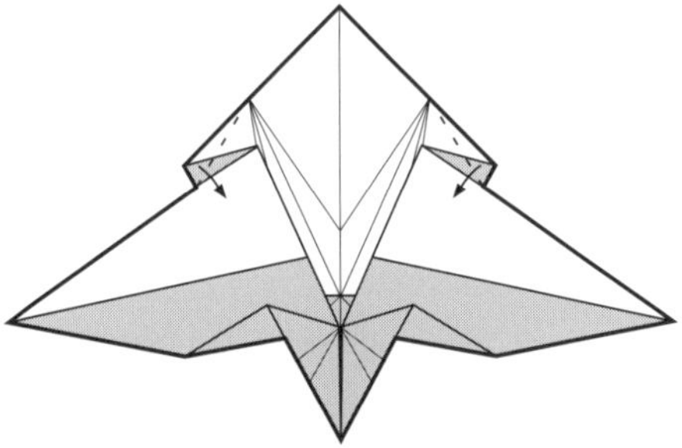

この形になったら、尾翼のふちを
点線ラインで三角に折る

21

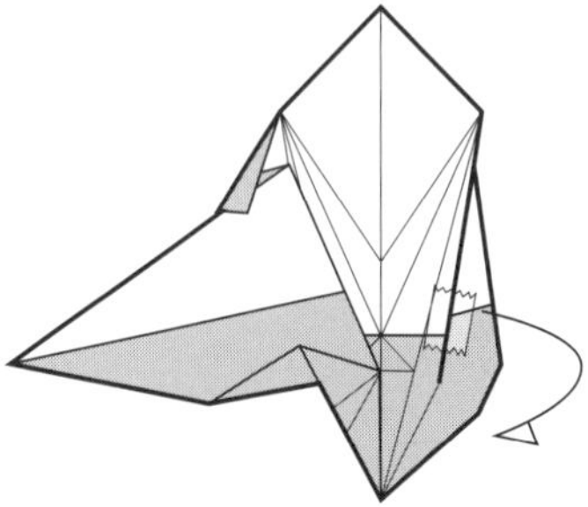

翼をいったん後ろへ回し、合わせ目を
テープでとめる（反対側も同様に）

19　この三角部を後ろへたたんで折り直す

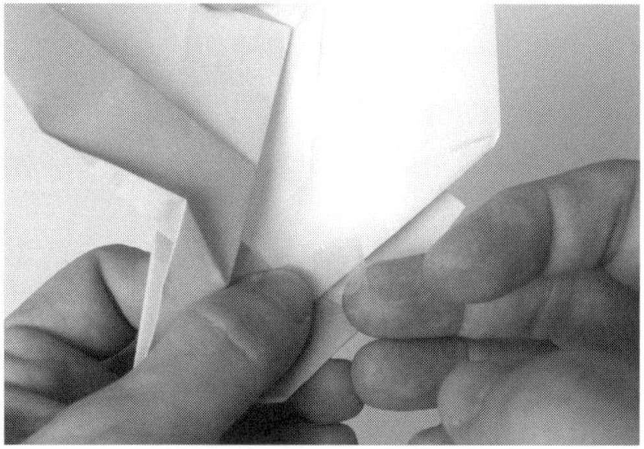

21　翼を後ろへ回し、このように
テープでとめる

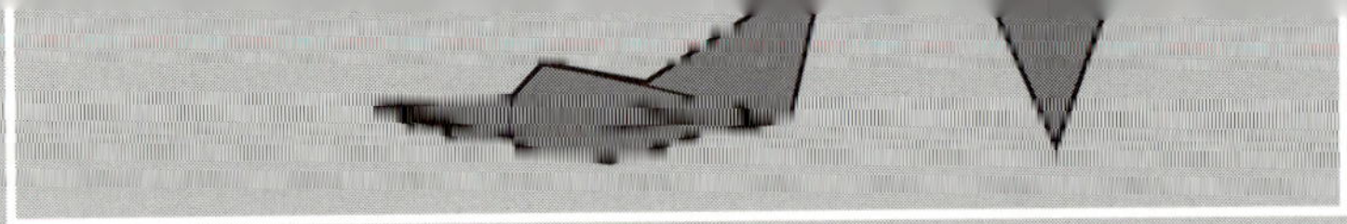

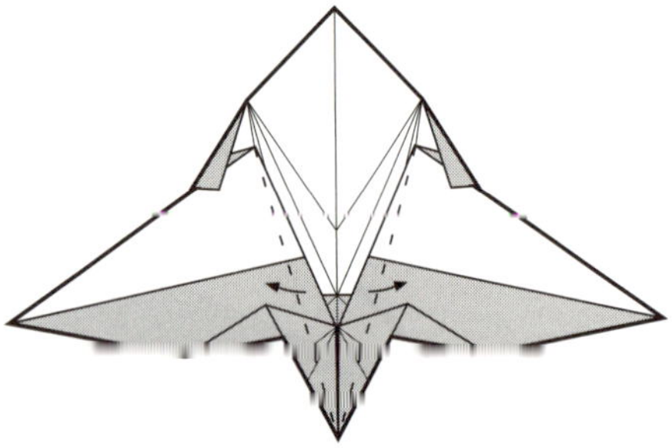

22

胴体の中をふくらますように折る

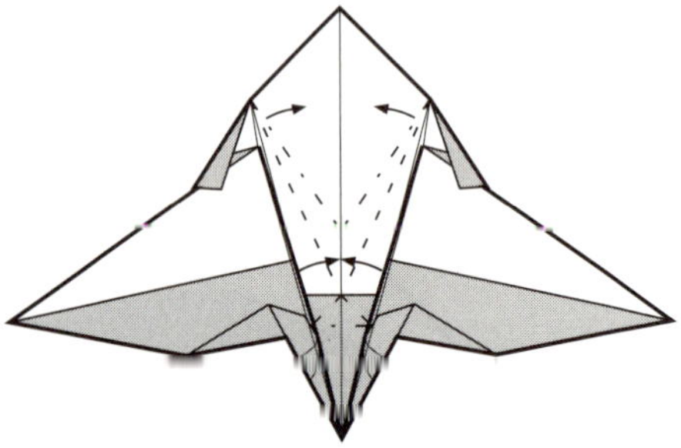

23

尾翼の付け根を寄せ、２段折りして立てる。次にコックピットの前部をへこませ、三角形の窓を作る（下図）

23 と 24　尾翼の付け根を寄せ、胴体の底をテープでとめる

23　コックピットの前部をへこませ、三角形の窓を作る

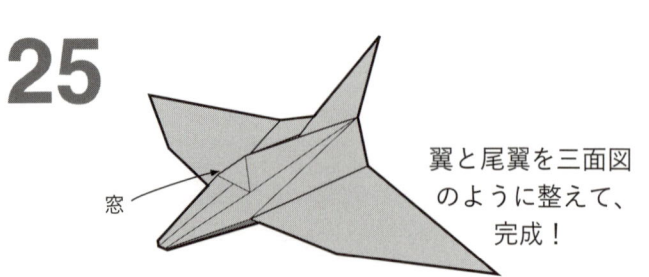

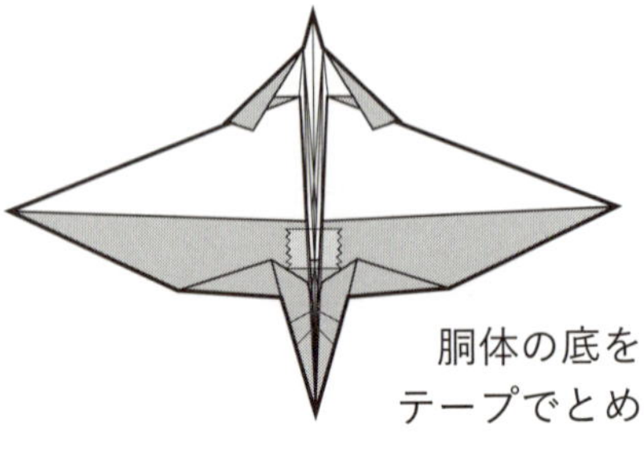

24

胴体の底をテープでとめる

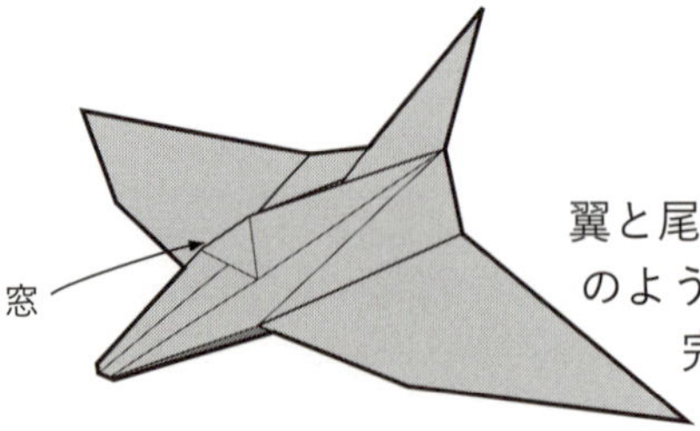

25

翼と尾翼を三面図のように整えて、完成！

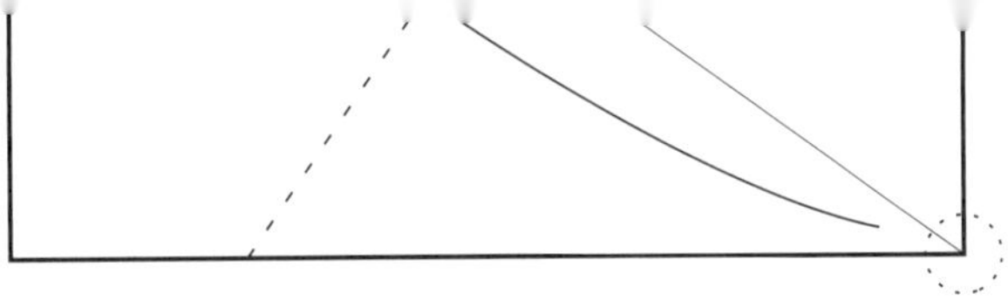

対角線の角を合わせて折る

a の角を b のフチに重ねて点線
ラインで平行に折る

3

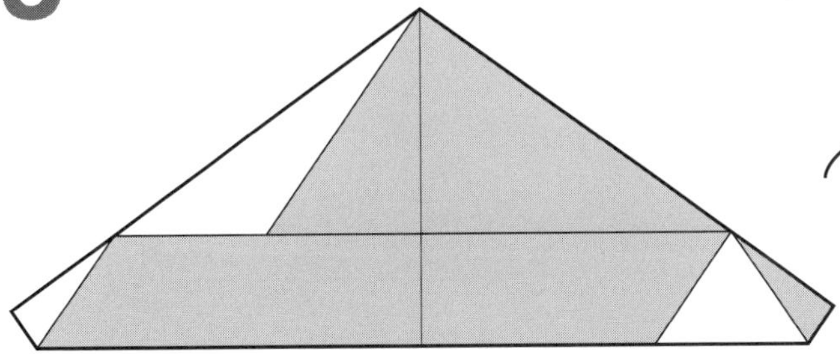

このように折ったら、用紙を裏返す

4

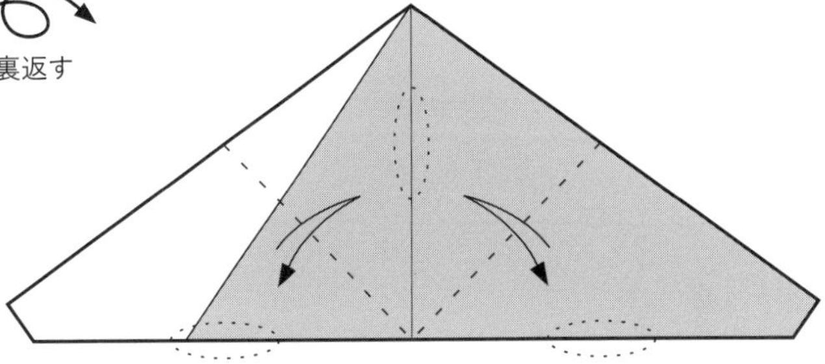

底辺を中心線に合わせて折って戻す
（折り目をつける）

5

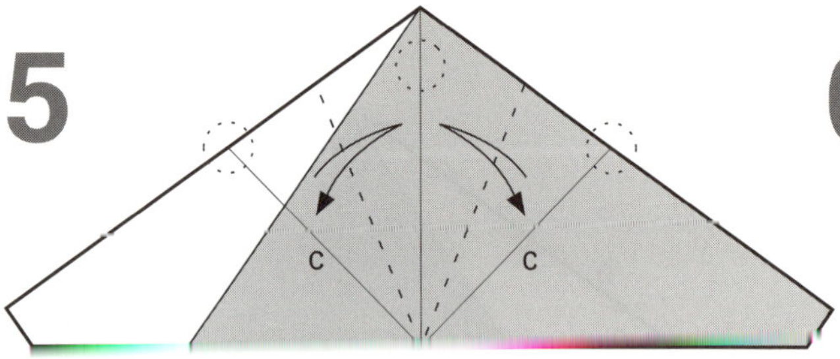

c の折り目を中心線へ折って戻す
（新しい折り目をつける）

6

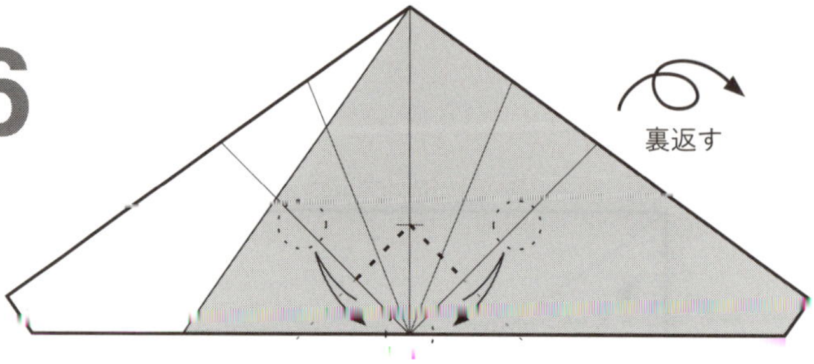

丸印の中心を合わせながら、太い点線部
に折り目をつけて、裏返す

7

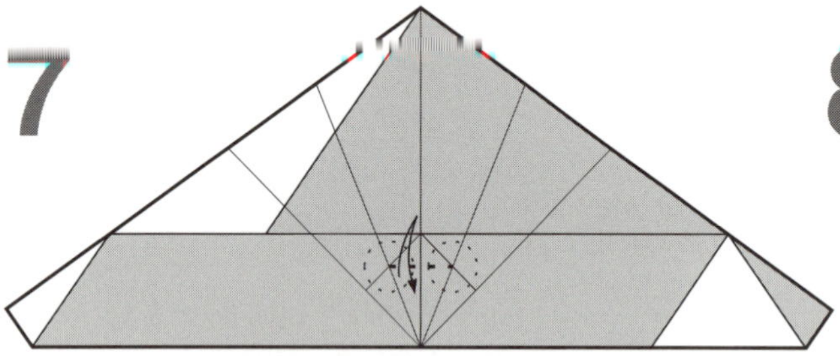

折り線が交差する太い点線部にコック
ピットの折り目をつける

8

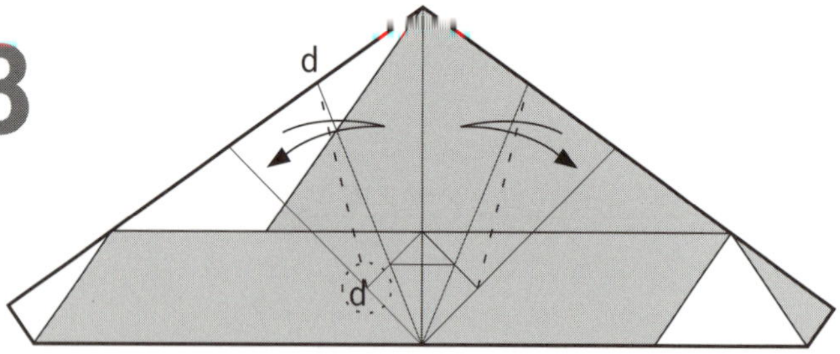

折り線が接する d ラインで翼の付け根を
折る

9

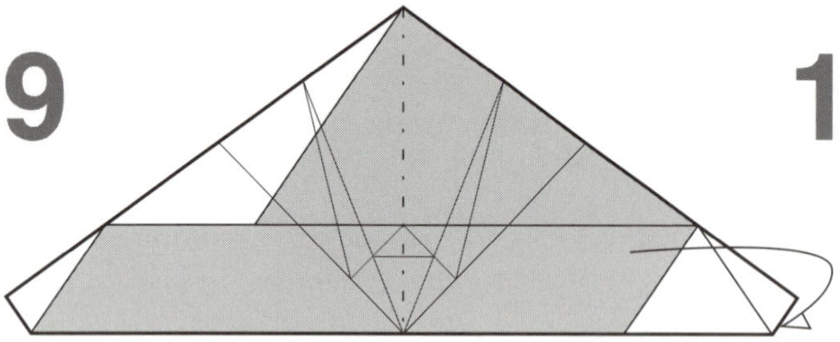

機体を山折りで半分に折る

10

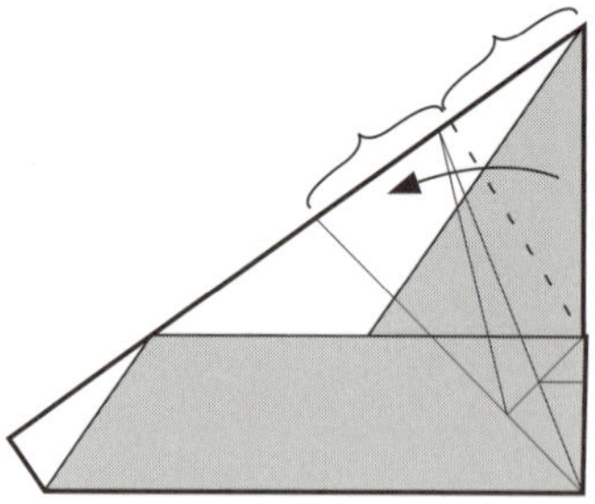

尾翼を点線ラインで折る

11

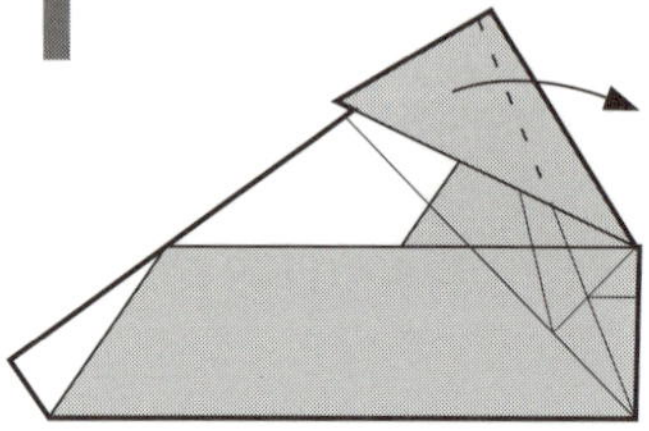

尾翼を下の折り線に合わせ
て折り返す

12

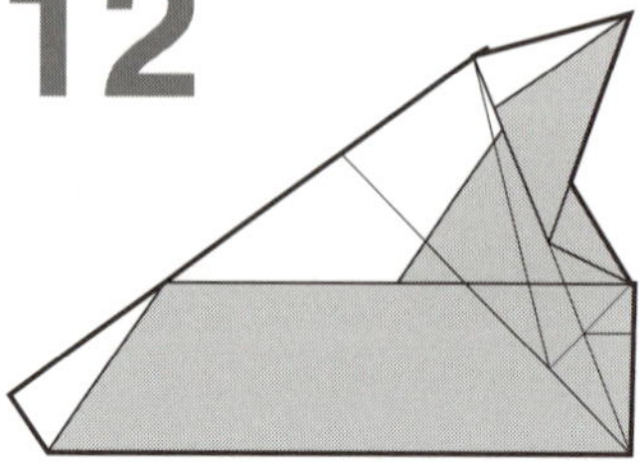

尾翼を中割り折りで胴体の
中へ入れる

13

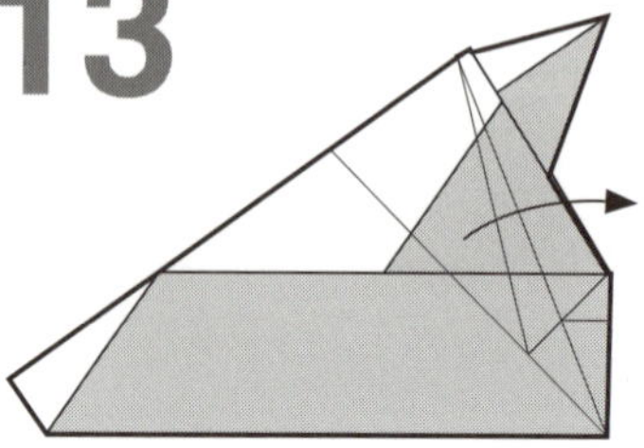

機体を広げる

16

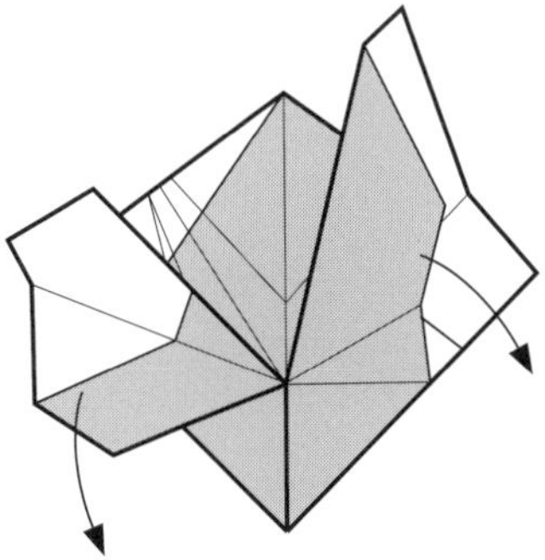

上の層を持ち上げながら、両側のフラップを 90° 回して広げる

17

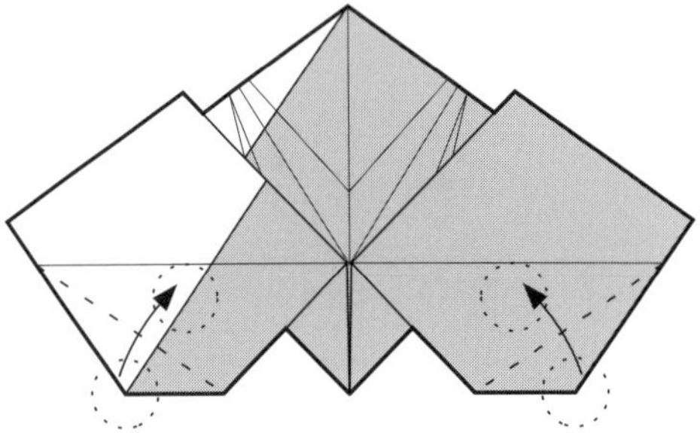

この形ができたら、下の角を点線ラインで折る

18

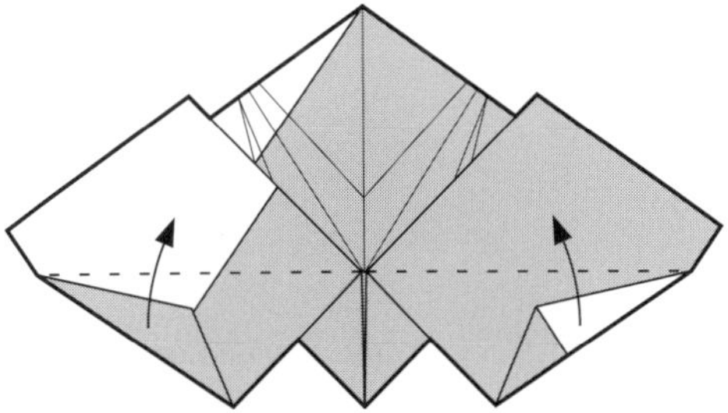

すでにある折り線で上へ折る

19

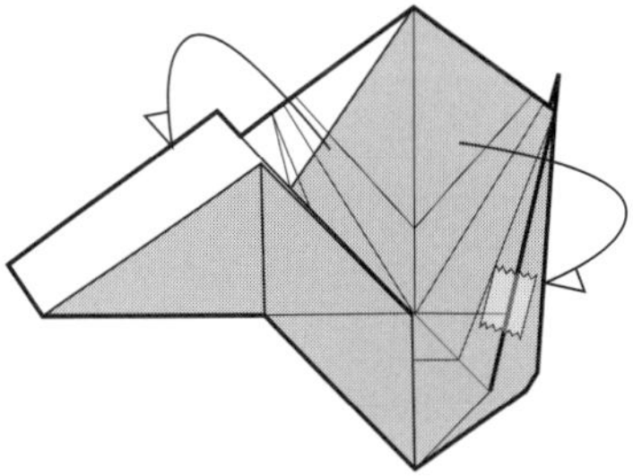

翼をいったん後ろへ回し、合わせ目をテープでとめる（反対側も同様に）

20

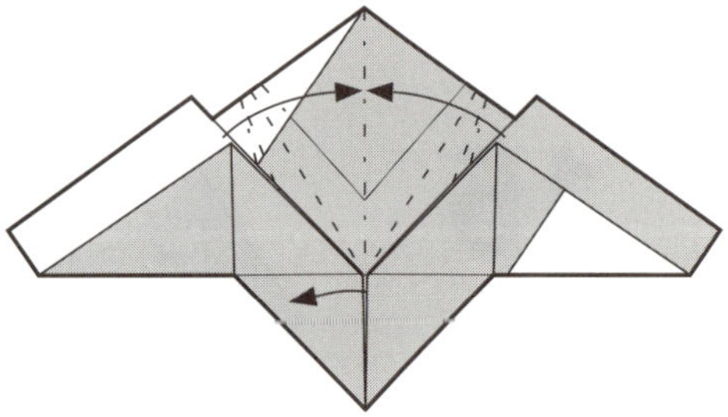

翼の後ろを寄せながら、センター尾翼を折り直す。上の層は手前へ、下の層は後方へ立てて折る

21

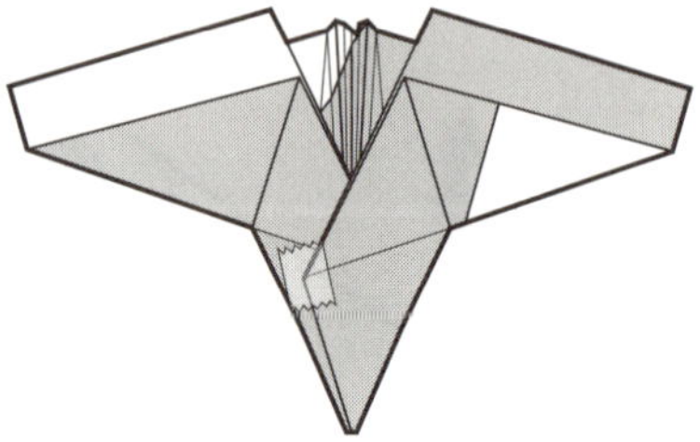

このように機首部が重なる。機首をテープでとめる

20　翼の後ろを寄せながら、センター尾翼を折り直す。尾翼が上下に分かれている

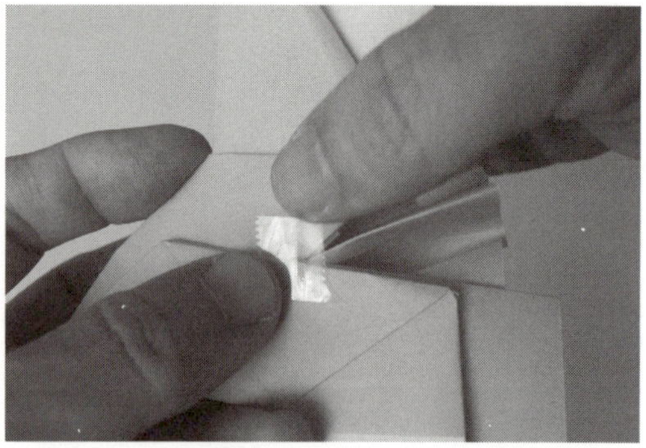

21　機首の裏面を重ね、テープでとめる

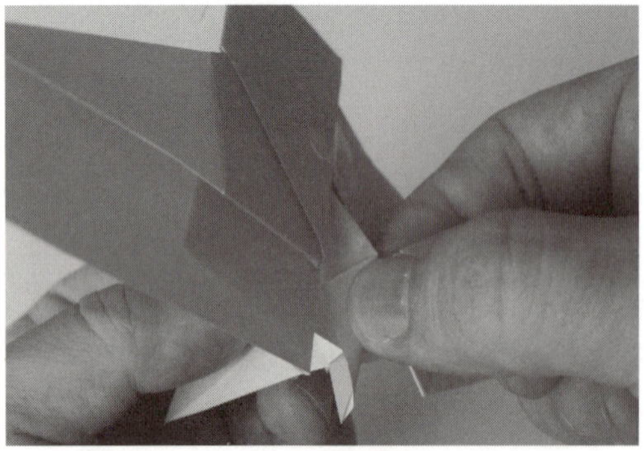

22と23　センター尾翼をこのように裏側に折り込む

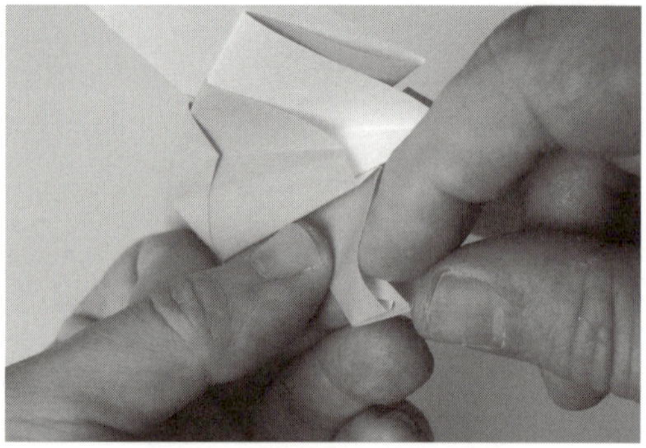

27と28　中割り折りで先端を内側へ折り込んで固定する

24

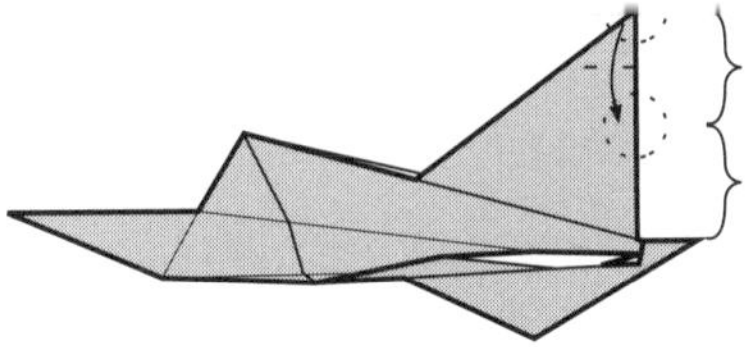

センター尾翼の先を、水平に2分の1のところへ折る

25

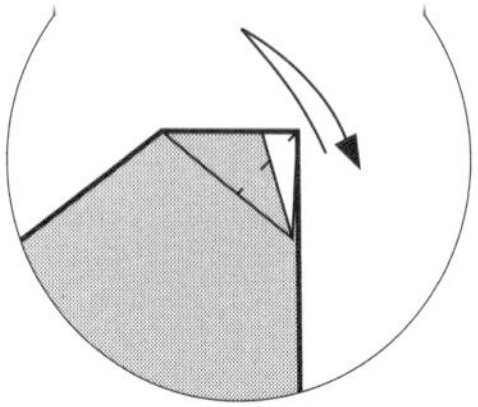

折った部分をさらに半分に折る

26

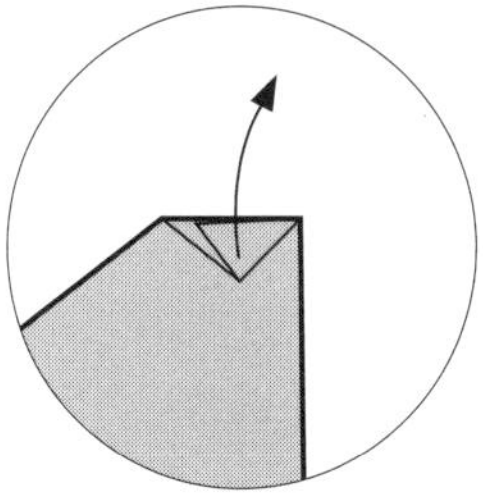

いったん広げる

27

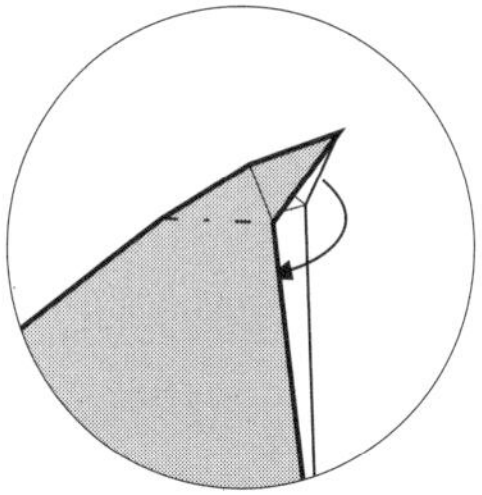

中割り折りで尾翼の中に入れる

28

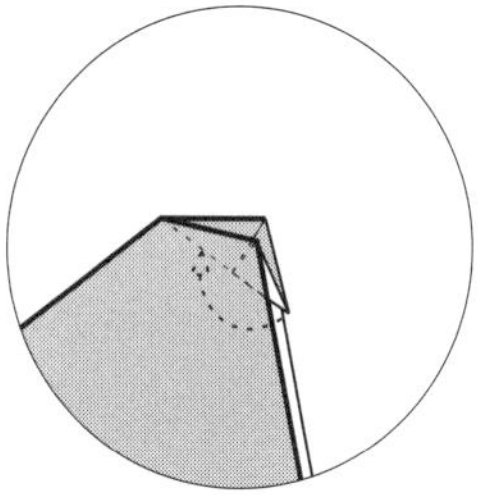

先端を内側へ折り込んで固定する

29

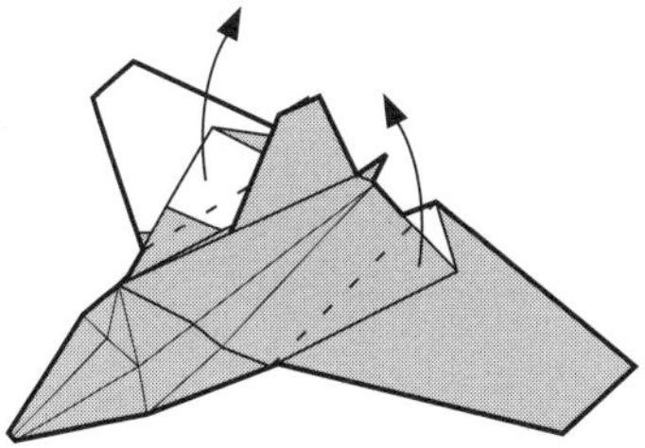

三角の部分を折って、左右の尾翼を立てる

30

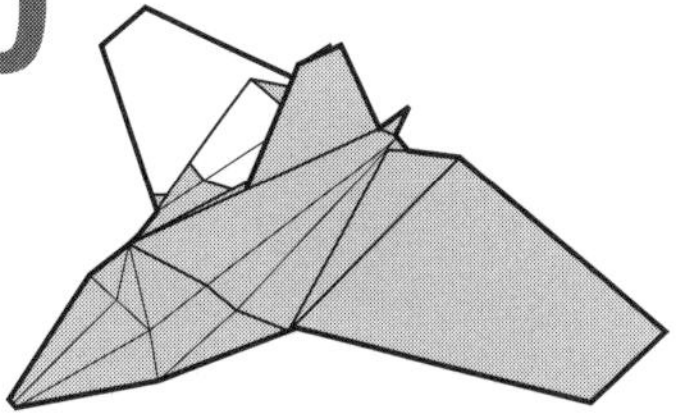

三面図を見て調整して、完成！

う。しかし、使うのは1枚の紙と指先だけ、折り紙ヒコーキの世界では誰もがみんな同じ条件です。したがって、どのように調整し、どうやって投げるかは、作り手の技量が試されます。きれいに折って、うまく飛ばしたいと思ったら、本気で紙ヒコーキと向き合わなくてはなりません。

今は子供が夢を描きにくい時代だと思います。夢中になるものといえば、親から与えられた携帯型テレビゲームやスマートフォン。日本人のもっとも得意とする“ものづくり”の場や、創造力を培《つちか》う環境が狭まっているような気がします。勉強ばかりしていても夢は見つかりません。案外、素朴な遊びから生まれた好奇心が、大きな夢につながります（夢のない人生なんて、つまらないですからね）。

私は一人の技術者として、せめて子供のうちはデジタル画面の中だけでなく、現実の〈外の世界〉で遊んでほしいと願っています。学校では学べない大切なこと、「なぜ？」という好奇心が芽生えるからです。しかし、遊びの場である空き地がなくなり、いろんな面白い遊びも禁じられました。ケガをするからブランコの立ちこぎはダメ、メンコやベーゴマは取り合いのケンカになるからダメ。それを埋めるように登場したのがテレビゲーム。たしかにケガはしないが、身体を動かさない仮想の遊びです。それを大学生や大人までが引きずっています。今年の信州大学の入学式で、学長さんが新入生を前にして、「きみたち、スマホをやめますか、それとも信大生をやめますか？」とおっしゃった。デジタル化の一途をたどる世の中に警鐘を鳴らす、心に響く言葉でした。

私は、紙を折るというアナログの世界に、いろんなアイデアが秘められていると信じ、次世代に伝えるために紙ヒコーキ教室や競技会を催しています。まったく飛ばない紙ヒコーキが、翼をちょっとひねるだけで見違えるほどよく飛ぶ機体に変身します。これは航空力学に基づいた科学なのですが、それを目にした人はマジックでも見たように「えっ､なんで？」と目を輝かせます。この「なんで？」を世界中の多くの人に体感してもらい、さまざまな夢につなげてもらいたい。そのために私自身が本気で遊ばなければと、巨大紙ヒコーキに挑戦したり、海を越える冒険をしたり、宇宙から地球へ向けて飛ばしたり……。どれも大まじめにやっている“オトナアソビ”です。

ORIGAMIは世界に誇れる日本の伝承文化です。これからも折り紙にこだわり、紙ヒコーキの面白さを地球上に広める伝道師でありたいと願っています。私を越える若きライバルや新チャンピオンの出現を待ちわびながら……。

本書をつくるにあたり、カナダ出身の紙ヒコーキ仲間アンドリュー・デュアー氏の多大な協力を得ました。日本の大学で教鞭をとられる傍らペーパークラフトの世界で活躍され、折り紙の本も米国で出版されています。その秀でた才能を本書の折り図と用紙のデザインで発揮して頂きました。そして、最初の本『飛べとべ、紙ヒコーキ』の出版以来20年、滞空時間の長いおつきあいをして頂いている編集者・浜崎さんに併せてお礼を申し上げます。

JALのスタッフに折り紙ヒコーキ指導員の要請講座を（2013年伊丹）

幼稚園の先生70人に園児向け折り紙ヒコーキの指導(2014年広島)

2014年、第6回全日本折り紙ヒコーキ大会を広島県の「福山ビッグローズ」で開催、女性部門の入賞者。全国各地の小学校や公民館、イベント会場で、年間50～100回くらい紙ヒコーキ教室や大会を催している

福岡県八女市の上陽北ぜい学園での紙ヒコーキ大会(2014年)

尊敬する紙ヒコーキの大先輩、二宮康明先生と武蔵野中央公園で飛ばす。私は折り紙ヒコーキ専門だが、二宮先生は切り紙飛行機の大家。紙飛行機をやっている人で、この温厚な紙飛行機エンジニアを知らない人はいない。『子供の科学』という雑誌に長いあいだ新作機を発表され、私も若い頃から愛読し、ずっと目標にしてきた名人。久しぶりにお会いしたが、90歳になられた今も元気に自作機をこの公園で飛ばしておられる（2014年9月）

「折り紙ヒコーキ協会」 http://www.oriplane.com
e-mail info@oriplane.com

主な活動

1993年 ふくやま美術館で初の「折り紙ヒコーキ展」
1995年 『飛べとべ、紙ヒコーキ』出版（二見書房）
1996年 ドイツで折り紙ヒコーキ大会主催
〃 佐賀折り紙ヒコーキ大会／鹿児島折り紙ヒコーキ大会
1997年 パリ凱旋門から飛行実験（フジテレビ）
〃 『飛べとべ、紙ヒコーキ』中国で出版
1998年 広島フラワーフェスティバルで親子折り紙ヒコーキ教室
〃 愛媛「川之江紙のまち資料館」で折り紙ヒコーキ展
1999年 東海テレビ「てれび博物館」で巨大紙ヒコーキを飛ばす
〃 名古屋「航空宇宙フェア '99」で講演
〃 『よく飛ぶ立体折り紙ヒコーキ』出版（二見書房）
2000年 広島交通科学館で折り紙ヒコーキ教室
2001年 3月10日広島県福山市に「紙ヒコーキ博物館」設立
2003年 「とよまつ紙ヒコーキ・タワー」提唱
〃 第1回全日本折り紙ヒコーキ大会主催
2004年 各地で折り紙ヒコーキ大会開催（以後毎年）
2005年 『親子であそぶ 折り紙ヒコーキ』出版（二見書房）
2006年 広島県夢配達人プロジェクト「夢配達人」として指導
2007年 フランス、ドイツで折り紙ヒコーキ教室
2008年 東京大学で紙ヒコーキ宇宙プロジェクト公開実験成功
〃 室内滞空時間26.10秒のギネス世界記録（2008年5月）
〃 『宇宙から飛ばす折り紙ヒコーキ』出版（二見書房）
2009年 ギネス世界記録更新（室内滞空時間27.9秒）
〃 「TIME」誌でスカイキングが優れた発明品50に選ばれる
2010年 ギネス世界記録更新（ゼロファイターで室内滞空時間29.2秒）
2011年 所沢航空発祥100周年記念事業・ギネスに挑戦大会開催
2013年 「しまじろうのわお!」で紙ヒコーキの達人として協力
2014年 「さんま・玉緒のお年玉 あんたの夢をかなえたろかSP」で沖縄での大実験に参加協力
2015年 南米・コロンビア政府主宰による紙ヒコーキ大会を開催
2016年 大西宇宙飛行士がISS（国際宇宙ステーション）内で
スペースシャトル型立体折り紙ヒコーキを飛ばす
2017年 JTAドーム宮古島で第1回JAL折り紙ヒコーキ・アジア大会を開催
2018年 大田区総合体育館で第1回JAL折り紙ヒコーキ全国大会を開催
2019年 葛飾区水元総合スポーツセンター体育館で第2回JAL折り紙ヒコーキ全国大会を開催

最新型《さいしんがた》 世界一《せかいいち》よく飛《と》ぶ 折《お》り紙《がみ》ヒコーキ

著者 戸田拓夫《とだたくお》

発行 株式会社 二見書房
〒101-8405
東京都千代田区神田三崎町 2-18-11
電話 03-3515-2311［営業］
03-3515-2313［編集］
振替 00170-4-2639

折り図・写真 アンドリュー・デュアー
カバーデザイン ヤマシタツトム
印刷 株式会社 堀内印刷所
製本 株式会社 村上製本所

 ISBN 978-4-576-15074-1
http://www.futami.co.jp/

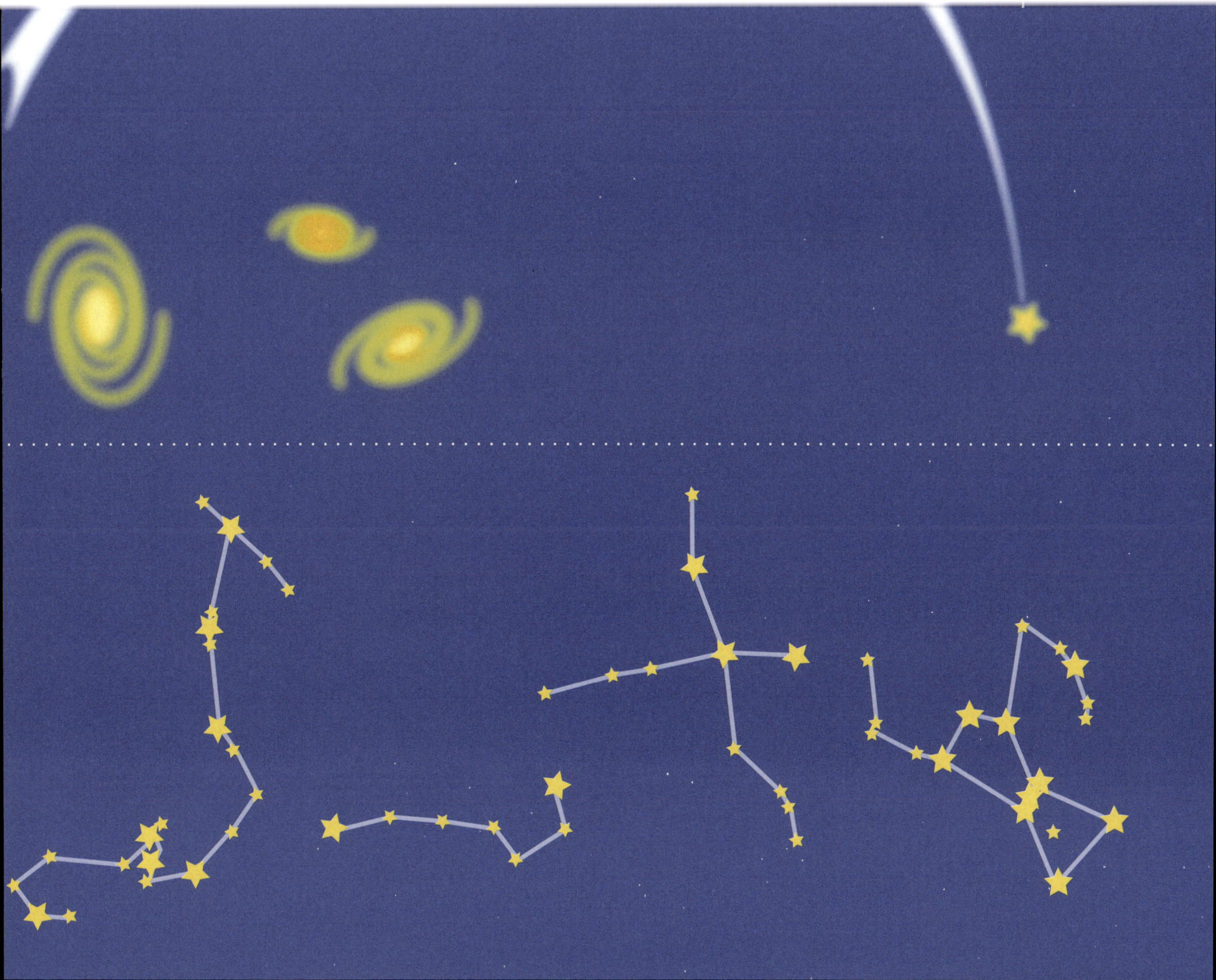

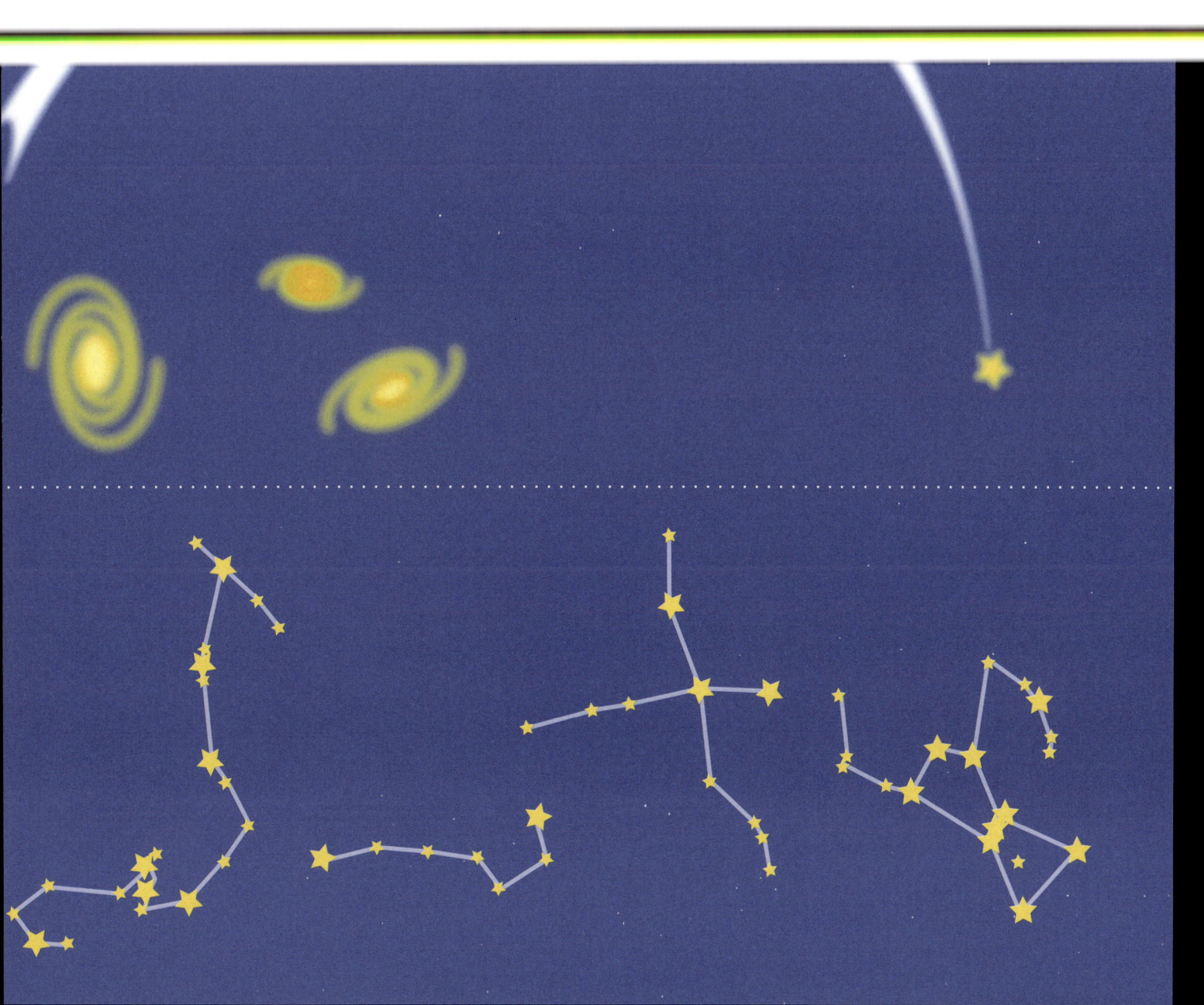

SN978-4-576-15074-1
076 ¥1800E

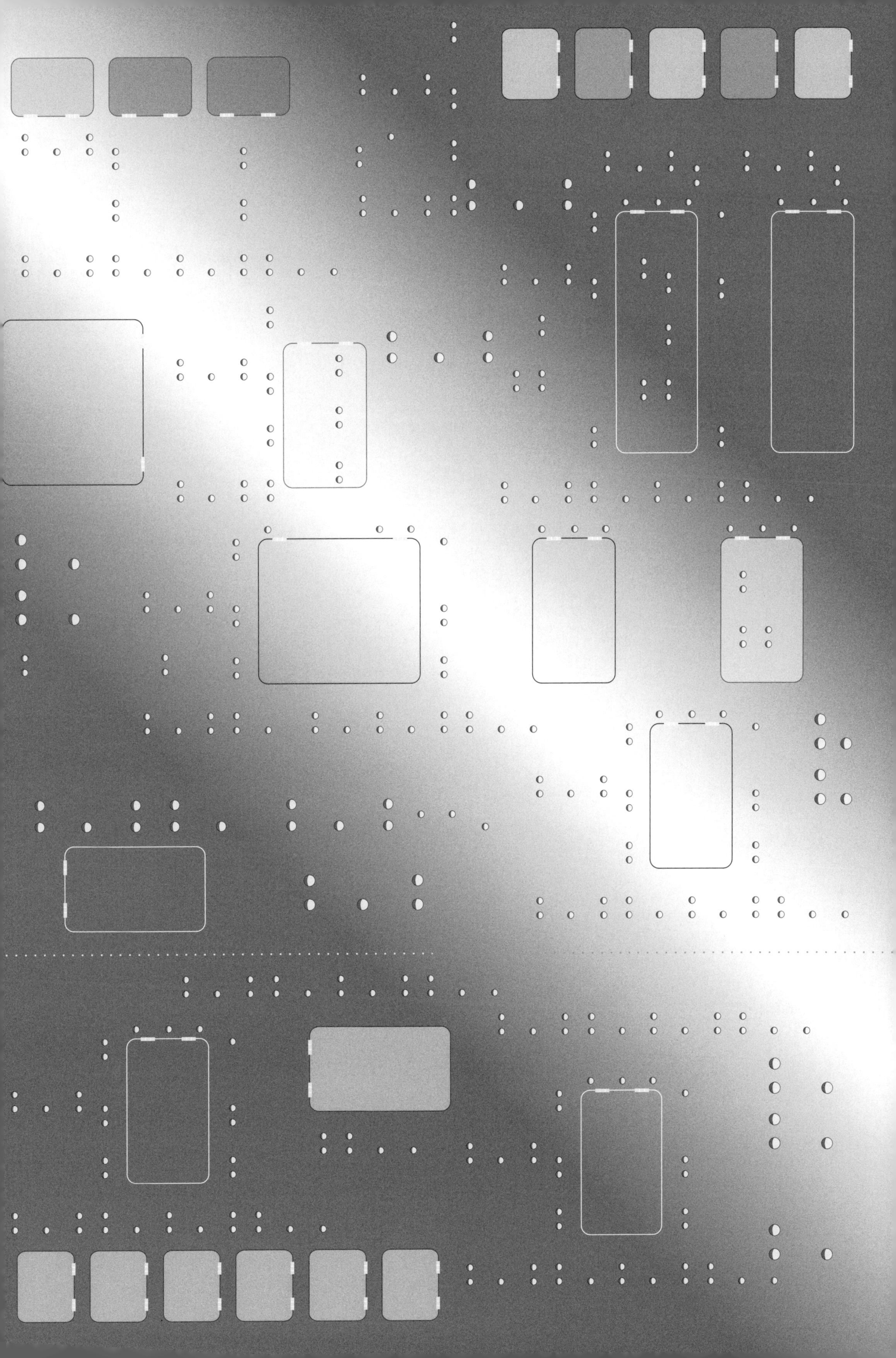

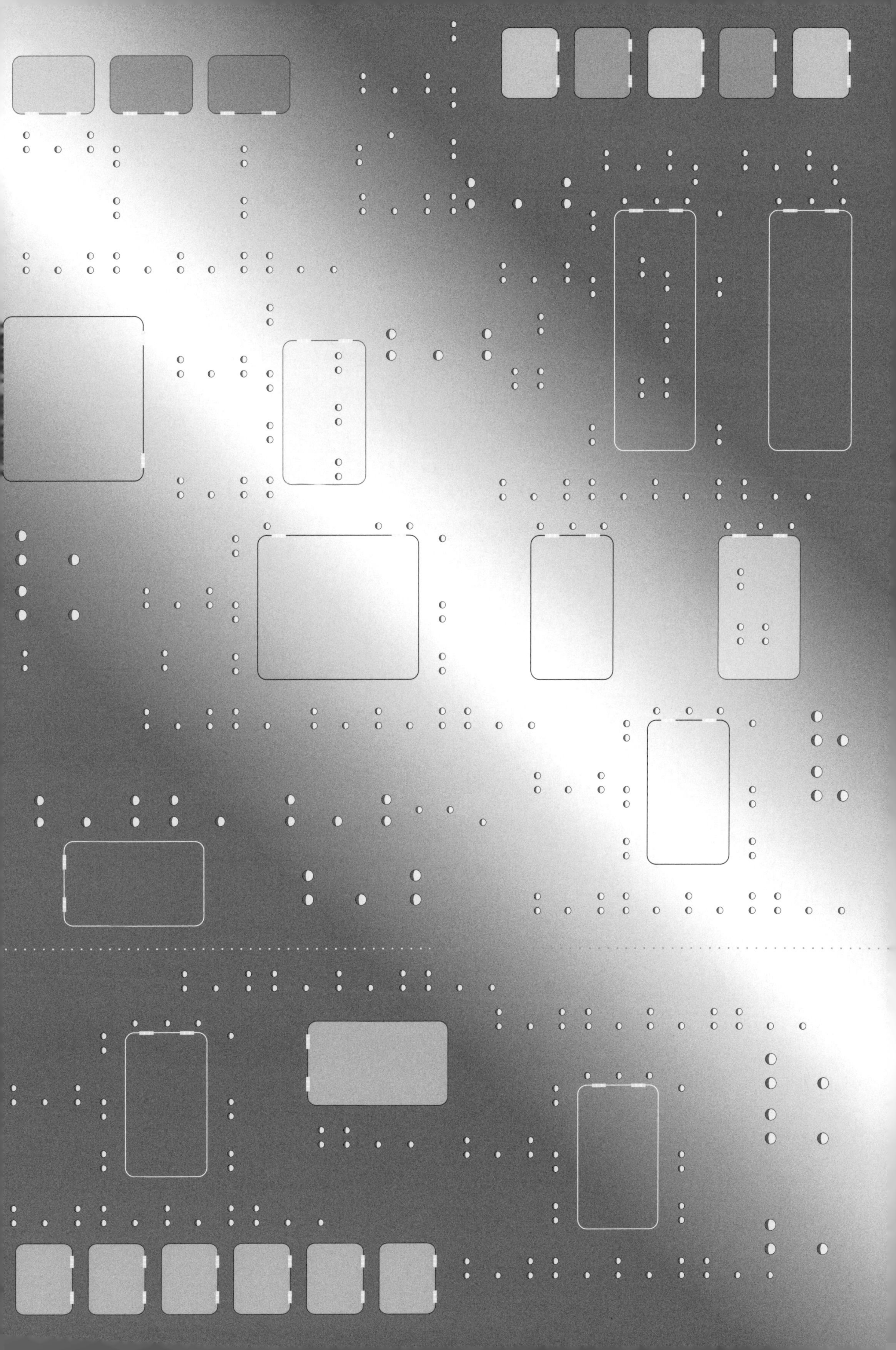

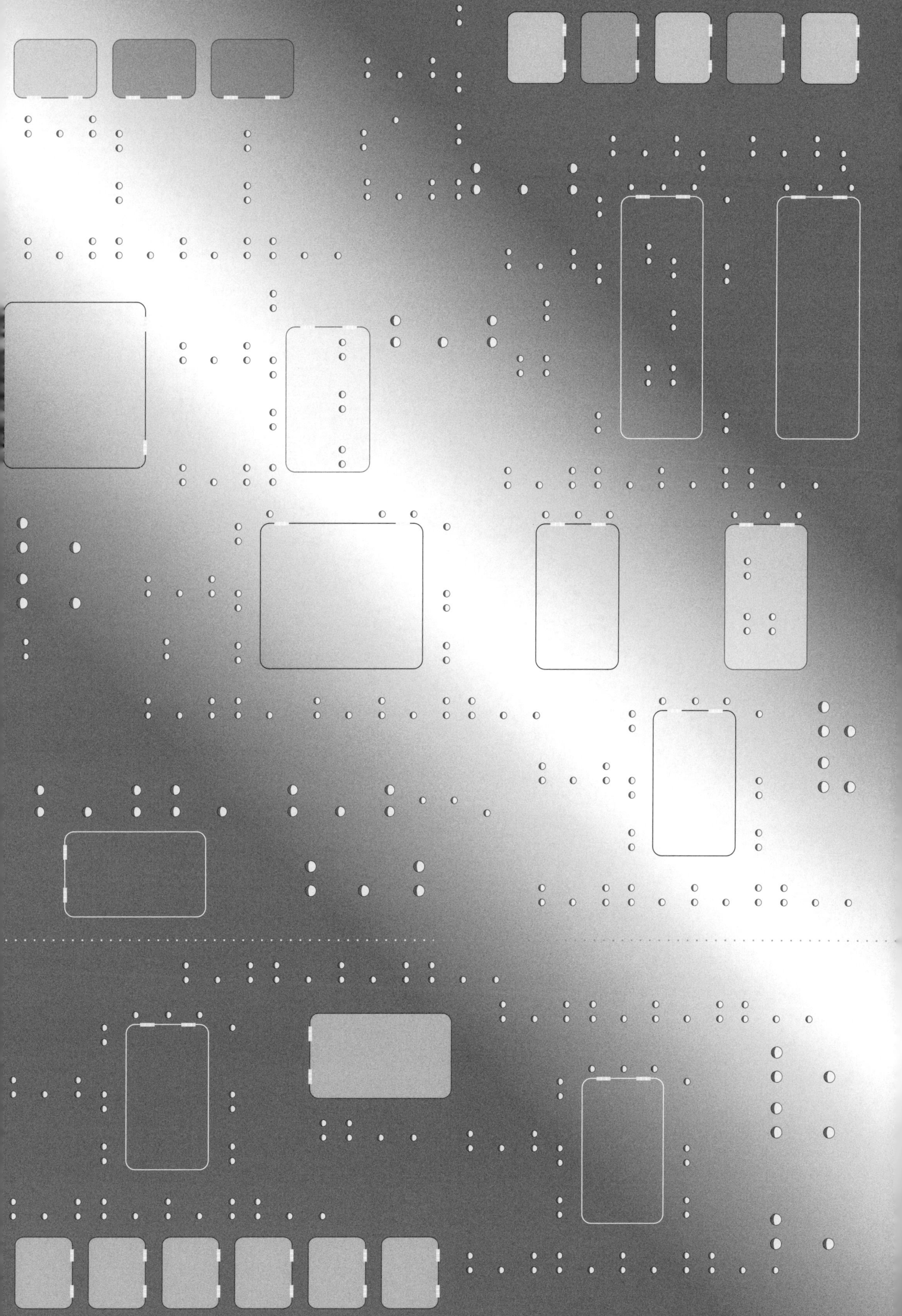

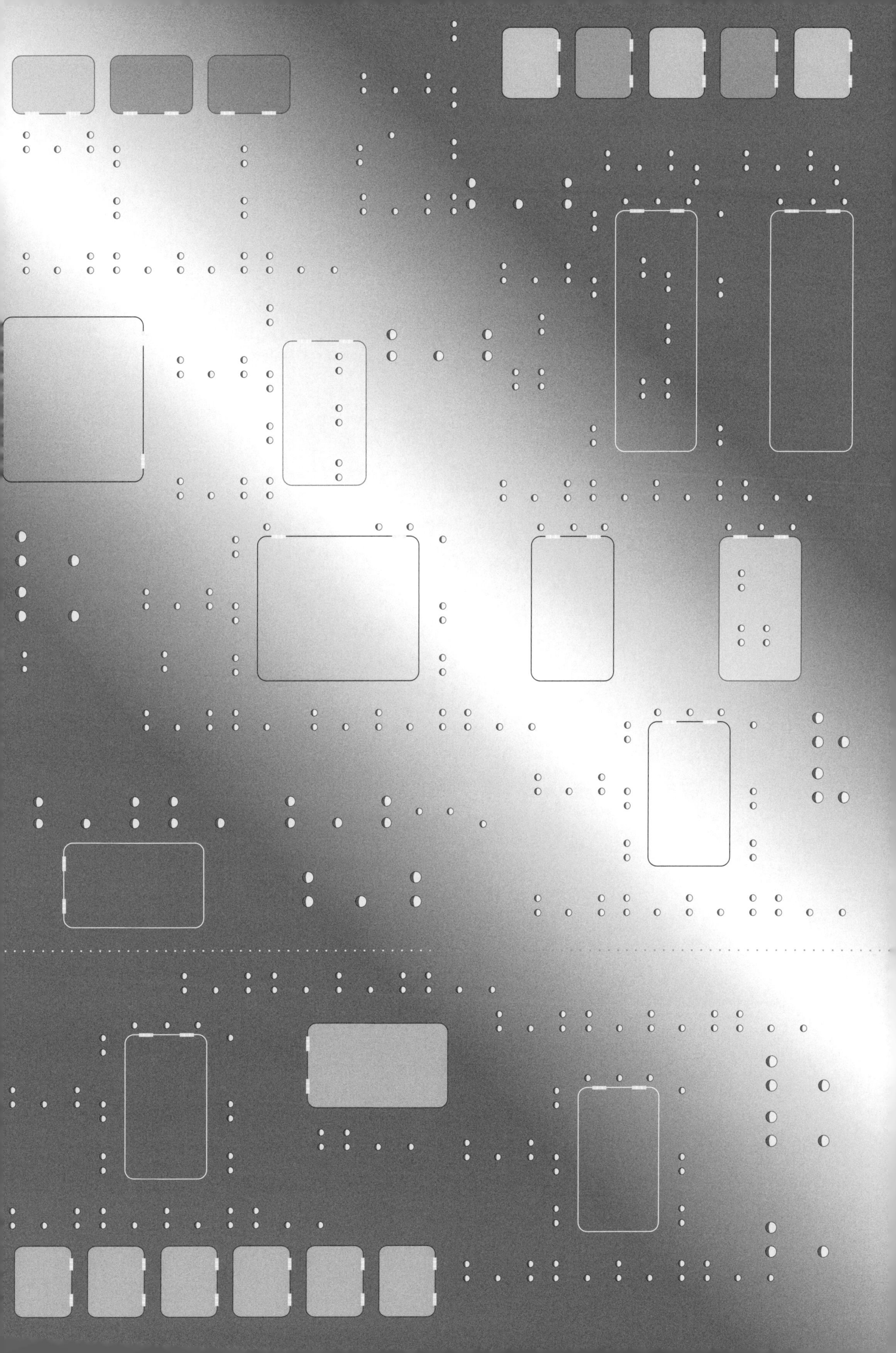

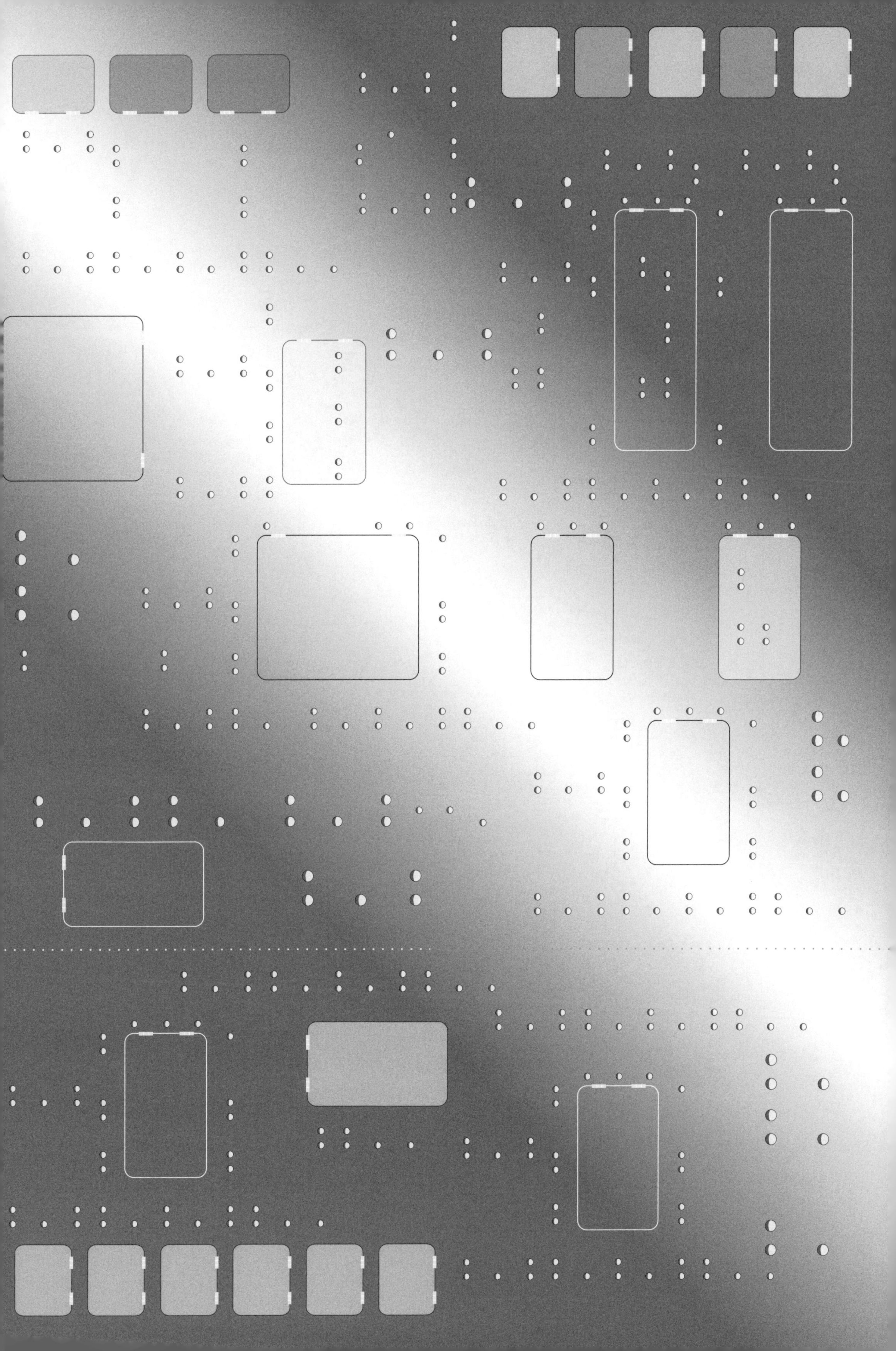

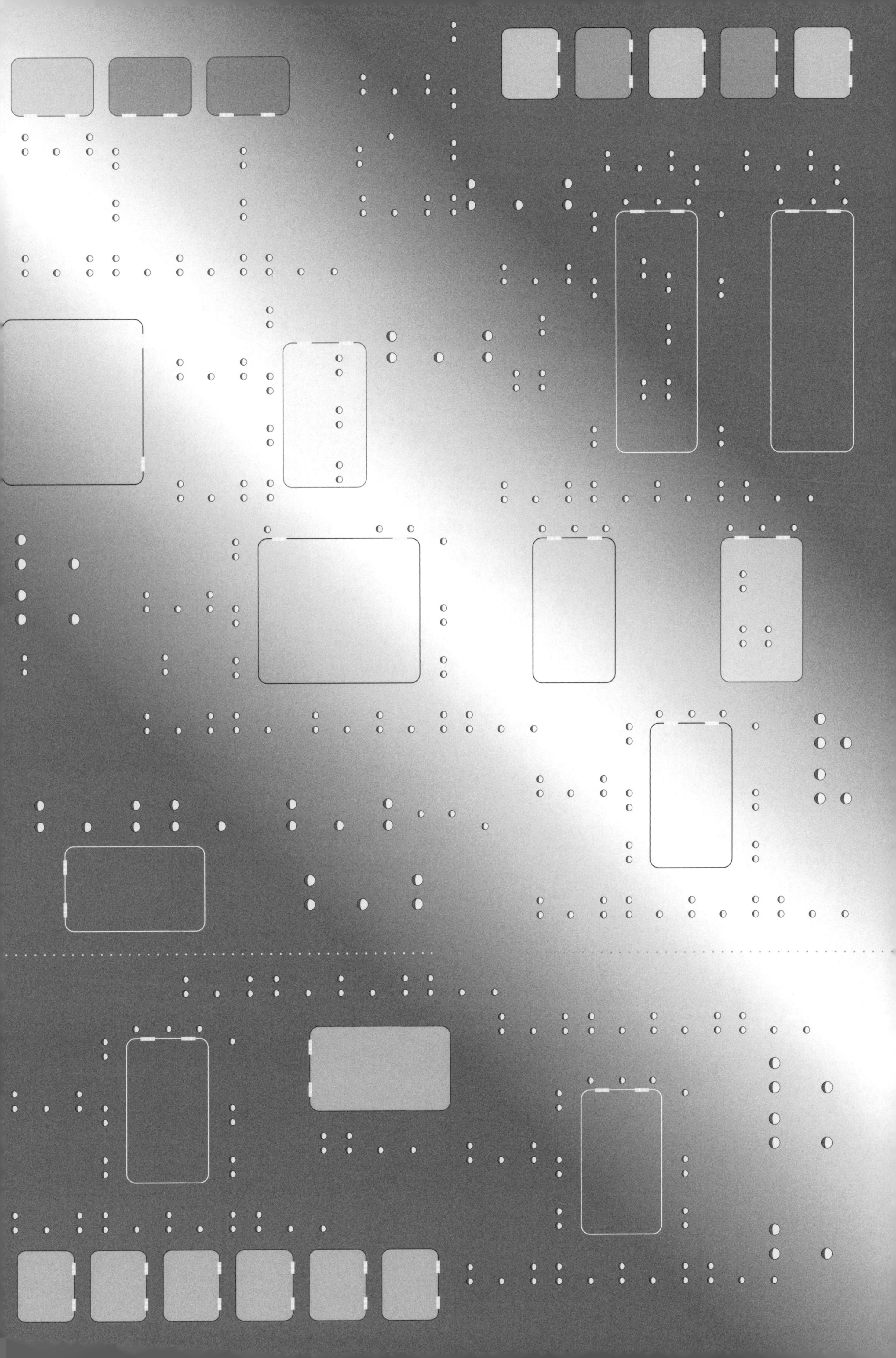

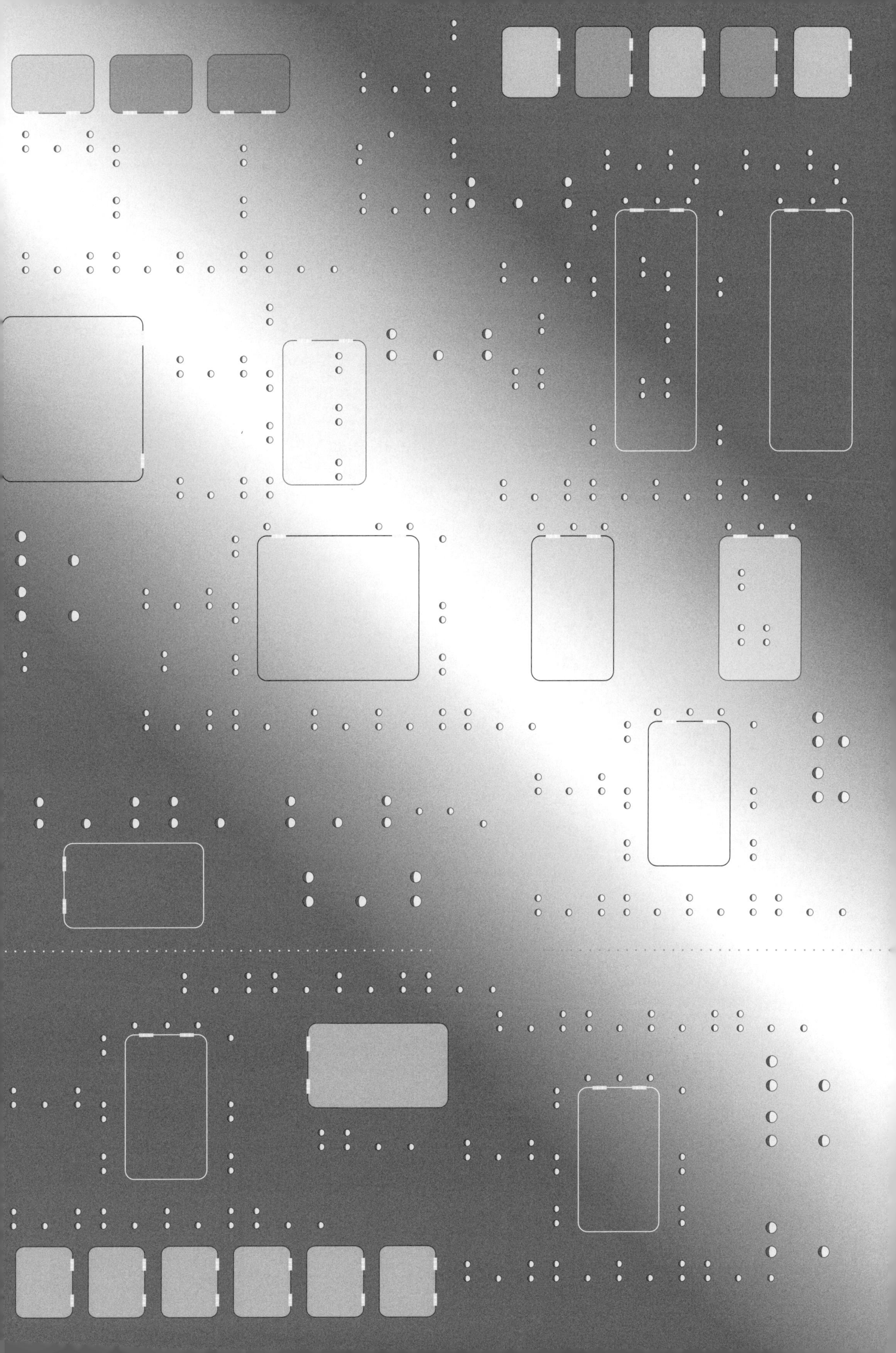

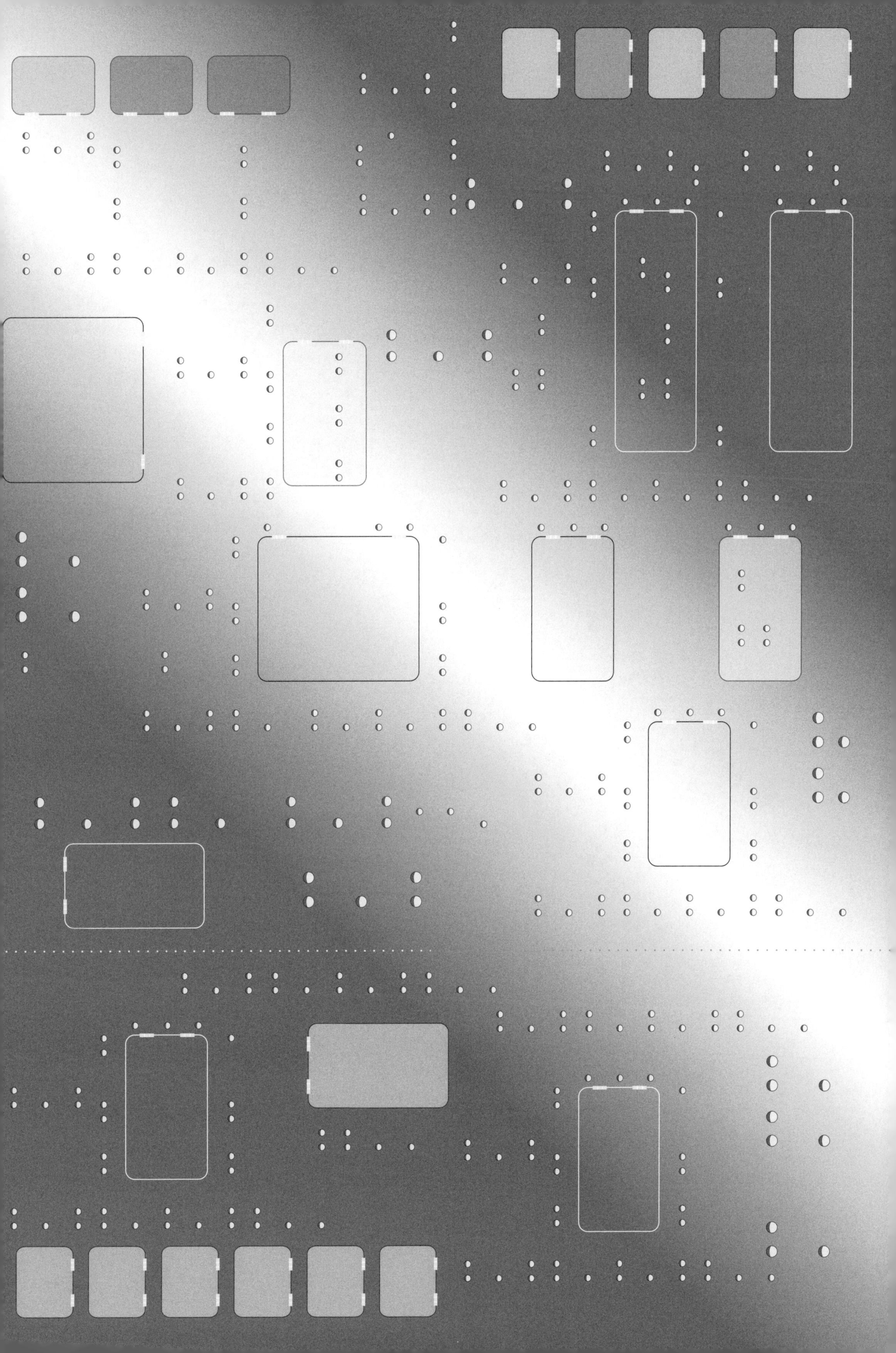

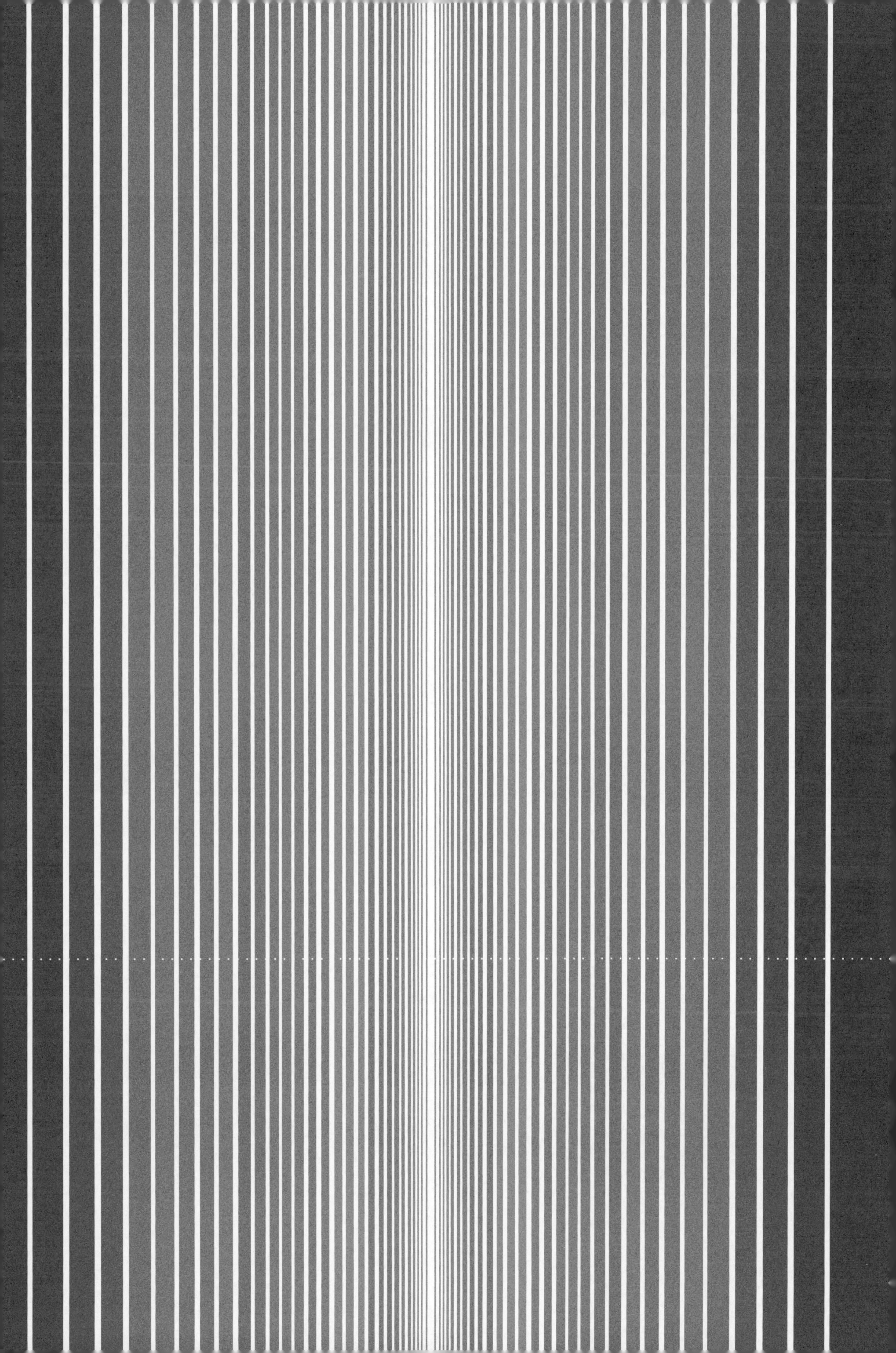

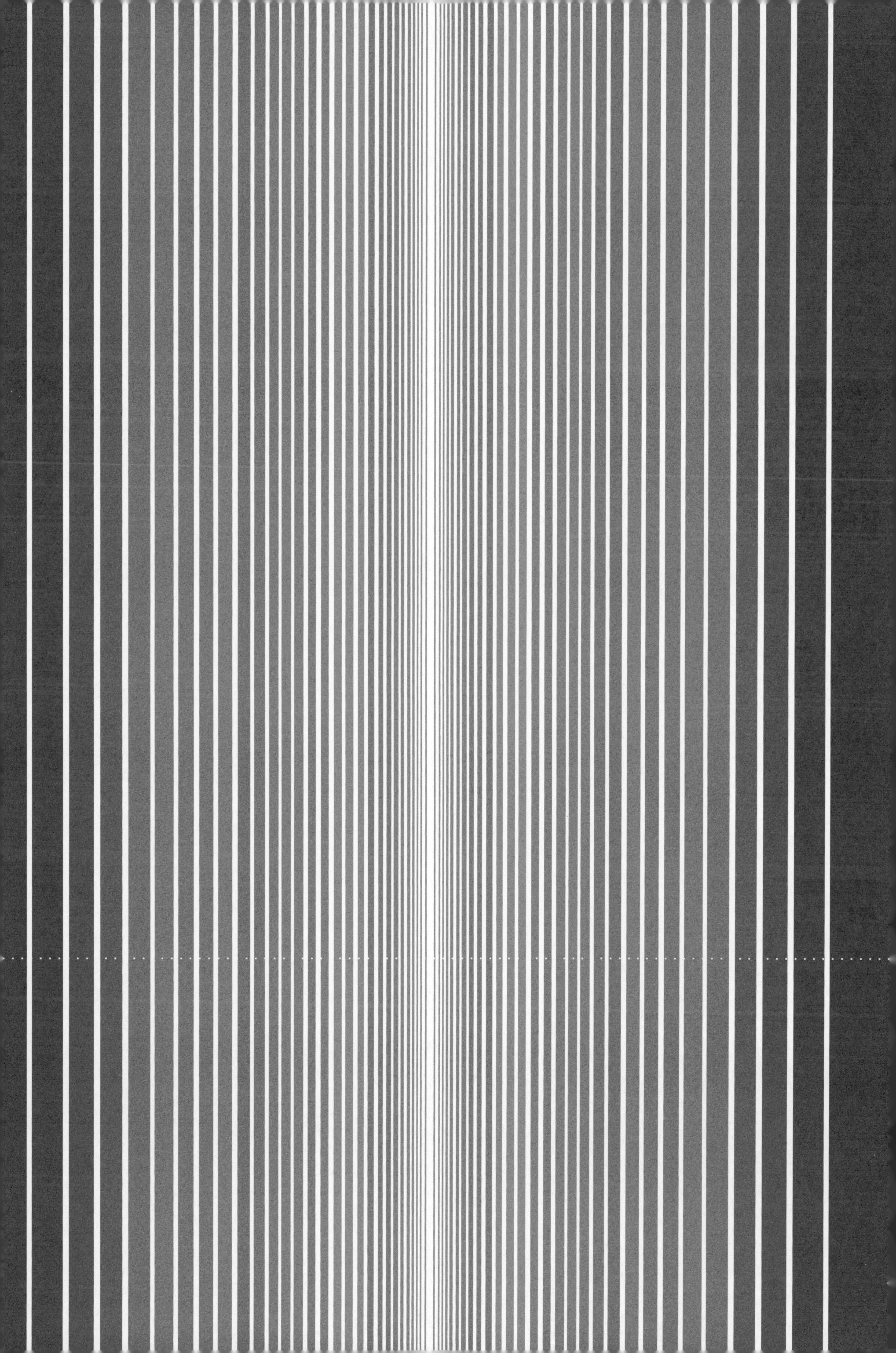

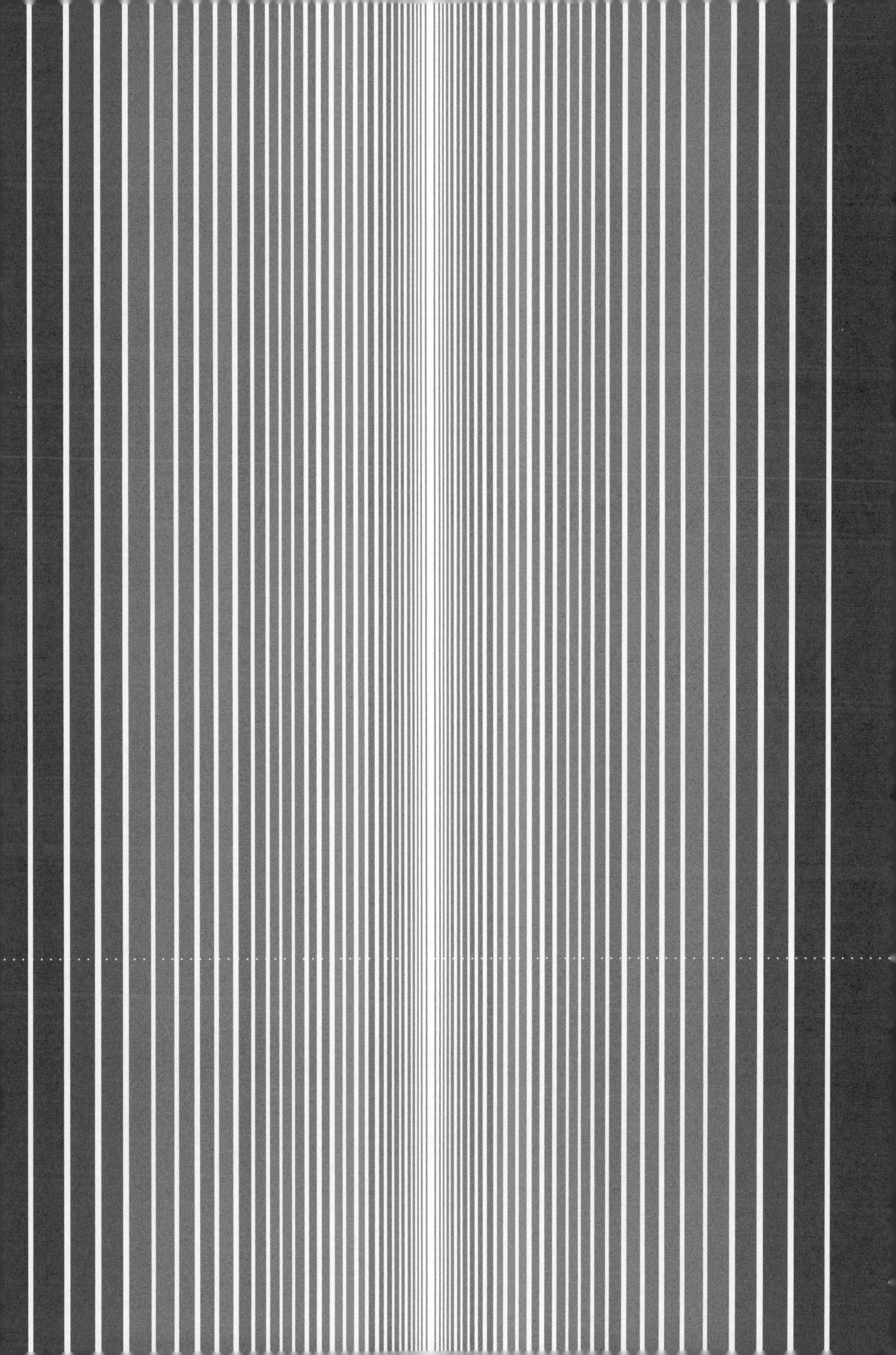

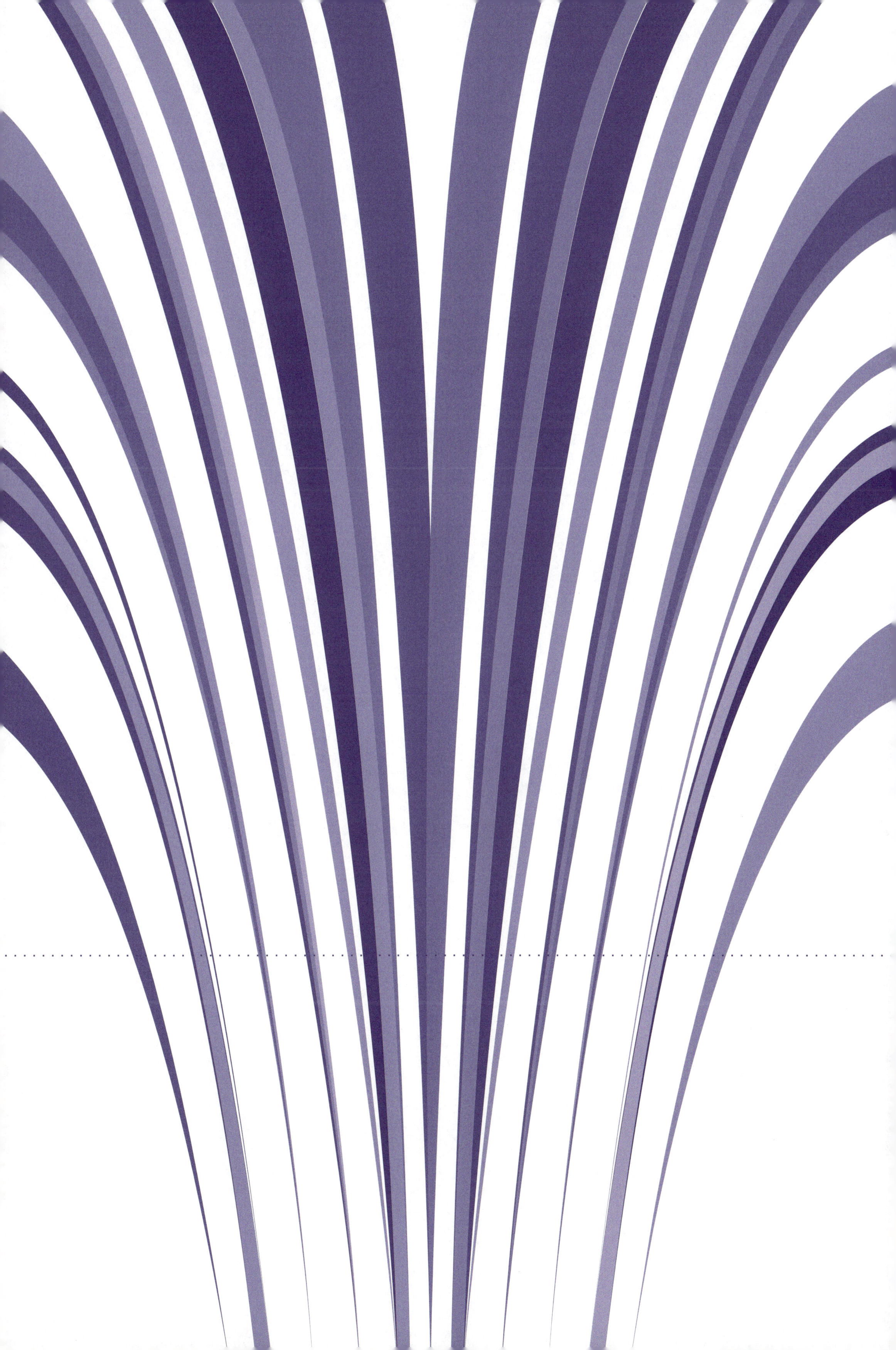

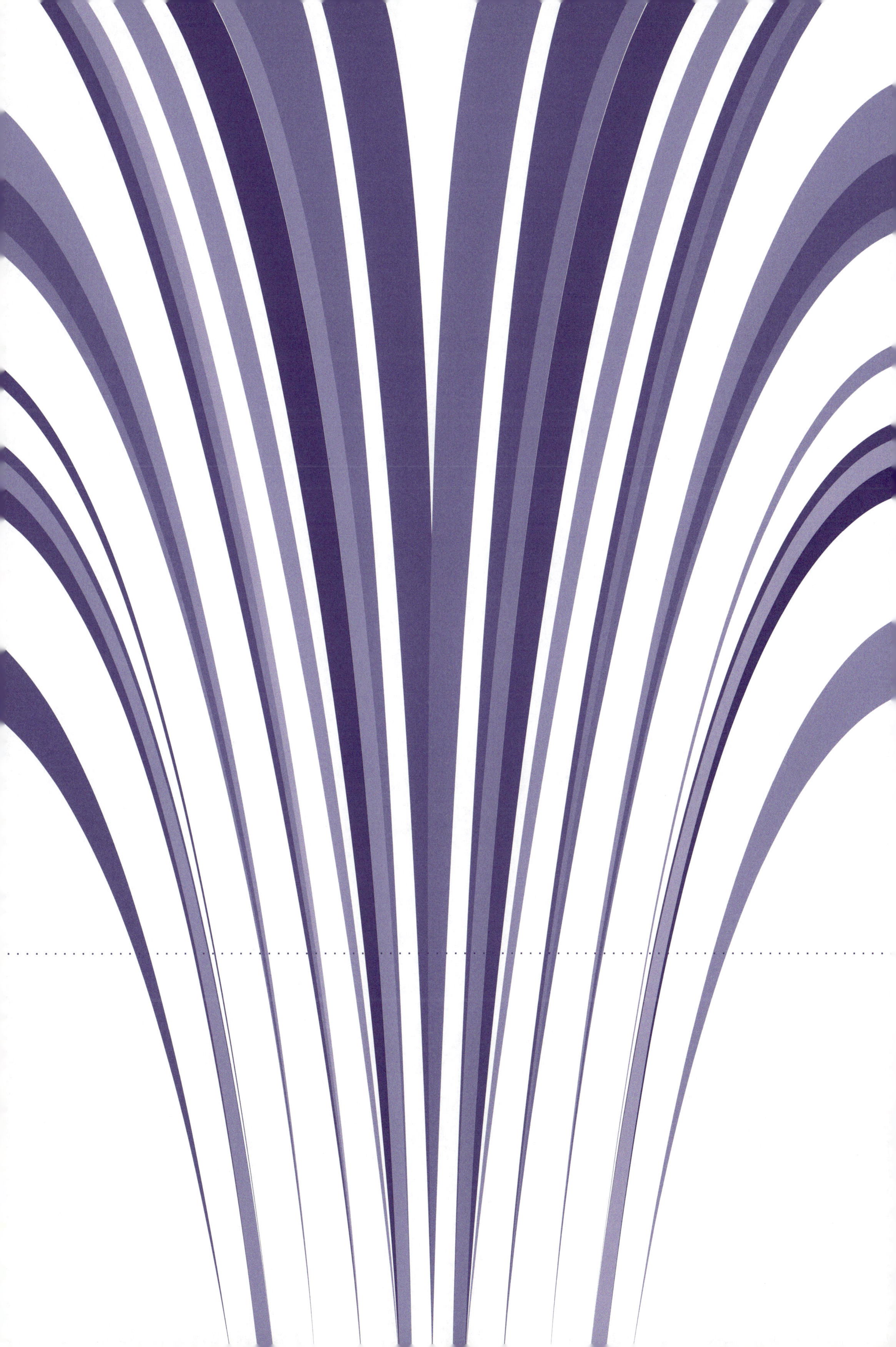

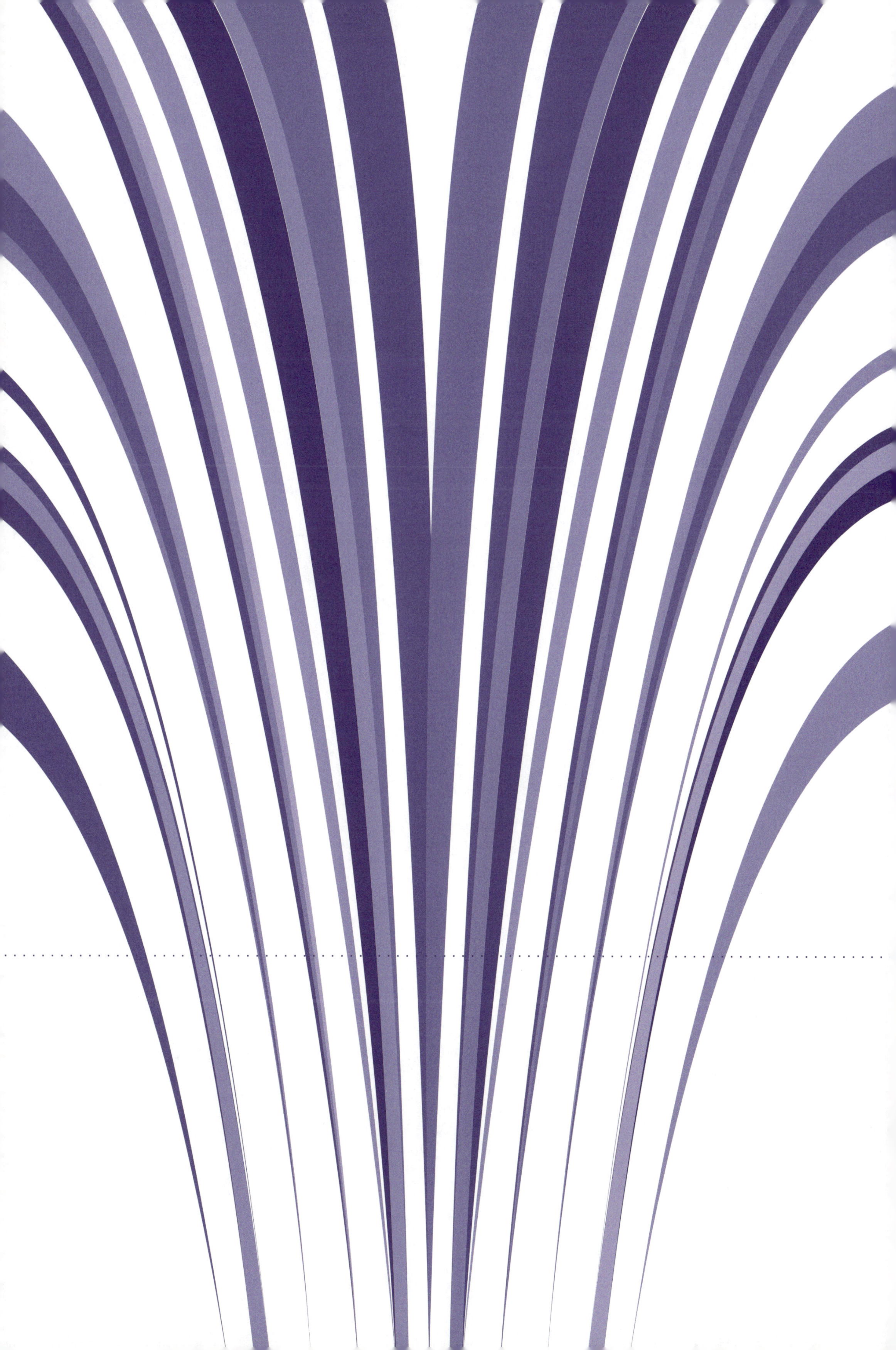

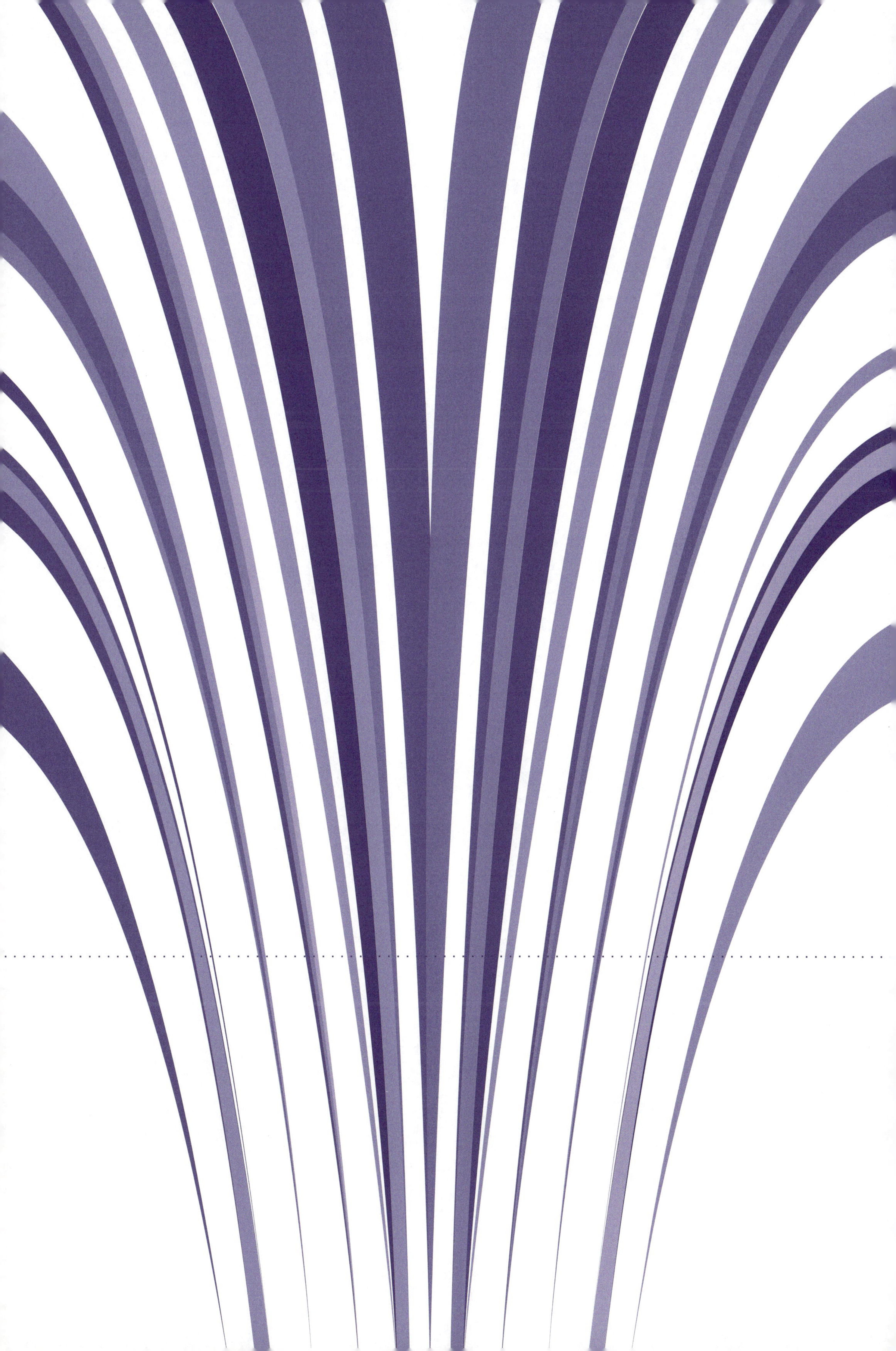

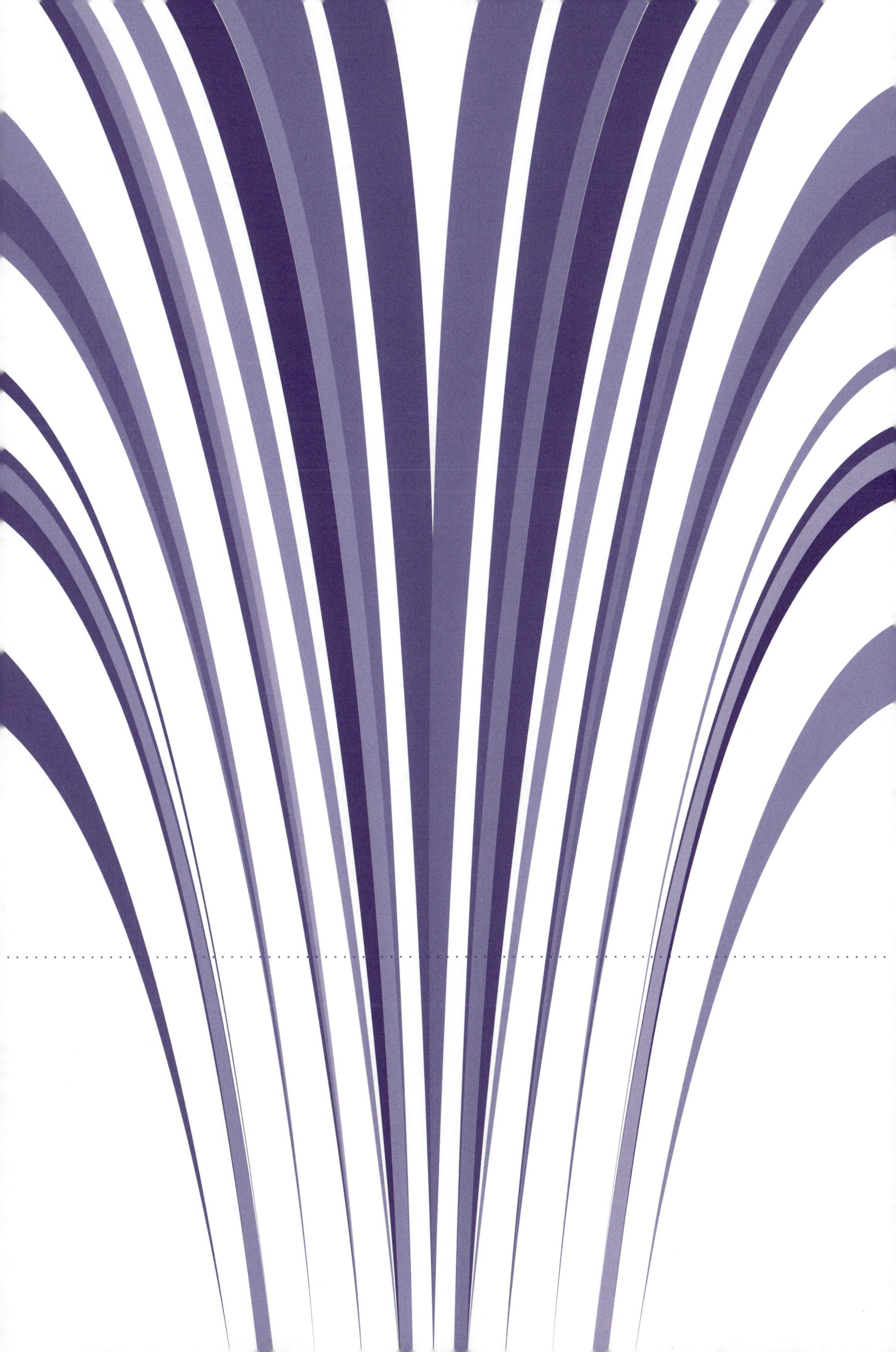

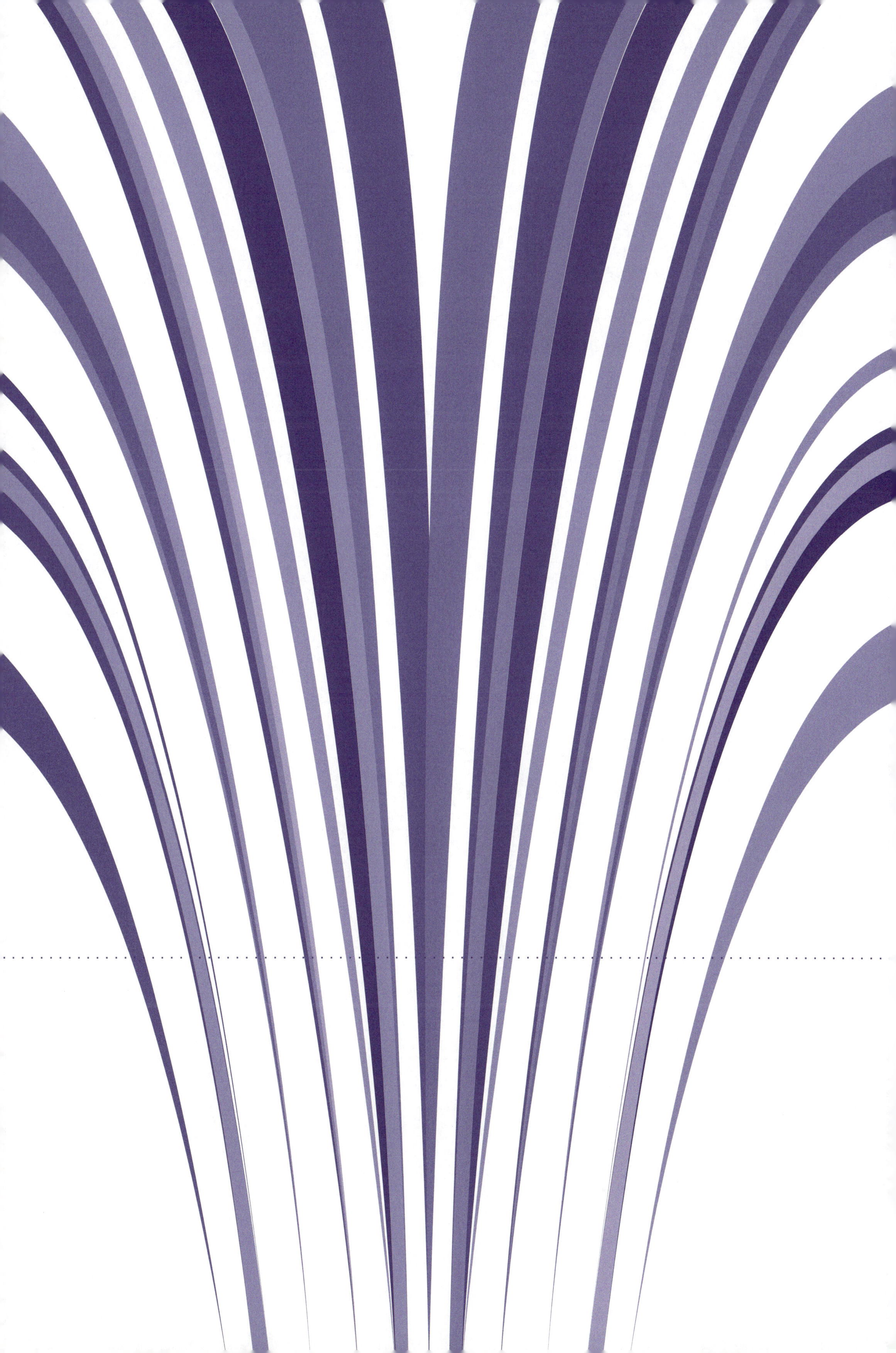

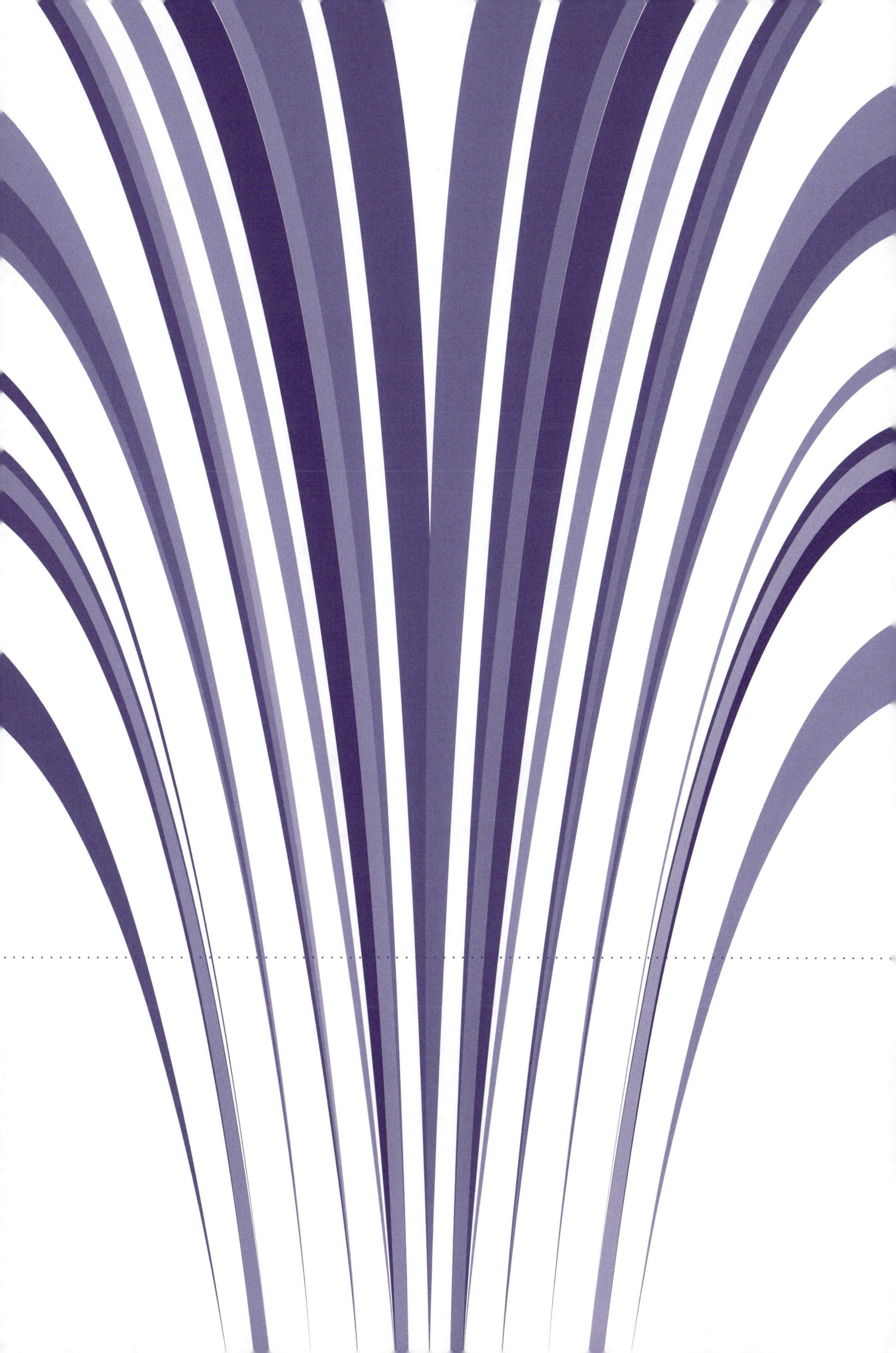

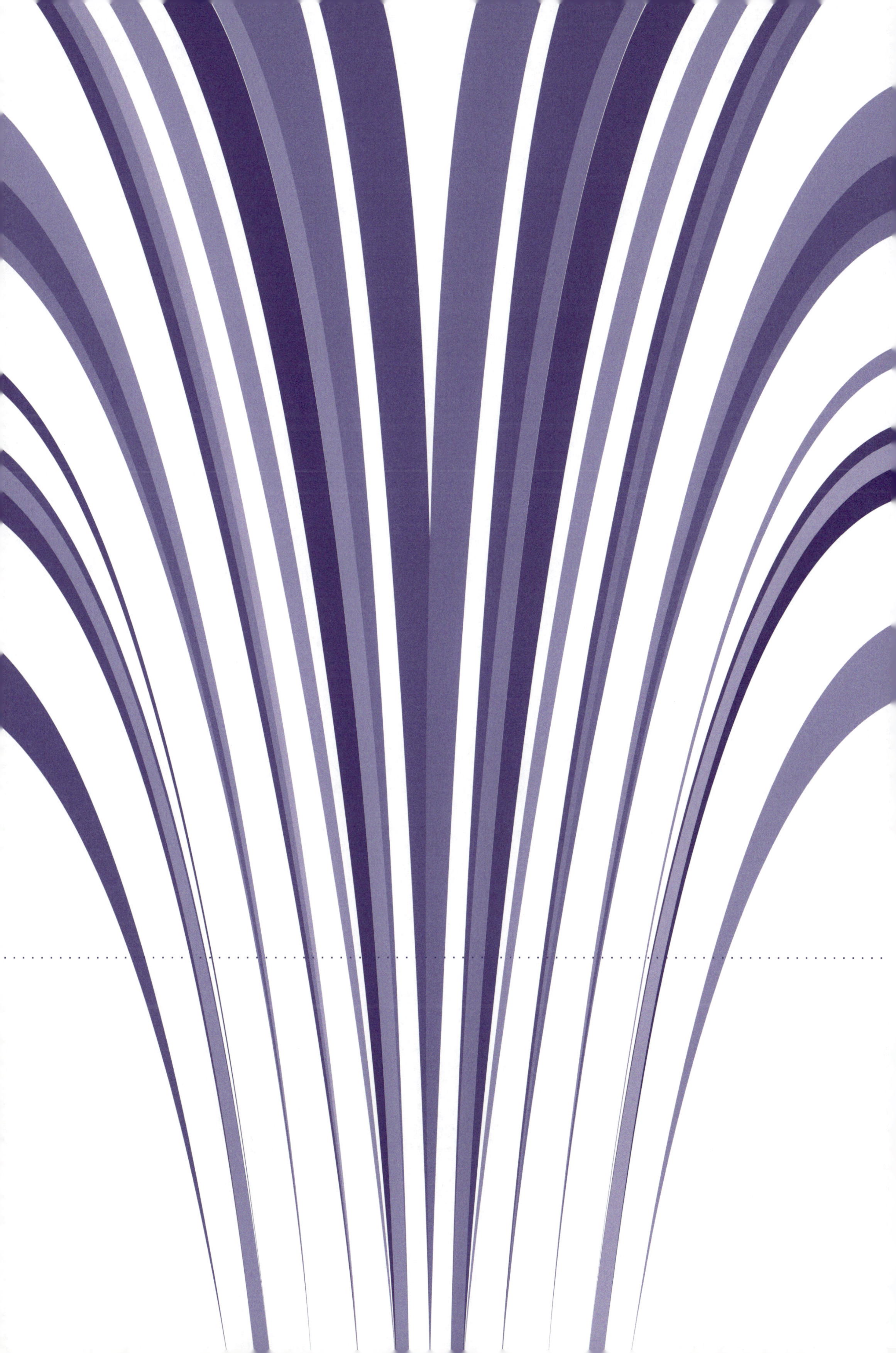

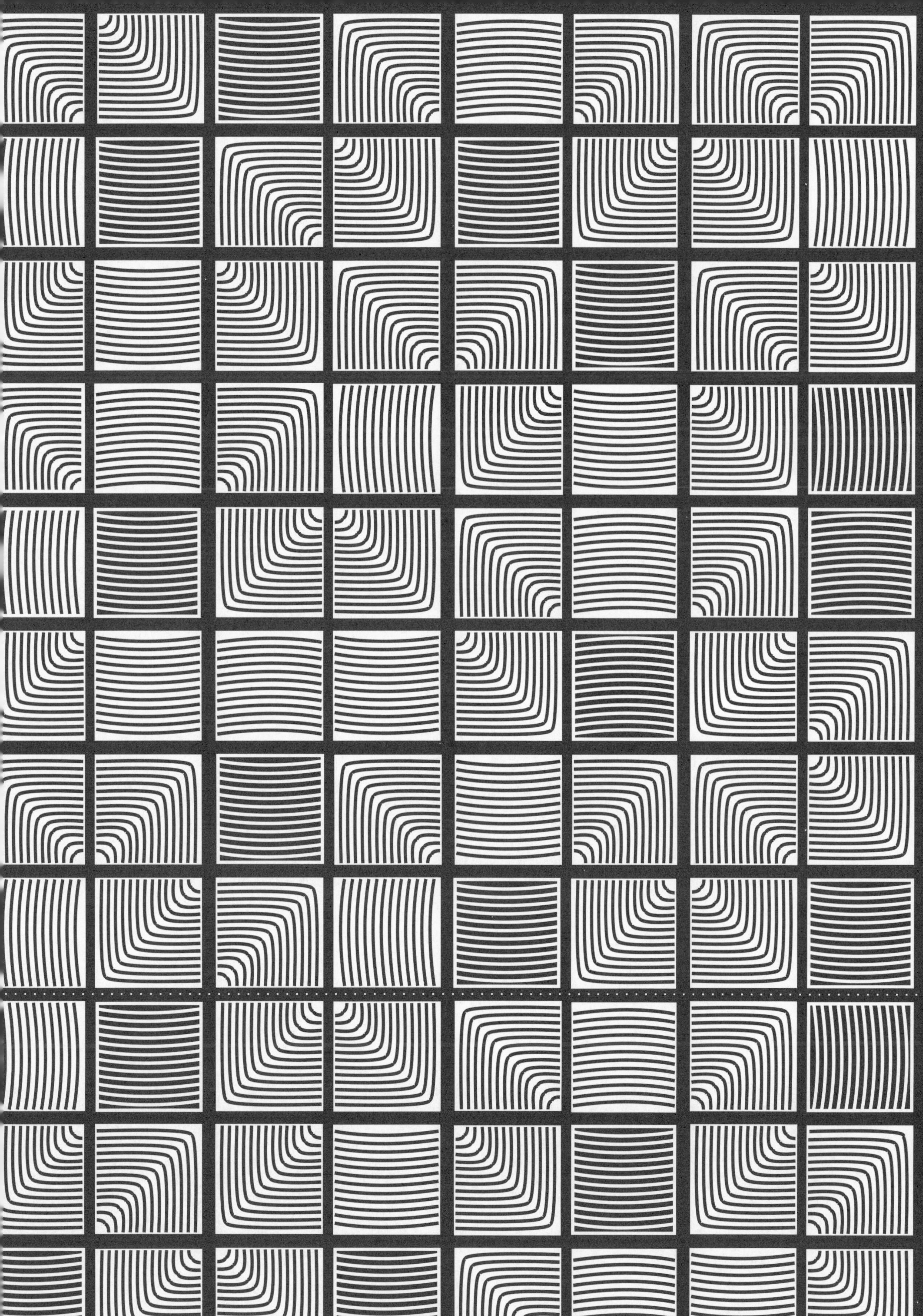

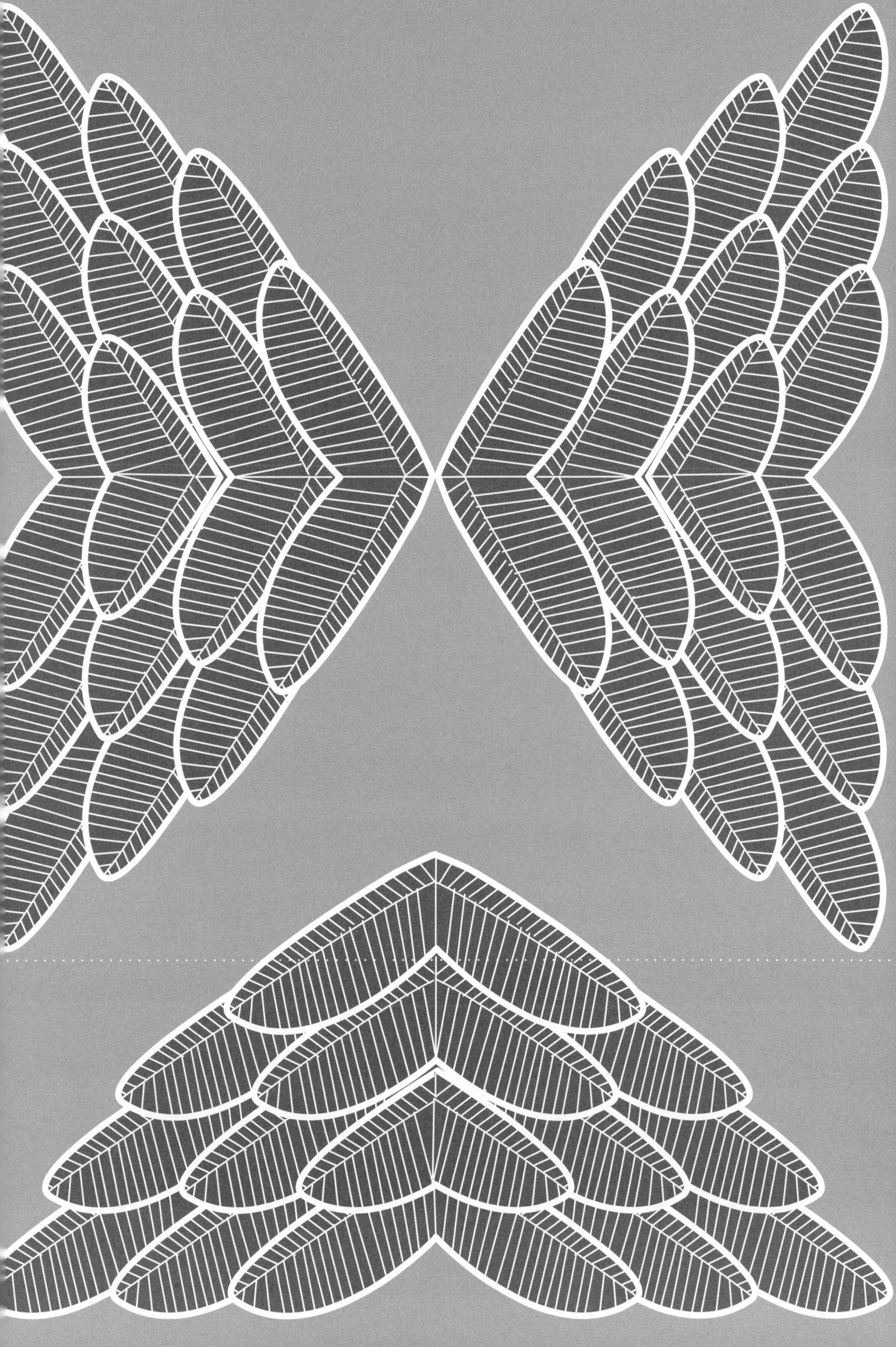